国务院发展研究中心欧亚社会发展研究所

2019 欧亚发展研究

EURASIAN DEVELOPMENT RESEARCH

李凤林 主编

中国发展出版社
CHINA DEVELOPMENT PRESS

图书在版编目（CIP）数据

欧亚发展研究 2019/李凤林主编．—北京：中国发展出版社，2019.5
ISBN 978-7-5177-0984-8

Ⅰ.①欧…　Ⅱ.①国…　Ⅲ.①欧洲—研究报告—2019　②亚洲—研究报告—2019　Ⅳ.①D75　②D73

中国版本图书馆 CIP 数据核字（2019）第 058230 号

书　　名：欧亚发展研究 2019
著作责任者：李凤林
出 版 发 行：中国发展出版社
（北京市西城区百万庄大街 16 号 8 层　100037）
标 准 书 号：ISBN 978-7-5177-0984-8
经　销　者：各地新华书店
印　刷　者：北京市密东印刷有限公司
开　　本：700mm×1000mm　1/16
印　　张：22.5
字　　数：297 千字
版　　次：2019 年 4 月第 1 版
印　　次：2019 年 4 月第 1 次印刷
定　　价：68.00 元

联 系 电 话：（010）68990630　68990692
购 书 热 线：（010）68990682　68990686
网 络 订 购：http：//zgfzcbs.tmall.com//
网 购 电 话：（010）88333349　68990639
本 社 网 址：http：//www.develpress.com.cn
电 子 邮 件：bianjibu16@vip.sohu.com

前言

Preface

2018年，国际形势错综复杂，单边主义、保护主义冲击多边合作及国际秩序，世界政治经济格局加速演变。在大变局中，俄罗斯、中亚和中东欧等欧亚地区，虽受多种不稳定、不确定因素影响而频现波澜，但其政治经济安全形势总体上仍趋于相对平稳。

2018年，俄罗斯举行总统大选。普京在总统大选中获胜，开始了他第四任总统的任期。这一年，俄罗斯政治局势基本稳定。政府决定延长退休年龄的法令出台前后曾引发多地抗议游行活动，但并未对政治、社会安全构成严重影响。在经济领域，面对外部恶劣环境和美欧频频制裁，俄罗斯采取适当应急措施，确保了经济平稳运行，经济总量仍能维持小幅增长（2.3%），各项指标有所改善，财政金融状况趋好。在外交领域，俄罗斯积极有为，颇有建树。在中东地区，俄罗斯与叙利亚、伊朗、伊拉克、土耳其结成反恐统一战线，取得军事和外交行动的新进展。由于乌克兰危机特别是年末发生的刻赤海峡冲突，俄罗斯与美国的关系更趋恶化，同北约剑拔弩张、严重对峙。针对美国在中东欧部署反导系统和北约在波兰及波罗的海三国驻军，俄罗斯在其欧洲西部领土加强军事力量，采取了针锋相对的综合反制措施。为了拓展国际活动空间，俄罗斯还在南、东、北三个方向开展军事外交活动。2018年8月，俄罗斯与哈萨克斯坦、土库曼斯坦、阿塞拜疆和伊朗通过充分协商签署了《里海法律地位公约》，不仅有利于解决长期存在的里海边界划分、资源归属及其利用等问题上的争端，还排除了域外国家介入特别是军事介入里海事务的可能性。与此同时，俄罗斯还进一步深化和提升中俄全面战略协作伙伴关系，并且积极与日本、韩国、东盟和印度开展多方面的合作。

2018 年，中亚地区各国政治安全形势基本稳定。这一年，在中亚国家中，哈萨克斯坦和乌兹别克斯坦两国总统对政府的掌控力进一步提高，塔吉克斯坦和土库曼斯坦政情依然如故，吉尔吉斯斯坦政府的掌控力显弱。在外交领域，中亚国家之间的关系进一步走近，与大国的关系保持相对平衡。2018 年 3 月，中亚五国领导人举行非正式会晤，五国元首第一次在没有域外大国的背景下，讨论本地区事务，显露出中亚国家独立性增强的趋向。本年度，中亚国家与俄罗斯的关系有些新进展，其中乌兹别克斯坦与俄罗斯的关系取得实质性改善。在此期间，中亚国家也拉近了与美欧的关系：年初，哈萨克斯坦与美国达成“21 世纪扩大战略伙伴关系协议”；5 月，乌兹别克斯坦总统访美时表示，继续保持与美友好关系不变。此外，中亚五国外长还与欧盟举行会议，就彼此关系进行“对表”，更多关注双方的经济合作。在安全领域，中亚地区各国虽然都有个案或未遂事件发生，但未出现严重的恐怖袭击和群体事件。在经济领域，受外部环境不利因素和世界经济复苏缓慢的影响，中亚各国经济呈现不同程度的增长。各种数据综合显示，中亚五国国内生产总值的增长幅度大体上在 3.5% ~7.3% 之间。

2018 年，中东欧地区各国政治局势较为稳定。匈牙利、斯洛文尼亚和拉脱维亚举行了议会选举。捷克和黑山举行了总统选举。此外，波黑举行了全国大选。这些总统和议会选举大都平稳顺利进行。除了塞尔维亚、黑山、阿尔巴尼亚和爱沙尼亚外，其余 12 个国家都不同程度地发生了政府变动，包括匈牙利、斯洛文尼亚、拉脱维亚和波黑议会选举引起的政府换届。本年度，中东欧国家与欧盟的关系呈现出顺应和背离两种相反的趋向。为了加入欧盟，马其顿总理于 6 月同希腊总理签署协议，欲将马其顿更名为“北马其顿共和国”；塞尔维亚与科索沃多次接触，就领土互换或边界调整，实现关系正常化问题进行商谈。而波兰、匈牙利则在对待民主与法制的一些问题上同欧盟的价值观发生冲突；在某些特定问题的处理上与欧盟的有关规定相悖，如在分摊难民、移民配额问题上与欧盟存在巨大分歧。2018 年，中东欧国家与北约的军事合作继续加强，共同进行的联合军演的次数及规模有所扩大。为增强在欧洲的军事存在，美国拟投资新建和整修其在罗、匈、斯（洛伐克）和波罗的海三国的空军基地。为寻求美国庇护，防范俄罗斯，波兰甚至表示不惜投巨资要在其境内兴建美军基地。

2018 年是中俄关系史上具有特殊意义的一年。两国顺利地完成了国内重要的政治程序，开启了中俄关系发展的新时代。本年度，习近平主席与普京总统举行多次会晤。6 月，普京总统访华进行国事访问并出席在青岛举行的上合组织第 18 次元首会议。9 月，习主席首次出席在俄罗斯远东城市符拉迪沃斯托克举行的“东方经济论坛”，并作为主宾发表重要讲话。两国元首还在 7 月南非约翰内斯堡金砖峰会和 12 月阿根廷 20 国集团首脑峰会期间进行了会晤。双方通过密切沟通和战略磋商达成了广泛共识，政治互信日益深入，在解决重大的国际和地区问题上加强了全面协调与合作，战略协作伙伴关系进一步提升。两国经贸合作继续向广度和深度发展：双边货物贸易结构在优化，服务贸易和技术贸易比重在提高，大项目合作、地方合作和农业合作成为新“亮点”，全年进出口贸易总额首次越过千亿美元。11 月，中俄两国总理进行第 23 次会晤，签署了 12 份文件，并就构建“欧亚伙伴关系”，促进地区一体化进程进行探讨。继上年中俄共同商定打造“冰上丝绸之路”后，2018 年中俄两国科学家首次对北冰洋进行联合科学考察；中俄北极亚马尔天然气项目取得重大进展，7 月供应中国的亚马尔液化天然气首船通过北极东北航道运抵中国。本年度，中俄军事合作继续升温：8 月共同参加上海合作组织“和平使命—2018”联合军演，9 月参加俄举行的“东方—2018”大型联合军演。

2018 年，中国与中亚、中东欧国家在“一带一路”倡议下进行的合作取得阶段性收获。中亚和中东欧国家作为“一带一路”沿线国家，虽然国情不同，面临的内外环境迥异，但大都与中国签署了共商、共建、共享“一带一路”合作协议，在不同程度上实现了双边和多边发展战略对接。在“一带一路”框架下，共同合作的一些基础设施项目在涉险排难中落实兴建。2018 年是“16 + 1 地方合作年”，中国和中东欧国家结为友好省（州）、城市的迄今已超过 160 对。截至 2018 年底，中欧班列的开通量已有 1 万余列，其中半数以上是由新欧亚大陆桥经哈萨克斯坦开行的。为了推进“一带一路”倡议落地生根，中国还与沿线国家沟通协商，制定防范风险的政策措施，稳妥推进中国与中亚和中东欧直至西欧的大通道建设，加快完善互联互通。

2018 年 6 月，在中国青岛召开了上海合作组织峰会。这是上海合作组织实现扩员后的首次峰会，会上通过的《青岛宣言》为上合组织发展规定了大方向和总目标；签署的 23 份文件，涵盖了贸易便利化、中小企业合作、旅游、安全、环保、卫生、运输等广泛领域，进一步推动了成员国之间的全面合作。到峰会前，中国在上海合作组织成员国中已建有 7 个境外国家级经贸合作区。

《欧亚发展研究（2019）》入选的文章，主要由国务院发展研究中心欧亚社会发展研究所聘任的研究员提供，部分文章由特约所外知名学者撰写。全书收录的 29 篇文章，不仅论述了一年来俄罗斯、中亚和中东欧等欧亚地区政治、经济、外交、军事和社会等各领域的形势及其发展特点，也探讨了本地区形势未来的发展，有助于读者全面了解和研判欧亚地区及我国周边环境情势及发展趋向。

本书各篇文章中的观点仅代表作者本人，若有不妥之处，敬请读者批评指正。

编　者

2018 年 12 月

目　录
Contents

2018 年俄罗斯总统大选与国家治理困境

◎ 薛福岐

2018 年 3 月 18 日，俄罗斯举行总统大选，弗拉基米尔·普京高票当选，第四次连任总统一职并将执政至 2024 年。2018 年大选的背景，既有“克里米亚共识”政治意义逐渐消退，经济发展陷入停滞，民生改善期望逐渐升高的国内政治因素，也有与西方关系恶化等因素。事实上，自 2000 年普京上台以来，俄罗斯在国内政局一直保持稳定的大前提下，经济总体上呈现为低速增长甚至逐步滑入停滞，发展缺失是一个显而易见的事实。较长时期的发展缺失与国家治理绩效相关联，在很大程度上是国家治理机制失灵的后果。

2018 年俄罗斯政治中最重要的事件无疑是 3 月 18 日的总统大选。现任总统弗拉基米尔·普京毫无悬念地以高票当选，开始第四任期并将任职至 2024 年。11 月份的地方选举虽有一些波澜，但并不影响总体稳定的局面。与此同时，俄罗斯社会多数民众对改善生活状况的期望逐渐升高，以提高退休年龄为主要内容的退休制度改革，政治局势总体稳定背景下经济陷入停滞，与西方关系恶化等，构成俄罗斯国内政治新周期的“新语境”。

薛福岐，国务院发展研究中心欧亚社会发展研究所研究员。

与此同时，从中期角度，自 2000 年普京上台以来，俄罗斯在国内政局一直保持稳定的大前提下经济总体上呈现为低速增长甚至逐步滑入停滞，发展缺失是一个显而易见的事实。发展缺失与国家治理绩效相关联，在很大程度上是国家治理机制失灵的后果。

一、2018 年大选及其结果

2018 年 3 月 18 日，俄罗斯举行例行总统大选，现任总统弗拉基米尔·普京高票获胜且得票率（76.6%）创下新高。事实上，此次大选结果早在普京宣布参选之时就已毫无悬念。唯一不能完全确定的是得票率和投票率能有多高。

创下新高的得票率，显示普京依然拥有很高的支持率。大选前后围绕斯克里帕尔案件以及英美对俄出台的制裁措施所形成的外部压力、2018 年 3 月 1 日普京国情咨文中展示的高精尖武器等强力反制能力等，构成 3 月 18 日投票日之前团结御外的氛围。这两个因素在一定程度上也有助于投票率和得票率的提升。

与此同时，普京第四任期内面临的国内外政治环境十分严峻。

第一，俄罗斯连续四年居民实际可支配收入下降，民众在支持普京对西方强硬的同时，改善生活状况的需求十分强烈。第二，2014 年乌克兰危机以来，美国等西方国家的对俄制裁及对俄政策在普京第四任期内很难改变。第三，更重要的是，从发展的角度，俄罗斯经济结构失衡可谓积重难返，调整的难度很大，且需要相当一段时间，至少在第四任期的六年之内难以完成这个任务。同时，俄罗斯的黄金外汇储备、企业自有资金、居民手里的资金实际上十分充裕，只是缺乏必要的体制机制使其变成中长期投资资金的来源。第四，对普京而言，自 2000 年以来已连续执政 18 年，2024 年第四任期届满后交接班是大势所趋。因此，

2024 年交接班问题或隐或显地伴随着一些重大内政外交问题的决策，构成普京第四任期的“语境”，并且随着时间的推移和 2024 年节点的临近，交接班问题对内政外交政策的影响越来越大，以至于任何严肃的政策制定和执行都无法脱开这个问题，国家官僚体系整体运作效率将大打折扣。

1. 新的“五月总统令”

普京 5 月 7 日就职当天签署总统令，提出涵盖十二大领域的 2024 年前国家发展目标与战略任务，要求政府在 10 月 1 日之前拿出实施方案。主要包括以下内容：

（1）保障人口持续自然增长。

（2）到 2024 年将平均预期寿命提高到 78 岁（根据官方数据，2012 年为 70.2 岁，2017 年为 72.7 岁）。

（3）每年要为 500 万以上的家庭改善住房条件（目前俄罗斯住宅建设和交付的情况只能满足 300 万家庭改善住房条件的需求。这意味着住房建设规模要扩大 50%）。

（4）非资源型行业大中型企业劳动生产率年均增长 5% 以上，非资源和非能源产品出口翻一番。经济增长速度要高于世界平均水平。

（5）到 2024 年俄罗斯经济成为全球第五大经济体（目前，按照购买力平价计算，俄罗斯国内生产总值略低于德国，居世界第六位）。2017 年，德国国内生产总值（按 PPP 计算）为 4.15 万亿美元（增长率 2.1%），俄罗斯为 4.0 万亿美元（增长 1.5%）。

普京要求政府 10 月 1 日之前拿出细化方案，最终形成十二个“国家项目”，要有十分具体的控制性指标，并且从 2019 年开始实施。

之所以说是“新的五月总统令”，是因为普京 2018 年“五月总统令”基本上重复了 2012 年的做法。就这十二个“国家项目”内容而言，改善民生的意图十分明显。此前普京也宣布将逐步削减军费开支。这些措施显示，普京一方面顺应民众改善生活状况的呼声，另一方面，民生改善、社会矛盾缓解也是为 2024 年交接班创造良好的社会氛围。与此同时，这也意味着，普京排除了大规模经济结构改革的方案，而是采用偏重技术性的安排。采用项目制管理办法，政府内部分工明确，从资金上予以保障，目的是力争拿出具体的成果。

2. 人事安排旨在保障政权平稳交接

普京在 5 月 7 日宣誓就职后，立即提名梅德韦杰夫担任总理。国家杜马 5 月 8 日批准了总理的任命。与此同时，梅德韦杰夫政府新任的几位副总理都是“老人”。

尤里·鲍里索夫，2012 年起任国防部副部长。此前在 2008 ~ 2011 年期间任工业和贸易部长，主管格洛纳斯全球卫星导航系统的建设。在新一届政府是负责军工的副总理。

马克西姆·阿基莫夫，曾任卡卢加市长，卡卢加州副州长（2007 ~ 2012 年），2012 年 5 月起任俄罗斯政府办公厅副主任，2013 年起任第一副主任。现任主管交通、通信和数字经济的副总理。此人有丰富的地方工作经验，卡卢加州 2007 ~ 2012 年吸引外资、发展创新经济的成效十分明显。

康斯坦丁·丘伊钦科是梅德韦杰夫大学时期的同窗好友，2001 ~ 2008 年任俄罗斯天然气工业公司法务部负责人，2008 年 5 月起分别担任梅德韦杰夫和普京的总统助理，以及总统办公厅检查局局长。现任俄罗斯政府办公厅主任。

阿列克塞·戈尔杰耶夫，1999 年曾任政府农业部长；2000 年初任主管农业的副总理。2009 年至 2017 年底任沃罗涅日州州长，在新一届政府再任主管农业的副总理。

显而易见，梅德韦杰夫新政府的人事任命新面孔较少，而是启用了一批有地方和联邦政府工作经验的“老人”。从人事安排上可以看出，这届政府不是 2024 年接班的班底，稳妥实施“国家项目”、为平稳接班创造条件是其主要任务。

3. 与西方的关系

2011 年普京在准备第三任期之时，发表系列文章阐述内外大政方针，内政基调是集中力量搞经济，外交方面的主要任务则是启动欧亚经济联盟。但 2014 年乌克兰危机及此后俄罗斯的反应，完全脱离了预定的轨道。俄罗斯深度介入乌克兰事务，在乌克兰欧盟联系国地位问题上，政策目标脱离实际，在一定程度上促使其国内危机的发生。俄罗斯支持的亚努科维奇总统最终不得不出走俄罗斯，尔后俄罗斯出手吸纳克里米亚，引发西方强烈反制。第二年，俄罗斯高调介入叙利亚内战，试图以此与美国等西方国家在乌克兰问题上实现利益交换。2017 年底和 2018 年初，美国通过新法案，以俄罗斯干预美国 2016 年总统大选为由，针对俄罗斯政府高官、政府机构和大公司连续实施制裁。总之，2014 年以来俄罗斯与美国等西方国家关系陷入螺旋式下降阶段，双方对峙的局面在 2024 年之前恐怕难以转圜。

二、俄罗斯国家治理的困境及其解读

从国家治理质量和绩效的角度看，全球范围一些国家治理良好，一些国家治理质量不佳（所谓“失败国家”），大部分国家则介乎于这二者之间。

1991～2017 年这 26 年间，俄罗斯经济总体增长了 26%，而全球经济平均增长了 148%（累计）。2008～2016 年，俄罗斯国内生产总值年均增长不足 0.2%，远远低于全球平均增长水平，可谓是“失去的十年”。从俄罗斯官方的预测来看，未来一个时期俄罗斯 GDP 的年均增长率在 2% 左右，低于全球平均增长率，有可能重现“失去的十年”。这意味着，俄罗斯虽然能在停滞状态下生活，但经济将持续低速增长，与主要经济体的差距越拉越大。

因此，俄罗斯的发展缺失是一个显而易见的事实。至少在其所宣示的政策目标与实际结果之间存在着明显的落差。经济结构调整、GDP 的起伏、人口、社会不平等等，都可以从不同的侧面证明俄罗斯发展缺失。俄罗斯在具备发展所需的资源与资金、技术、人力资本等条件下，却呈现出发展缺失，说明这种发展缺失与国家治理的质量存在因果关系。

1. 制度与经济发展

俄罗斯的治理困境，首先可以从制度层面加以分析。

诺思是当代西方新制度经济学的代表人物。他在研究经济史的过程中，注意到国家对经济增长的复杂影响，即“国家的存在是经济增长的关键，然而国家又是人为经济衰退的根源”[①]。这一观点被概括为“诺思悖论”。

诺思悖论的理论前提在于制度对经济发展的关键作用，而以产权保护为重点的产权制度的创新，导致了国家的长期经济增长。有效的产权保护制度的建立，能够增强人们开发新技术和进行投资的意愿。只有当潜在投资者认为其财产权利在当下和未来都能得到保障时，人们才会进行长期投资。

阿西莫格鲁和罗宾逊在《国家为什么会失败》一书中，将诺思的理论进一步精致化。他们认为，国家经济发展失败的原因，在于汲取性的经济制度，具体而言，就是一国所有的经济制度或经济政策都是由统治者制定出来的。他们通过各种手段掠夺生产者，使生产者只能得到产品

---

① ［美］诺思：《经济史中的结构与变迁》，上海人民出版社 1994 年版，第 20 页。

的一小部分，导致生产性激励不足①。曼瑟·奥尔森也提出了类似的观点，他认为如果一个政府有足够的能力去创造和保护个人的财产权利，强制执行各种契约，同时还受到约束而无法剥夺或侵犯他人权利，那么这个政府便是一个强化市场型政府，是长期经济增长的关键②。

除了产权制度，国家供给的作为公共产品的其他制度，也有着极为重要的意义。本瑟里和皮尔森在《繁荣的支柱》一书中，强调了国家供给公共产品的生产性能力对经济发展的作用③。林毅夫认为，现代经济的发展有赖于金融、法律等软件基础设施及电力、通信、交通等硬件基础设施同时作出相应改进。而单个企业无法有效内部化这种成本，多个企业的自发协调也很难实现，因此必须仰赖于政府④。

文一在《伟大的中国工业革命》一书中指出，经济发展有赖于一个安全有效的规模化大市场，而这样的市场是一个昂贵的公共产品，需要秉持重商主义的强有力政府同市场参与各方付出巨大的协调努力和投资才能得到建立⑤。

以上分析都指向一个极其重要的问题——当前条件下国家对经济发展的关键作用。有效的产权制度、有效的规模化大市场、公共品、金融、法律等软件基础设施、电力、通信、交通等硬件基础设施等等，都必须有赖于国家的努力才能提供。而这样的国家必定具备一定的自主性，不被资本力量或者社会力量所俘获。

---

① ［美］德隆·阿西莫格鲁，詹姆斯·A. 罗宾逊：《国家为什么会失败》，湖南科学技术出版社 2015 年版。

② 张宇燕：《强化市场型政府乃经济发展之根本》，载曼瑟·奥尔森《权力与繁荣》，上海世纪出版集团 2005 年版，第 3 页。

③ Besley，Timothy，Torsten Persson. Pillars of Prosperity：The Political Economics of Development Clusters. Princeton：Princeton University Press，2011，375 pp.

④ 林毅夫：《繁荣的求索》，北京大学出版社 2012 年版，第 105 页。

⑤ 文一：《伟大的中国工业革命》，清华大学出版社 2016 年版。

2. 竞争约束与国家行为选择

由上可见，一个保护产权并充分供给作为公共产品的其他制度的国家，对经济发展起着极为关键的作用。但是，并非所有国家都能做到这一点。诺思在《经济史上的结构与变迁》一书中深刻地揭示了国家目的的二重性：国家既追求自身收入的最大化，同时又追求一套能使社会产出最大化而完全有效率的产权。这种“租金最大化的所有权结构与降低交易费用和促进经济增长的有效率的体制之间，存在着持久的冲突。这种基本矛盾是使社会不能实现持续经济增长的根源”[①]。而这也是对不同国家经济绩效差异的一个绝佳注解。

那么，是什么影响了国家面对其目的二重性矛盾时作出的选择？国家在什么情况下会倾向于社会产出最大化？制度学派的学者给出了自己的解释。阿西莫格鲁指出，只有在包容性政治制度环境中，包容性的经济制度才能长期持续。所谓包容性政治制度，是指人民拥有政治权利、能够参与政治活动、选举当权者、领导人，或当权者是人民的代理人而非统治者[②]。奥尔森则提出了著名的共容利益理论。他认为，当统治者的收益和损失同社会产出的增长或减少高度捆绑时，他们在社会中就有了共容利益，这将迫使他们关注全社会的增长，向强化市场型政府转变。而在奥尔森看来，民主，或者说竞争性政体，是共容利益的产生条件[③]。具有中国特色的“晋升锦标赛”制度，则从政府官员这一角度提供了国家选择最大化社会产出的微观解释，即经济发展的目标同官员的最大化利益重合，形成了对官员促进经济发展的有效的激励机制[④]。

---

① 诺思：《经济史中的结构与变迁》上海人民出版社 1994 年版，第 25 页。

② ［美］德隆·阿西莫格鲁，詹姆斯·A. 罗宾逊：《国家为什么会失败》，湖南科学技术出版社 2015 年版。

③ ［美］曼瑟·奥尔森：《国家的兴衰：经济增长、滞涨和社会僵化》，上海世纪出版集团 2007 年版；［美］曼瑟·奥尔森：《权力与繁荣》，上海世纪出版集团 2005 年版。

④ 周黎安：“中国地方官员的晋升锦标赛模式研究”，《经济研究》，2007 年第 7 期。

虽然存在多种解释，但笔者认为，这些解释可以被统一进诺思在《经济史中的结构与变迁》中提出的解释框架，即统治者所面临的国内外竞争约束。诺思认为，竞争约束的存在对统治者的行为有重大影响。就国内而言，“替代者越是势均力敌，统治者的自由度就越低，选民所保留的收入增长的份额就越大”①。换言之，统治者将提供更近似公正的服务，促进社会产出增长。不过，从另一方面讲，国家作为秩序和公共服务的垄断提供者，为使自身收入最大化，会将选民分为不同的集团。由于存在国内竞争，统治者将避免触犯有能力通过支持替代者从而威胁现存统治者的选民，并为他们设计有利于他们的产权结构和具体政策②。因此，国内竞争约束究竟如何发挥作用，还要取决于统治者所面对的国内政治制度。而将统治者群体进一步分解为每一个具体官员之后，类似的逻辑依然有效：如果官员的考评晋升取决于他们同对手在促进经济发展状况方面的表现，那么他们就有充分的动机尽可能促使社会产出最大化。而在国际层面上，国家间的竞争对一国的经济发展水平、经济发展效率提出了很高要求。为确保国家在竞争中处于不败之地，统治者必须着眼于最大化社会产出，促进经济发展，从而增强本国的国际竞争力。这就是国际竞争约束的作用机制。

概括而言，国家在一国经济增长中扮演重要角色，其提供有利于生产性集团的产权保护和其他一系列重要公共产品时，经济能够得到发展，反之则陷入困境。但国家存在着统治者收入最大化和社会产出最大化二重目的的矛盾。具体的行为选择取决于统治者面临的竞争约束。国内方面，统治者将根据其竞争者力量的强弱和各社会集团影响政治竞争结果的能力，设计效率各异的产权结构和施政方针，从而对经济发展效果产生影响。而当在国际上面临着竞争压力时，统治者会倾向于最大化

① ［美］诺思：《经济史中的结构与变迁》，第27页。

② 同上，第23、28页。

社会产出，使国家扮演经济发展促进者的角色。

3. 俄罗斯面临的国家治理困境

俄罗斯学者格尔曼在分析俄罗斯国家治理困境时认为，虽然在个别领域（如农业）、个别地区和个别部分（如俄罗斯中央银行）有一些成功案例，但这并没有从根本上改变治理困境本身①。原因在于，在治理质量总体欠佳的情况下，政治领导人需要一些成功案例向国内外展示政绩。但这些成功案例往往是在人为创造的十分特殊的环境条件下取得的，其实践一般无法被制度化，无法推而广之并产生乘数效应。因此，这些成功案例进一步证实了治理困境的存在。

从国家、资本与社会角度对俄罗斯独立以来的时间所作的考察显示②，由于国家与资本结为一体，资本依附于权力，权力与资本相互贯通，因而发展过程中的国家缺位（姑且称之为“游离于社会之外的国家自主性”），是造成发展缺失的主要原因。与此同时，在俄罗斯，历史上国家具有最高价值（表现为国家的“神性”），因此 1991 年以来俄罗斯社会对国家地位作用的认知和需求虽然发生变化，但在很大程度上依然是传统主义的。这更进一步强化了国家游离于社会之外的状况，使得国家、资本力量的扩张缺乏外部制约，也使得国家、资本与社会关系的调整缺乏必要的动力，体制不可避免地陷入僵化而无法自拔。由于这种体制能够使得执政集团的利益最大化，执政集团因而倾向于维持现状。因此，俄罗斯无论何人当政，政治上都倾向于继续维持这种体制。在意识形态上往往用特殊主义、孤立主义的叙事，利用传统主义的社会意识强

---

① Гельман В. Я. Исключение и правила：《история успеха》и《недостойное правление》в России/ Владимир Гельман：Препринт М –64/18. –СПб.：Издательство Европейского университета в Санкт – Петербурге. 2018. – 38 с.

② 薛福岐：“欧亚地区的发展缺失：基于国家、资本与社会关系的分析”，《俄罗斯东欧中亚研究》，2018 年第 5 期。

化其合法性。因此，这种“有稳定而无发展”的局面，就其本质而言不具有可持续性，但却可以延续相当长的时间。

4. 对俄罗斯治理绩效的进一步解读

纵观全球，俄罗斯发展缺失的案例并非特例，而可以归结到一大批具有类似情形的国家行列。与此同时，从国家、资本与社会关系的角度看，导致俄罗斯发展缺失的原因在一定程度上与其国家建构、历史和社会等因素密切相关。

苏联时期的全能国家侵占了社会的全部活动空间：国家对社会实行全面控制，社会“寄居于”国家之内①；指令性计划经济意味着生产资料的生产和再生产过程完全由计划调配，价格仅仅是一个统计单位，因而资本完全没有存在的必要。换言之，既不存在市场②，也没有资本的容身之地。

俄罗斯独立后，国家、资本与社会构建的时序是，首先从全能国家过渡到有限政府；其次是建立市场经济的基础设施，大规模私有化的结果是大资本崭露头角。需要说明的是，俄罗斯新制度的建立，尤其是私有化，是一个有着强烈政治主导的过程，其目的是不惜一切代价为新制度奠定经济社会基础。与此同时，这个过程伴随着国家从社会领域退出，以及社会的“原子化”。社会结构从原来的均质、高度同质化，分化出新的结构：新的中产阶级出现，同时大多数人从原来的“近似中产阶级”陷入贫困，甚至沦为赤贫。社会结构分化的实质也就是社会结构和价值观体系的繁缛化。

里亚博夫认为，苏联解体和新制度“植入”的结果，不是某种混合体制，而是形成一种称之为“后苏联资本主义”体制。其根本性的特点

---

① 范思凯：《俄罗斯市场化民主化转型中国家与市场、社会关系研究》，辽宁大学博士论文，2016 年。

② 苏联时期十分活跃的“黑市”无论如何都不应当被看作现代经济意义上的市场。——作者注。

是，权力和资本的相互贯通并且高度集中在少数相同的精英手里。事实上，新出现的是一个单一的“权力—资产”制度安排。而“权力”和“资产”的掌管者就是国家官僚。资源（权力和金钱）高度集中在极少数特权群体手中，极大地影响到后苏联国家政治进程的结构。政治和社会行为者的数量实际上被减少到最低限度。后苏联资本主义的这个特点决定了这些体制都倾向于维持现状①。

官僚阶层掌权之后，既不愿意与社会分享权力，也不愿意受制于特定的意识形态，更不愿意放弃权力（发生更替）。“权力与资本结为一体”对经济社会发展的扭曲是显而易见的。其直接的后果就是经济结构调整迟迟不能完成，经济现代化进程迟缓，腐败规模巨大，严重影响经济的竞争力和投资吸引力，更重要的是社会与政府之间相互信任的缺失。

权力与资本的关系发生变化（与叶利钦时期相比而言），权力控制资本而不是相反。同时国家、资本与社会的关系呈现为：国家大于资本大于社会。这是俄罗斯历史上占主导地位的一种结构，国家的主导性是俄罗斯的胎记。同时，这也是俄罗斯人能够理解的一种安排，“路径依赖”之谓也。

从政治结构与经济结构之间的对应关系来看，俄罗斯国家资本主义、寡头资本主义的经济基础是经济结构的简单化。出口收入和财政收入的主要来源是油气行业。天然气行业实行高度垄断，石油行业则是有限竞争。经济上的寡头体制在很大程度上限定了政治领域的竞争。或者说，政治领域不可能是开放竞争式的。开放竞争式的政治体制必将威胁到高度垄断的油气行业。

近年来，俄罗斯政府从行政程序、政府职能，包括对行政许可、企业注册登记、企业经营活动的检查等角度，试图对政商关系进行规范，

① ANDREI RIABOV. The Post – Soviet States. A Shortage of Development in a Context of Political and Economic Diversity. *Russian Political and Law*，vol. 52，no. 2，March – April 2014，pp. 30 – 43.

通过立法厘清权利的边界，包括建立企业注册的“一个窗口”等制度，减少行政壁垒和寻租空间。这些改革和调整所取得的效果并不明显。在正式的、法律上明文规定的规则之外，实际上是大量非正式制度在调节经济关系。

三、初步结论

对俄罗斯的观察，既要考虑中短期政策，更要关注其长期发展趋势。

从发展的角度看，俄罗斯的原材料经济模式、经济政策的不确定性、西方制裁、高税收和国内需求低迷等，是当前面临的主要风险。俄罗斯“收回”克里米亚，成为与西方关系的一个长期制约性因素，而且难以排除。这使得俄罗斯对外部投资者而言的风险陡然加大。在西方制裁条件下，俄罗斯一年约丧失 3000 亿美元的融资渠道。受此影响，俄罗斯大型国企、私人企业和财政的投资规模大幅度收缩，直接影响到 GDP 的增长。

俄罗斯地方财政赤字是一个较大的隐患。俄罗斯 85 个联邦主体中，只有 13%（11 个主体）有自己的财政储备，其余的只有债务而没有盈余。联邦政府调拨的财政收入占地方财政收入的 95%。现行的税收分配制度是，53% 的税金收入归联邦中央，47% 的收入则在州和地方一级分配。在俄罗斯经济陷入停滞的情况下，近年来地方财政收入下降，三分之二的地方是赤字财政，债务总额比其自有收入高出 25%。各地方都在压缩投资，但仍然不足以实现财政平衡。

从就业的角度看，俄罗斯政府压缩财政支出，财政供养领域的就业在减少。这给中小城市造成严重问题。这些地方的财政供养人员在就业体系中比例很高，一旦失业，很难找到其他工作。

从社会抗议的角度看，经济困难、投资下降对居民生活造成影响，社会紧张局面会有所上升。俄罗斯全国有 5000 万网络用户，中小城市的用户在增长，官方宣传的替代空间在扩大。但是，俄罗斯 1990 年代出生率大幅度下滑，造成 21 世纪第二个十年的青年人口减少一半，政治抗议乃至“街头运动”的社会基础萎缩。

与此同时，俄罗斯目前的状况并非处于“悬崖的边缘”。从政治角度，政治稳定是客观现实，现政权的合法性和支持率是很高的。绝大多数俄罗斯民众认为国家在政治上没有什么问题。从经济角度，4000 亿美元黄金外汇储备，人均 GDP 9000 美元，不存在饥荒和内战，边境开放，资本项目开放，物价由市场决定。从外交角度，俄罗斯出口石油天然气，欧洲进口俄罗斯的石油天然气，制裁只会使民众团结在普京周围。

在2024 年之前，俄罗斯发生“颜色革命”的概率几乎为零。“颜色革命”的一个基本条件是精英集团高度碎片化，且其中的一部分认为要与西方结伴，甚至结盟。在俄罗斯，上层精英集团人数很少，且高度团结。在这种情况下，“街头革命”引起权力更替的可能性基本上可以排除。因此，俄罗斯面临的真正问题是，一方面它在全球长期发展“竞赛”中持续落伍，另一方面它胸怀全球大国的雄心壮志，二者之间存在矛盾，由此可能引发国内政治和地缘政治风险。

俄罗斯独立以来的制度建设在形式上已经结束，但尚存深刻矛盾，国家仍处在深刻变革之中。对于当代俄罗斯而言，事实上已经形成了一种稳定的国家治理模式。问题是，现有的治理模式与长远的国家利益之间，当局所宣示的成为多极世界一极、全球性大国地位的宏大目标与民众改善福祉的诉求之间，存在深刻的冲突和矛盾。从长远看，俄罗斯在国家治理问题上面临的两大挑战是，第一，发展的主体从何处来？第二，如何找到合适的政治实践，不是将改革化为在财政开支、私有化和维持正常的经济和社会生活之间保持平衡，而是建立起发展的内生机制？总之，国家治理的现代化依然是当下和未来一个时期俄罗斯面临的迫切任务。

2018 年俄罗斯总统大选与地方选举分析

◎ 庞大鹏

2018 年俄罗斯政治的重大事件是 3 月的总统大选和 9 月的地方选举。总统大选虽然实现了普京的既定政治目标，但是地方选举表明退休金制度改革引发民意反复，导致统一俄罗斯党在国家杜马代表单席位选举、联邦主体地方议会选举和联邦主体行政长官选举中全面受挫。“后克里米亚共识”对于俄罗斯政治稳定的支撑作用在减弱。世界政治的潮流也影响俄罗斯内政的变化。

2018 年俄罗斯国内经历两个重要政治事件，即 3 月总统大选和 9 月地方选举。经过这两次选举，2018 年俄罗斯出现前后民意反差很大的政治生态图景。3 月总统大选时，普京得票率高达 76.69%；短短半年后，9 月 9 日，统一俄罗斯党在国家杜马单席位选区的补选、联邦主体议会选举和联邦主体行政长官直选这三个具有指标性意义的选举中，全面受挫。政府民调机构全俄舆情中心 11 月 11 日的信息显示，普京只有 36.5% 的信任指数，创历年最低。可见，2018 年俄罗斯国内局势总的特点是稳中有忧。

庞大鹏，国务院发展研究中心欧亚社会发展研究所研究员，中国社会科学院俄罗斯东欧中亚研究所俄罗斯政治室主任、研究员，中国社会科学院俄罗斯研究中心主任。

一、总统大选情况

2017 年 12 月 6 日，普京宣布参加 2018 年第七届俄罗斯总统大选[①]，第四次站在俄罗斯总统大选的政治舞台上。2000 年普京第一次参选时，话语掷地有声，誓言整顿国内政治秩序，集中精力于国内建设。2004 年第二次参选时，得益于第一任期充满朝气的国内改革，普京民望高企，无须统一俄罗斯党推举他为总统候选人，而是以独立候选人的方式参加竞选。普京认为，俄罗斯已经成功避免了苏联解体以来最危险的经济和政治发展趋势，需要转入快速发展的现代化新时期。转眼十多年过去了，其间普京经历了选情复杂的 2012 年选举，现在再次迎来一场"具有特殊意义和分界线性质"[②] 的 2018 年选举。

这次选举普京面临挑战。这主要体现在俄罗斯面临很多发展难题，普京的经济业绩乏善可陈。2012 年竞选时普京发表七篇竞选文献，对俄罗斯政治、经济、外交、民族等各个领域的问题进行分析并展望前景，随后在就职典礼一结束就签署 11 项总统令，在投资额、就业岗位、劳动生产率等方面制定具体指标，力求提高经济发展速度和保证经济持续发展，增加公民实际收入，并使俄罗斯经济达到技术领先的地位[③]。至于人们津津乐道的"俄罗斯经济进入世界五强和人均国内生产总值（GDP）3.5 万美元"，需要指出的是，这一目标并不是在"五月总统令"中提出的，而是在 2011 年 4 月 10 日时任总理的普京在政府工作报

① Посещение Горьковского автомобильного завода, 6 декабря 2017 года, http: //www. kremlin. ru/events/president/news/56319.

② Послание Президента Федеральному Собранию, 1 марта 2018 года, http: //kremlin. ru/events/president/news/56957.

③ Подписан Указ о долгосрочной государственной экономической политике, http: //www. kremlin. ru/events/president/news/by - date/07. 05. 2012.

告中提出的。2012 年开始的第三任期过去了，上述目标并没有实现。当前俄罗斯贫困问题突出，贫富差距拉大。在经济危机的背景下，贫困问题是俄罗斯面临的十分严重的社会问题。2016 年，俄罗斯的贫困人口占总人口的 14.6%，意味着有 2000 多万人生活在最低生活标准之下。普京在 2017 年的国情咨文中也承认了这一点，并制定了脱贫的时间表，提出未来六年贫困率下降一半。贫困化和贫富差距拉大的现实滋生了社会不满情绪，俄罗斯的社会性抗议活动都与此相关。经济落后是俄罗斯面临的主要威胁①。在这次选举中，包括普京在内，执政当局宣传政绩时，都是策略性地选择宣传普京 2000 年执政以来的成就而不是近 6 年的业绩。

2018 年 1 月 31 日，俄罗斯中央选举委员会确认，除国家杜马的两个政党推荐的候选人外，共有 6 人通过选民登记签名的审查②。2018 年 2 月 8 日，中央选举委员会最终确认共有 8 名竞选人获得总统候选人身份。2018 年总统大选的候选人除了普京为自荐参选的独立候选人以外，其他均为政党提名的候选人。截至 2017 年 10 月，俄罗斯司法部关于政党登记的最新资料显示，俄罗斯现有政党 67 个③。进入国家杜马的四个政党中，俄罗斯共产党推出了无党派人士格鲁季宁，俄罗斯自由民主党由党主席日里诺夫斯基参选。统一俄罗斯党和公正俄罗斯党放弃推出候选人，支持普京参选④。进入地方议会的亚博卢党和俄罗斯共产党人党分别推出了各自党主席亚夫林斯基和苏拉伊金。没有进入各级议会的俄罗斯增长党、公民倡议党和全民联盟党也分别推出了各自候选人季托

---

① Послание Президента Федеральному Собранию.

② ЦИК России завершила прием подписных листов с подписями избирателей, http://www.cikrf.ru/news/cec/34491/.

③ Список зарегистрированных политических партий, http://minjust.ru/nko/gosreg/partii/spisok.

④ 2017 年 12 月 22 日，统一俄罗斯党举行第十七次代表大会。会议决议称将全力支持普京参加 2018 年俄罗斯总统选举。公正俄罗斯党也放弃推选候选人，全力支持普京。

夫、克谢尼娅·索布恰克和巴布林①。

2018 年 3 月 23 日，俄罗斯中央选举委员会正式公布了最终选举结果，普京的得票率为 76.69%，格鲁季宁为 11.77%，日里诺夫斯基为 5.65%，索布恰克为 1.68%，亚夫林斯基为 1.05%，季托夫为 0.76%，苏拉伊金为 0.68%，巴布林为 0.65%②。普京以超高得票率获得了第七届俄罗斯总统大选的绝对胜利。普京在总统网站上发表了对俄罗斯公民的视频讲话，一开始就强调了四个数字：高于 67% 的投票率、超过 7300 万公民参加投票、高于 76% 的得票率以及超过 5600 万公民的支持。这是俄罗斯总统选举历史上最高的得票率，意味着民众对普京前所未有的巨大支持③。

二、总统大选结果分析

选前全俄舆情中心公布的总统竞选人支持率排名显示，名列榜首的普京支持率一直在 70% 左右。普京的最终得票率为 76.69%，高出选前民调 6 个百分点。普京之所以有如此高的得票率，除了选民对他治国方针的认同以及"后克里米亚共识"依然在起作用外，还得益于以下几个因素。首先，总统选举法有针对性的修改，既刺激了投票率，也催生了较高得票率。比如，对选举时间的修改。又如，大大简化了选民在所在选区以外地点投票的规则。此举大约能增加 560 万左右的选民参加投

---

① Кандидаты на должность Президента Российской Федерации, http://www.cikrf.ru/analog/prezidentskiye–vybory–2018/kandidaty/.

② Состоялось 152–е заседание Центральной избирательной комиссии Российской Федерации, 23 марта 2018 года, http://www.cikrf.ru/news/cec/39433/.

③ Обращение к гражданам России – После обнародования Центральной избирательной комиссией официальных итогов голосования на выборах Президента Российской Федерации Владимир Путин обратился к гражданам России, 23 марта 2018 года, http://www.kremlin.ru/events/president/news/57121.

票。其次，公正俄罗斯党没有推选候选人参选，该党支持者的选票基本流向普京。俄罗斯共产党由于推出富翁格鲁季宁参选，部分传统的俄共选民并没有支持他，流失掉的选票也转而投普京。第三，选前的俄英间谍案对普京实际是一种选举助攻。

其他总统候选人无论竞选纲领还是社会基础都存在明显缺陷。俄共推选的格鲁季宁是俄罗斯农场主，选前支持率就一直徘徊在 7% 左右。虽然他最终得票率为 11.77%，高于选前民调，但是他的得票率低于俄共以往总统候选人的得票率。2000 年总统大选俄共候选人久加诺夫得票率为 29.2%，2004 年俄共总统候选人哈里托诺夫得票率为 13.69%，2008 年久加诺夫得票率为 17.72%，2012 年久加诺夫得票率为 17.18%。俄共在普京时代总统候选人的平均得票率为 19.45%。格鲁季宁创俄共参加总统选举的最低得票率。他提出了二十条竞选纲领，实际源于 2016 年 6 月 25 日俄共十六大上提出的振兴国家十个发展方案。俄共的传统选民中，一部分人对他富商的身份存有疑虑，并没有支持他。俄罗斯自由民主党的候选人日里诺夫斯基选前民意支持率一直位列第三。他此次提出了 111 条竞选纲领，一如既往地大谈俄罗斯族为国家主体民族地位的前景。索布恰克作为俄罗斯大选史上最年轻的总统候选人，主张俄罗斯向议会制共和国过渡，竞选口号是“反对所有人”。选前民调一直徘徊在 1.5% 左右。亚博卢党的候选人亚夫林斯基此次没有被禁止参选，他提出了当选百天的行动路线图，选前支持率不足 1%。他的主张主要是与西方搞好关系，实现与西方关系的正常化。俄罗斯增长党主席季托夫本身就是普京智囊团的成员，他自己也表态说参选并不是要获胜，而是为了唤起民众注意小企业创新问题，注意经济增长战略。选前支持率在 0.3% 左右徘徊。俄罗斯全民联盟党的创始人巴布林主打爱国主义旗帜，选前支持率也是在 0.3% 上下。俄罗斯共产党人党主席苏拉伊金在竞选纲领中号召对资本主义发动十次“斯大林式的痛击”，选前支持率在 0.1% 左右。正如普京指出的，现政权的反对派并没有提出真正的国家发展建议。

三、普京总统第四任期执政目标

2018 年 5 月 7 日，普京颁布新“五月令”，提出未来 6 年的目标。2012 年 5 月 7 日的“五月令”含 11 份纲领性文件。2018 年的这份新“五月令”仅为一份文件，但是这份 19 页的总统令涵盖俄罗斯国家治理的 12 个领域，而且对每个领域都提出了具体目标。

新“五月令”是对普京 2018 年 3 月 1 日发表的国情咨文的合理延续，与国情咨文内容一致。普京表示，政府未来 6 年的主要任务是在科学技术和社会经济方面取得突破性发展。普京确定的最重要目标是保证俄罗斯人口稳步自然增长，人均寿命提高至 78 岁，增加公民实际收入和退休金，以及贫困率减半。同时政府应每年改善至少 500 万家庭的居住条件，将技术创新机构数量增加 1.5 倍，确保在经济和社会领域加快推广数字技术。

总统令要求确保俄罗斯跻身世界五大经济体，维持宏观经济稳定，通胀率不高于 4%，同时保证经济增速高于世界平均水平，在经济基础行业创造依托现代化技术和高水平人才发展的高效出口导向型部门。

文件规定政府确定 2024 年以前主要工作方向。政府未来将在人口、医疗、教育、住房、道路、劳动生产率、生态、数字经济、企业经营、出口、科学和文化等 12 个方面实施国家计划。联邦预算将优先考虑对上述领域的预算拨款和额外资助。在出口领域，普京要求 2024 年必须保证形成具备竞争力的全球化非原料部门，其出口总占比不低于俄罗斯 GDP 的 20%。非原料非能源商品的年出口额应达到 2500 亿美元的规模。新目标特别强调俄罗斯要在 2024 年跻身世界五大科学强国。以此为出发点，俄罗斯应成为对国内外重要科学家和杰出青年研究人员有吸引力的国家，国内各渠道科研经费的增长速度应超过 GDP 增速。

四、地方选举情况

2018 年 9 月 9 日当天，俄罗斯 85 个联邦主体中的 80 个进行选举活动，涵盖 6500 万选民，其中，最重要的三项指标性选举涉及 26 个联邦主体的行政长官、16 个联邦主体的地方议会议员、7 个国家杜马单席位选区的补选议员。

国家杜马议员补选情况。从 6 个州的 7 个单席位选区选出 7 名国家杜马代表。统一俄罗斯党获得 5 席，俄共和自民党各获得 1 席。统一俄罗斯党因此在国家杜马中少了 1 席，俄共增加 1 席。

地方议会选举情况。16 个联邦主体举行地方议会选举。统一俄罗斯党选举失利，在 7 个联邦主体的议会席位下滑，在全国范围内地方议会的总席位减少。在伊尔库茨克州，统一俄罗斯党甚至失去了议会第一大党的地位。

联邦主体行政长官选举情况。每年地方选举的重中之重就是联邦主体领导人的选举。2018 年共有 26 个联邦主体举行领导人选举。其中，在 22 个联邦主体以直选的方式进行，在 4 个以少数民族为主的联邦主体以地方议会选举的方式进行。联邦主体行政长官选举的结果是统一俄罗斯党在议会选举行政长官的 4 个联邦主体获胜，但是在直选的 22 个联邦主体中，只是在 16 个联邦主体获胜，在 4 个联邦主体失利。

从总体情况看，统一俄罗斯党在 2018 年地方选举中严重受挫。这主要与俄罗斯政府推行退休金制度改革造成民众支持率下降有关。

俄罗斯生育率低，人均寿命不高，劳动力不足，社会老龄化加快。普京决心在第四任期解决退休制度改革这一难关，缓解劳动力紧缺、劳动人口退养比过高等状况。时至今日，退休制度已经到了非改不可的地步。2019 年俄罗斯退养比例将高达 1：1.2，接近于一名劳动者供养一名退休者的水平。种种因素加在一起，普京决心进行退休制度改革。8 月 29 日，普京就退休制度改革向全国发表电视讲话，希望得到俄罗斯民众的支持。

但是，退休制度改革涉及俄罗斯千家万户的切身利益。6 月份世界杯期间，俄罗斯政府提出退休制度改革后，就面临大多数民众的抗议。9 月 9 日地方选举的当天，在俄罗斯全国 80 多个城市爆发了反对退休制度改革的示威活动，其中，包括远东地区和西伯利亚的数十个城镇也举行了游行示威活动。2018 年总统大选积累起来的高民意支持迅速大幅下降。这种社会情绪和民意特点鲜明体现在了地方选举的结果中。

出现选举复杂局面后，普京的应对举措主要集中在哈卡斯共和国和滨海边疆区的第二轮选举上。两个联邦主体二轮选举的不同之处在于：哈卡斯共和国统一俄罗斯党候选人与俄共候选人差距明显，而滨海边疆区选情胶着。对此，俄罗斯政府区别处理。

针对哈卡斯共和国的二轮选举，先后三次让亲政府的政党候选人退选，打乱俄共的部署，最终造成俄共候选人一人参选的局面。这种情况下，俄共候选人是否能过法定得票率（50%）存在极大变数。11 月 11 日，在第二轮选举中，俄共候选人艰难获胜。

针对滨海边疆区二轮选举，由于统一俄罗斯党候选人与俄共候选人一开始支持率就非常接近，因此先是由普京出面力挺统一俄罗斯党候选人，在二轮选举出现反转后，直接宣布选举无效。普京随后任命前萨哈林州州长科日米亚科担任滨海边疆区代理行政长官，迅速运用行政资源解决滨海边疆区的民生问题，选情看涨，在 12 月 16 日二轮选举前，包括俄共候选人（最终退选）在内的其他候选人都面临科日米亚科的巨大挑战。最终，12 月 16 日，科日米亚科以独立候选人身份以较大优势获胜。

此外，普京以退为进，迅速撤换一批执政基础薄弱的地方领导人。

从 9 月 26 日至 11 月中旬，普京连续撤换和任命了 11 个联邦主体的代理行政长官。他们都是普京信任的年轻一代政治精英。他们将积累政治资源以备 2019 年地方选举。

总之，通过针对性极强的举措，普京有效解决了地方选举后出现的不利局面，巩固了地方层面的政治稳定。

五、前景展望

第一，俄罗斯政治总体稳定的前景可以预期。一是普京政治治理的手段十分高超。以这次地方选举为例，普京继续通过代理行政长官制度遏制不利局面的蔓延，同时因地制宜，针对地方的不同情况采取相应举措。二是统一俄罗斯党尽管此次地方选举受挫，但是从全国范围看，依然是地方议会第一大党。俄罗斯政局总体可控。

第二，“后克里米亚共识”基本终结。其一，2016 年国家杜马选举和 2018 年的总统大选，“后克里米亚共识”和“危机源自国外”的宣传，一直是普京的制胜法宝。这次地方选举后，有评论认为，俄罗斯民众不再坚持政治外交问题与经济民生区别对待的“后克里米亚共识”。其二，如果说经济不振引起生活水平下降还被认为是发展问题，那么，退休制度改革就是分配问题。分配问题涉及民众切身利益。其三，一旦“后克里米亚共识”这面爱国主义和民族主义旗帜的引导作用减弱，普京今后如何引导社会情绪走向值得关注。

第三，2021 问题和 2024 问题。普京真正需要解决的是 2021 年的国家杜马选举和 2024 年的接班人问题。其一，2021 年问题。这次地方选举给普京和统一俄罗斯党都提了一次醒：普京想在第四任期展开结构性改革，一旦真正涉及普通民众核心利益的分配问题，必然面临政治挑战。其二，接班人问题。普京在 2008 ~2012 年以“梅普组合”的形式高超处理了权力交接问题。但是到 2024 年第四任期结束时，很难再现这一接班形式。实际上，从 2016 年开始，普京已经着手对政治精英进行更新换代，但是目前来看，效果差强人意。此次地方选举也说明了这点。加快普京政治团队的年轻化，并从中选择合适的接班人，依然是普京最重要的政治任务。

第四，世界政治的潮流影响俄罗斯内政。俄罗斯政治动态与当前世界政治特点息息相关。世界政治新阶段有三个主要特点：一是民粹主义和民族主义同时上升，民粹主义导致社会性抗议运动兴起。民粹主义指的是在社会中下层中流行的一种政治思潮，其特点是对公正缺失、贫富分化的强烈不满，对政治精英和知识精英思想的叛逆，以及对平等理想的追求。二是互联网政治影响西方主要大国的传统政党政治，而且互联网革命影响技术发展。三是强人政治和威权主义卷土重来，地缘战略竞争日趋激烈。上述特点也是俄罗斯政治近年来的突出特点。而且，2018 年的退休金制度改革说明，俄罗斯同样面临民粹主义与社会性抗议运动等问题的影响。

新阶段世界政治中的分化和分裂，是由三方面的长期因素造成的。第一个因素，是经济不平等进一步扩大。无论是国与国之间，还是国家内部，现阶段全球范围的经济不平等，均达到了历史上前所未有的程度。第二个因素，是全球范围人口流动所带来的社会认同的重新组合。种族、族群、教派、文化、价值观等方面的社会认同割裂，加剧了许多国家政治的极化。第三个因素，是互联网以及以互联网为代表的技术革命对于全球的深刻影响。

俄罗斯国内局势同样受上述三个因素的影响。比如，俄罗斯是世界上最大的多民族国家之一。根据 2010 年全俄人口普查数据，俄罗斯共有 193 个民族。民族文化和语言多样性受到国家保护，俄罗斯使用 277 种语言和方言。2018 年 3 月，俄罗斯民族事务局提出《2025 年前俄罗斯国家民族政策战略（修正案）》，将族际关系问题产生的原因，归结为国际恐怖主义和极端主义的蔓延、社会和财产分化，以及全球化导致的民族文化遗产、民族传统道德价值观损失。可见，全球化和信息化引发的人口流动对俄罗斯国内局势的深刻影响。

又比如，技术创新引发的革命性发展。当前第四次工业革命，重点是人工智能、大数据、物联网，以及融合了物理、数字和生物界的新兴技术。在 2017 年 10 月的瓦尔代俱乐部年会上普京就已经明确指出：科技进步、自动化和数字化已经带来深刻的经济、社会、文化和价值观的变迁。以往在评估各国的作用和影响力时，参照的都是地缘政治地位、国土面积、军事力量和自然资源。如今科技正在成为另一个重要因素，将对政治和安全领域具有突破性乃至决定性影响。

20 世纪后期，人类社会发生的重大事件莫过于苏联解体和东欧剧变。苏联解体和东欧剧变不仅影响了人类社会的发展进程，而且改变了世界政治地图和国际战略格局。这一事件对地区和世界的影响并没有随着时间的推移而逐渐消失，相反越来越明显。这一地区很多事件都是苏联解体的后遗症，现在还在消化这个进程。总之，未来俄罗斯的局势发展和世界政治对俄罗斯内政的影响都需要继续密切关注。

俄罗斯退休制度改革

◎ 盛世良

俄罗斯地广人稀，生育率低，人均寿命不高，劳动人口不足，老人比例上升。普京决心在最后一个总统任期内，改革退休制度，一举解决本国劳动力紧缺、劳动人口抚养比过高、退休金过低等老大难问题。俄罗斯将在2019年起的5年内，逐步把男女劳动者的退休年龄各延长5年，以增加劳动人口，提高退休金。普京推心置腹地向人民说明改革退休制度的必要性，但反对退休制度改革的居民比例仍然高达四分之三。

俄罗斯地广人稀，生育率低，人均寿命不高，劳动人口不足，老人比例上升，面临劳动力紧缺、劳动人口抚养比过高、退休金过低的社会困境。普京决心在最后一个总统任期内，解决这一老大难问题，在5年内逐步把男女劳动者的退休年龄各延长5年，以增加劳动人口，提高退休金。梅德韦杰夫总理在电视台发表年终总结时说，这是政府最近几十年来作出的最为艰难的决定。

盛世良，国务院发展研究中心欧亚社会发展研究所研究员。

人口情势消极特点集中呈现

截至2018年8月24日，俄罗斯人口总数为143964709人。俄罗斯国土占全球陆地面积的11.4%，人口仅占全球的1.9%，平均人口密度为每平方公里8.3人。俄罗斯幅员全球第一，人口总数却排在中国、印度、美国、印度尼西亚、巴西、巴基斯坦、尼日利亚和孟加拉国之后，居世界第九位。

当前俄罗斯的人口情势已经发展到了有碍国家安全和经济发展的地步。

1. 人口递减

苏联解体时，俄罗斯人口为1.485亿。2016年，俄罗斯人口减至1.465亿，如果不算移民以及2014年并入俄罗斯的克里米亚居民，俄罗斯当前人口仅1.35亿，而根据俄罗斯1991年发布的社会经济预测，2016年人口本应达到1.66亿。俄罗斯每年自然减少的人口约为70万人。根据联合国2017年版《世界人口展望》公布的数据，2050年世界人口将达到97.72亿，而俄罗斯人口将缩减至1.33亿，人口排名将降至世界第14位。而根据俄罗斯目前的生育情况推算，到2050年总人口可能降到1亿以下；退休人口将从目前的3500万增加到2025年的4000万。

2. 生育率过低

从俄罗斯全国看，2015年妇女总和生育率平均值仅为1.777，而保证人口简单再生产所需的总和生育率应该达到2.15。生育率最低的是主体民族俄罗斯族，妇女生育指数仅为1.28。尽管国家奖励生育，对多子女母亲（生育5个或5个以上子女者）发放补贴，多子女家庭还是越来越少。

3. 人口死亡率高于出生率

2017年，俄罗斯人口出生率为11.6‰，人口死亡率为12.7‰，其中一岁以下婴儿的死亡率为5.3‰。俄罗斯结婚率为7.2‰，离婚率为4.1‰。俄罗斯劳动人口的死亡率三倍于欧盟国家，与尼日利亚和厄立特里亚等非洲不发达国家的情况差不多。自2006年以来，俄罗斯政府出台了一系列措施，于2015年将死亡率降至13‰，但与其他国家相比仍处于较高水平，例如，同期美国人口死亡率为8.2‰，中国人口死亡率为7.1‰。

4. 人均预期寿命低于世界平均水平

2017年，世界卫生组织公布了2016年186个国家人均预期寿命排行榜。在这一排行榜上，俄罗斯以68.8岁居第120名，不仅远远低于日本和绝大多数欧美国家，也低于排名第83的中国（73.7岁），甚至还低于战乱中的伊拉克（69岁）和低收入国家孟加拉国（68.9岁）。根据世界银行2018年发布的数字，2017年俄罗斯人均预期寿命为72.5岁，其中男子67.5岁，女子77.4岁。俄罗斯政府2017年年底发布的国家保健纲要提出的目标是，2025年人均预期寿命将达到76岁，劳动人口的死亡率将降低到3.8‰。

5. 人口分布极不均衡

俄罗斯80%的人口生活在欧洲地区，而占国土面积75%的亚洲地区仅居住着20%的人口。如果从圣彼得堡到远东的图瓦画一条线，在这条线的东北是极北地区、东西伯利亚和远东，国土占全国64%，人口仅占全国6.8%。与中国接壤的远东联邦区，面积621.6万平方公里，占全国36.4%，人口629.3万，占全国4.4%。这也成了俄罗斯某些政治家渲染中国“人口扩张”的依据之一。

6. 男女比例严重失调

俄罗斯被联合国列为男性人口比例最低的国家之一。2018年，俄罗斯男性人口6810万人，女性人口7880万人，男性人口在总人口中占比仅为46%。2017年俄罗斯人口中的男女比例为1∶1.157，其中35～39岁年龄段的男女比例为1∶1.595。根据世界银行资料，俄罗斯男子仅有56.8%能活到65岁以上。原因之一是较多的成年男子死于酗酒和伤害。统计表明，俄罗斯凶杀率比美国高一倍，比中国高四倍。

7. 人口大进大出

近30年来，俄罗斯人大量移居国外。俄罗斯列瓦达民调中心2016年夏季的民调表明，19%的俄罗斯人有移居到原苏联地区以外的愿望。据统计，近年来每年移居国外的俄罗斯人约达40万，而且移民的主体是受教育程度高、有较多资产或有一技之长的中青年人口。移民的主要方向是欧美国家和澳大利亚。2018年3月举行的俄罗斯科学院全体大会透露出的数字是：自1990年以来，俄罗斯科研人员人数减少了三分之二。2000年以来，科研人员人数年均减少1.3%。移居国外的俄罗斯高级人才从2013年的2万人，增加到2016年的4.4万人。

同时，俄罗斯又大量吸收移民，而且外来移民的平均素质远远低于本国对外移民。2014年入境人数1728万，2017年前三季度，入境人数超过1000万，其中85%来自原苏联国家，特别是社会经济发达程度较低的中亚国家和南高加索国家。非法移民人数约为260万。

8. 主体民族占人口比例下降

俄罗斯族为本国主体民族，占俄罗斯人口80.9%。从1989年起，俄罗斯穆斯林人口以每年平均40‰的高增长率递增，目前已达2500万；而据欧洲穆斯林组织提供的数字，俄罗斯有2700万穆斯林，占人口19%，在欧洲国家和地区中占比之高，仅次于阿尔巴尼亚、科索沃和波黑。穆斯林妇女的生育率数倍于俄罗斯族妇女。俄罗斯人口问题专家预测，到2020年，穆斯林占俄罗斯人口的比例将超过五分之一，而且中青年人口多，在俄军官兵中将占半数。如果目前的人口趋势再持续30年，俄罗斯人口的一半将是穆斯林。

9. 名副其实的老龄化国家

按照国际惯例，一个国家一旦60岁以上的人口占到总人口的10%，或者65岁以上的人口达到总人口的7%，这个国家就进入了老龄化社会。2005年1月，俄罗斯60岁以上人口已占总人口的17.33%，65岁以上人口占总人口的13.72%。这就是说，俄罗斯在21世纪初就已成为名副其实的老龄化国家。2018年，俄罗斯60岁以上人口占总人口比例升至21.26%，65岁以上人口占总人口比例升至14.6%，适龄劳动人口为8226万，老年人口为3736万，分别比上一年度减少96万人和增加68万人。

10. 人口退养比过高，退休金低

普京总统2018年8月29日在电视讲话中宣布，2006年俄罗斯人口退养比（领退休金的人同工作单位定期为其向退休基金会交退休保障金的人之比）为1∶1.7，2019年将达1∶1.2。到2030年，劳动力缺口将达210万~380万名。根据俄罗斯国家统计局预测，2031年俄罗斯的人口危机将达到高峰，届时适龄劳动人口为7650万人，老年人口为4007万人，两者之间的比例将由2010年的2.8∶1下降到1.9∶1，老年抚养系数则由36%提高到53%。2016年俄罗斯月平均退休金为8250卢布，仅为法国的1/6，中国的85%。

改善人口情势的措施收效不大

俄罗斯当前人口情势，既符合发达国家的共同特点，也有本国特有的历史原因。苏联在二战中死亡 2800 万人，而且二战期间少出生了数千万人。这种人口断层每隔 25～27 年就会重新出现一次。20 世纪 90 年代末出现的人口断层，严重程度可与 1943～1944 年相比。出生率最低的 90 年代末出生的人，恰好近年进入劳动力大军。

为了改变不利的人口情势，俄罗斯政府采取过不少措施。2006 年 5 月 10 日，普京总统在国情咨文中宣布了增加人口数量的举措：降低人口死亡率，提高妇女生育率，实施俄罗斯移民回迁政策，实施国际移民本土化政策。同年颁布的《2025 年前俄罗斯联邦人口政策构想》是俄罗斯最优先的国家发展计划，确立了到 2025 年俄罗斯人口恢复到 1.45 亿的目标。

1. 推出“母亲基金”，鼓励生育

俄罗斯政府于 2007 年提出“母亲基金”项目，为生育第二个和更多孩子的家庭提供数十万卢布（当时 5.5 卢布合 1 元人民币）的补贴，可用于偿还房贷、翻修房屋、支付教育费用、养老储蓄。全国 83 个联邦主体中有 79 个增设当地的“母亲基金”，有的联邦主体为生三胎或更多子女的家庭在新生儿 3 周岁前提供每月 0.5 万～1.1 万卢布的补贴。2016 年，联邦“母亲基金”的额度为每个母亲 453026 卢布，地方政府在这基础上又补贴 2.5 万卢布，领养儿童者再增加 10 万卢布，领养残疾儿童者则增加 20 万卢布。“母亲基金”可用于建房、购房或偿付房贷。联邦退休基金会的统计表明，2007～2015 年底，共发放 668.7 万份“母亲基金”，其中 377 万家庭已经享受了“母亲基金”补贴，联邦预

算拨付的补贴总额超过 1.36 万亿卢布。

2. 鼓励向远东移民

远东人口仅 619 万，比十年前减少 32.4 万，比 1991 年减少 190 万。普京 2006 年提出从俄罗斯欧洲地区吸引 1800 万人移民到远东的计划。到 2016 年，响应总统号召奔赴远东的人一共大约 4000 人。

3. 向远东居民每人提供 1 公顷土地

这项举措吸引力不大，远东地区本来人均就占地 1 平方公里，即 100 公顷。

4. 严格控制外来移民

俄罗斯移民机构严控外国人打工卡的发放，例如 2014 年只发放 130.3 万份，仅相当于俄罗斯境内外国人数的 11.8%。俄罗斯特警和 2016 年成立的俄罗斯国民近卫军有一项重要职责，就是搜查、拘留和驱逐非法移民。仅 2014 年俄罗斯就驱逐非法移民 13.9 万名，比头一年增长 68%。违犯俄罗斯法律的外来移民被列入黑名单，视情节轻重，在 3、5、10 年内禁止入境，仅 2016 年就有 150 万名移民进入黑名单。

这些措施收效甚微，而且仅能治标。俄罗斯当局认为，唯有延长退休年龄才是治本措施。

退休制度改革势在必行

改革退休制度，过去不具备条件，现在既有条件，更有必要。

2005 年，普京总统与公众对话时曾明确表示，在他本任期（第二任期）结束前，退休制度不会改革。当时俄罗斯 GDP 总量比较小，仅

7640 亿美元，通胀率高，失业率高，工资低，四分之一的居民生活在贫困线以下。在这种情况下，改革退休制度的条件不具备。

从客观上说，当时也没有改革的必要：男子人均预期寿命为 60 岁，也就是说，俄罗斯男子一到退休年龄就进入天国，国家几乎没有给他们发退休金的机会。当时退养比为 1∶1.7。

今天，俄罗斯 GDP 已经比 2005 年翻了一番，通胀率降低到苏联解体以来的最低水平，就业率创 1991 年以来的最高纪录，不少地区甚至出现工作岗位虚席以待的现象。最近 15 年，俄罗斯人均预期寿命提高了 7.8 岁，男子人均预期寿命达到 67.5 岁，也就是说，他们即使退休年龄延长到 65 岁，也有机会领两年半退休金。妇女人均预期寿命已经高达 77.4 岁，即使按退休制度改革的原方案 63 岁退休，还可以有 14.4 年的时间颐养天年。

更重要的是，退休金制度现在已经到了非改不可的地步。2016 年，俄罗斯劳动人口数量比 2002 年减少 474 万，而达到退休年龄的人口却增加了 621 万。2019 年，俄罗斯退养比将高达 1∶1.2，接近于一名劳动者供养一名退休者的水平。2018 年 8 月，俄罗斯人均月退休金仅 14144 卢布（约合人民币 1414 元），比国家定的贫困线（10328 卢布）高不了多少。这就是说，如果不改革退休制度，就连已经低得有失大国体面的退休金，也将难以为继。

俄罗斯政府也考虑过不延长退休年龄，另找财源增加退休基金的方案。

其一，如果把高收入者的所得税由一律平等的 13% 提高到 20%，一年最多也就能筹措 1200 亿卢布。俄罗斯每天要支出退休金 200 亿卢布，也就是说，“杀富济贫”弄来的钱，只够发 6 天退休金。

其二，如果“杀鸡取卵”，出售国有资产，能筹措到的钱也很有限。例如，把从联邦到地方所有退休基金会的办公楼全卖掉，得到的钱也仅够发 6 天退休金。

其三，对石油天然气公司加税，最多能筹集到 2 个月的退休金。这还是亏得现在油价高，有加税余地。

其四，动用储备基金。确实，俄罗斯利用高油价高税收积累的储备基金 2008 年 9 月 1 日曾达到 1426 亿美元的最高点，但是到 2017 年 12 月 1 日只剩下约 170 亿美元，全部用于弥补当年的财政赤字。到 2018 年元旦，储备基金账面上是零美元。不仅如此，为了缓解财政赤字，政府不得不于 2014 年宣布截留今后三年公民缴纳的养老保障金，2018 年截留养老保障金的方案顺延到 2020 年。

其五，增加对退休基金的预算拨款。2018 年俄罗斯对退休基金的财政拨款为 3.3 万亿卢布。如果想把人均月退休金从 14144 卢布提高到 2 万卢布，退休基金将出现 5 万亿卢布的亏空，这比俄罗斯 2018 年国防和安全开支还要高，不切实际。俄罗斯统计局 2018 年 6 月 4 日的数据显示，俄罗斯退休养老基金只能支付 2018 年 4 月退休养老金的 30.7%。

其六，刺激生育——远水不解近渴。

面临这样严峻的现实，俄罗斯政府选择了减少养老金领取者、增加劳动力的最简单方法——提高退休年龄。再说，延迟退休是各国应对人口老龄化的普遍做法。

普京求助于人民，说明改革的必要性

2018 年 8 月 29 日正午，普京总统坦诚地向全国民众发表电视讲话。他用了半个小时，把严峻的人口情势、退休金现状、能够想到的其他办法、迫不得已的举措、改革的好处和优惠措施，原原本本地告诉人民，希望得到公民的理解。

延长退休年龄后，未来 6 年人均月退休金可以每年递增 1000 卢布，即 2024 年月退休金将略高于 2 万卢布；退休金增长率将高于通胀率。

退休法案把男子劳动年龄延长5年，由60岁提高到65岁，妇女劳动年龄则延长8年，由55岁提高到63岁。普京建议，考虑到妇女除了跟男子一样辛辛苦苦地工作，还要负担较多的家务劳动，因此宜把她们的退休年龄改为60岁。

普京还提出了多项建议，以减缓延长退休年龄对劳动者福利和情绪的冲击。

其一，生育5个和5个以上子女的母亲，退休年龄维持原先的优惠年龄（50岁）不变。

其二，为了让劳动者适应新退休制度，退休年龄将逐步延长。具体说是这样的：2019年的退休年龄为男60.5岁，女55.5岁；2020年为男61.5岁，女56.5岁；2021年为男63岁，女58岁；2022年为男64岁，女59岁；2023年为男65岁，女60岁。

其三，在劳动力市场上采取额外措施，保障即将达到退休年龄的劳动者的就业权。对提前解雇接近退休年龄职工的业主，追究行政责任和刑事责任。2019年1月起，对自我辞职又未能及时找到新工作的近退休年龄老人，在一年内提供高额失业救济金，即由法定的4900卢布/月，增加到11280卢布/月。

其四，对矿工、高温作业工和化工厂工人、参与消除切尔诺贝利核灾难的职工，原先的优惠继续保留。对极北地区少数民族原住民维持现有的退休制度。

其五，把有权提前退休的最低工龄由原先的男子45年、妇女40年，降低到男子42年、妇女37年。

其六，原先规定的退休者享受不动产和土地税优惠，依然从男子60岁、妇女55岁起算，直到退休制度改革完成。建议各地区自定的退休者享受的公共交通费、住房和公用事业费、房屋大修费和药品价格优惠，仍从男子60岁、妇女55岁起算。

尽管民众有意见，退休制度改革将依法推行

普京发表电视讲话后，俄罗斯副总理戈利科娃透露，实施退休制度改革，将减轻联邦政府的财政负担。到 2030 ~ 2031 年，联邦财政将无须再为退休基金会拨款，俄罗斯退休基金将有能力自负盈亏。但是，为了实现普京总统宣布的优惠措施，联邦财政在今后 6 年退休制度改革过渡期，将额外支出 5000 亿卢布。

根据俄罗斯中央银行的计算，延长退休年龄、减少退休者，可以使俄罗斯 2019 年的 GDP 增速提高 0. 1 个百分点，2020 ~ 2021 年的 GDP 增速提高 0. 2 ~ 0. 3 个百分点。

退休制度改革牵动每个劳动者的切身利益。2018 年上半年改革方案出台后，反对者多，支持者少。俄罗斯议会内外左右两翼反对党，几乎全都呼吁就此举行全民公决，而且呼吁追随者举行集会，反对延长退休年龄。全国 80 多个城市举行抗议集会。

对延长退休年龄，占压倒多数的俄罗斯民众表示反对。

根据俄罗斯舆情基金会 2018 年作的两次民意测验，2018 年 6 月份，仅有 6% 的人支持延长退休年龄，普京电视讲话后，支持者的比例上升到 11%；反对延长退休年龄的人的比例，则从 80% 下降到 75%。在支持者中，多数人并不认可延长退休年龄是为了在 2024 年把月均退休金增加到 2 万卢布的说法，他们认为，这样做是迫不得已，是因为国家没有钱。

在反对者中，33% 的人认为，许多人活不到退休年龄，靠他们的业主缴费以增加退休基金的期望将落空；28% 的人认为，延迟退休的老人健康状况恶化，干活有心无力。绝大多数人认为，把俄罗斯人口情势恶化的责任推给 70 多年前卫国战争和 20 世纪 90 年代，不合情理。他们

表示无法理解，为什么俄罗斯退休基金占 GDP 的比例远远低于其他国家？

俄罗斯审计署署长阿列克谢·库德林 2018 年 12 月 13 日在谈到退休制度改革时指出，如果民众对政府缺乏信任，那就不应该进行任何重大改革，否则，抗议和冲突是必然的，结果是社会发展停滞。这一改革必不可少，但是应该早作舆论准备，先让民众展开讨论，打磨改革的细节，让劳动者和退休者对前景做到心中有数，就会支持改革，起码不会反对①。

俄罗斯独立民调机构列瓦达中心 2018 年 9 月下旬的民调显示，普京的支持率下跌到 39%，跌至十年来最低点。

俄罗斯另一独立民调机构舆情基金会的调查表明，普京的选民支持率在克里米亚回归后于 2015 年达到峰值 74%，此后逐渐降到 2018 年初的 67%，宣布退休制度改革后，于 2018 年 8 月降到 46%，此后直到 2018 年底，一直维持在这一较低水平上②。

2018 年 9 月 27 日，俄罗斯国家杜马三读（终读）通过了退休制度改革法，普京 10 月 3 日签署了这项法律。2019 年 1 月 1 日，俄罗斯开始实施退休制度改革。

① http：//www. ng. ru/economics/2018 - 12 - 13/1_ 7462_ palata. html.

② http：//www. ng. ru/politics/2018 - 12 - 23/3_ 7471_ sociology. html.

2018年俄罗斯经济：走出困境平稳运行

◎ 田春生

2018年俄罗斯经济基本实现政府既定的目标：走出困境并实现平稳运行，小幅增长，各项指标得到改善，财政和金融状况稳定趋好。俄经济的问题是，投资供给和制造业活跃度不够，贸易进出口结构仍需改进，国际局势和外部环境的风险依然不容忽视。在未来2年时间，俄经济增长尚不具备快速冲高的动能，经济大致维持在2%的增长幅度。

2018年是全球经济和国际关系纷繁复杂和跌宕起伏的一年。与新兴经济体各国的经济状况相比，俄罗斯经济增速不高，但是其宏观经济运行平稳，从而显示了俄经济的抗风险能力和向好趋势。经济走出困境实现平稳运行，是2018年俄罗斯经济运行的主基调。在西方对俄制裁和国际经济走向不确定的形势下力求经济社会的“稳定”，对俄罗斯来说或许是正确的选择。这将意味着，在今后的一两年时间里，尽管俄罗斯经济增速不会很高，但是经济会持稳并向好，这指的是：俄经济具有稳健发展的条件和可能。

田春生，国务院发展研究中心欧亚社会发展研究所研究员。

一、对 2018 年俄罗斯宏观经济的总体评述

2018 年是俄罗斯经济平稳运行的一年。经济平稳运行并呈现积极向好的态势，是 2018 年俄经济的突出特点。在俄罗斯官方统计数据中可以看出，2018 年以来，俄罗斯的各项宏观经济指标向好，经济已经实现了平稳运行。这主要表现在以下方面。

1. 总体经济小幅回升

从俄罗斯官方统计数据中可以看出，2018 年以来，俄罗斯的各项宏观经济指标向好。2017 年，俄罗斯经济增长了 1.6%。俄统计局最近修订的数据显示，2018 年上半年俄 GDP 同比增长 1.7%，第一季度和第二季度 GDP 分别增长 1.3%、1.9%。俄经济发展部的数据是，俄全年 GDP 增长 2.3%①。来自世界银行的数据，2018 年俄罗斯人均收入 9232 美元②。

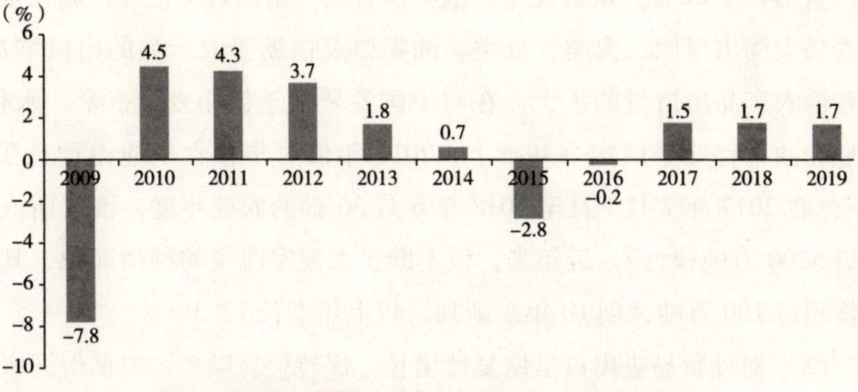

图 1　俄罗斯年度国内生产总值增长率（实际与预测）

资料来源：俄罗斯统计局各个年份数据。2018 年和 2019 年为预估数值。

① http：//www. gks. ru/wps/wcm/connect/rosstat_ main/rosstat/ru/statistics.

② http：//chinese. doingbusiness. org/zh/data/exploreeconomies/russia.

2. 宏观经济各项指标得到改善

（1）工业制造业呈现扩张态势。俄经济发展部网站发布的报告显示，工业生产恢复增长是促进俄经济增长的主要原因。近一年来，俄加工工业的发展势头较强。从工业各个部门的情况看，驱动力主要来自冶金、化工、食品及木材加工业等行业。2018 年 1 ~ 8 月份，俄工业生产增长 3.1%，包括制造业提高 3.8%[①]。其中加工工业增长 3.1%，采矿业增加 2.4%，而同期的 2017 年 1 ~ 9 月，俄工业生产仅增长 1.8%，其中加工工业增长 1.0%，采矿业增长 2.8%。与此同时，俄罗斯在军工、制药、复合材料、航空航天、信息通信技术、纳米技术和核工业等领域的传统优势，也得以保持，并在这些领域使俄的技术创新得到发展。

（2）农业和农产品生产提振经济。农业、农产品生产、加工和出口，是目前俄罗斯实施进口替代政策较为成功的主要领域。2017 年，粮食产量创下 1.35 亿吨的记录。2018 年俄罗斯粮食产量也到了 1.05 亿吨，略高于俄罗斯近 10 年来的平均值（9900 万吨）。5 年内，俄农业产品产量增长了 20%。最近几年，俄罗斯谷物产量超过 1 亿吨，成为全球小麦最大的出口国，肉类、豆类、油类以及白糖等农产品的出口增加。随着俄农产品出口量的扩大，在与中国签署关于俄小麦、玉米、水稻、大豆和油菜籽输华议定书基础上，2017 年俄对华粮食供应量增长了 5 倍[②]。在 2017 年 7 月 1 日至 2018 年 6 月 30 日的农业年度，俄罗斯或将出口 5200 万吨粮食[③]。近年来，俄不断扩大温室蔬菜的种植面积，其产量将超过 100 万吨，创 10 年来新高，较上年增长 12.3%。

（3）对外贸易进出口呈恢复性增长，保持贸易顺差。根据俄国家统计局的数据，俄罗斯对外贸易额（按照支出法计算），2018 年全年为

---

① http：//www.zggjzs.com/dongtai/cce167b804374215a058a7cd8c0b0dbf.html.

② 俄罗斯卫星网，2018 年 3 月 29 日。

③ 俄罗斯卫星网，2018 年 4 月 11 日。

6931 亿美元。其中，出口额为 4440 亿美元；进口额为 2491 亿美元。贸易顺差 1950 亿美元。在出口商品中，仍以燃料能源商品为主，出口占比最大的是能源和原料类商品，其比重增加 1.3 个百分点，达 63.9%。俄非原料出口增加 24.3%，为 1119 亿美元，同时非原料、非能源出口增长了 23.2%，为 703 亿美元。创新产品出口增长 14.3%，为 140 亿美元。机械设备出口增长 15.3%，为 124 亿美元。2018 年上半年进口总额为 1163 亿美元，同比增长 13.6%，进口占比最大的是机械设备（46.9%）。

在俄外贸进出口中值得提及的是，中俄贸易快速增长，2018 年有望达到 1000 亿美元。2018 年上半年，欧盟在俄贸易结构中所占比重为 43.8%，俄与欧盟的贸易额达到 1440 亿美元，同比增长 21.5%，出口增长 25.0%，进口增长 14.1%[①]。2018 年上半年，俄罗斯与金砖国家的贸易额增幅最高为 28.8%，贸易额为 584 亿美元。与上海合作组织成员国贸易额增长 27.2%，为 683 亿美元。与独联体国家贸易额增长 15.3%，为 389 亿美元，其中与欧亚经济联盟国家的贸易额增长 13.5%，为 273 亿美元[②]。俄美贸易也在增加，尽管美国继续对俄实施制裁，但俄美贸易 2017 年增长 16%，2018 年估计增加 8%，俄美相互投资也呈增长态势，俄对美投资是美对俄投资的两倍[③]。

（4）通胀率和失业率均在较低水平。俄央行采取紧缩的货币信贷政策，控制通胀不能高于 4% 是政府的重要目标，从 2014 年至今央行一直将关键利率维持在 7%，以达到 4% 的通胀目标。这既是保证居民收入不缩水，也是为企业投资创造低成本的融资环境。2018 年俄罗斯的通胀率为 4.3%[④]。俄央行并未解除对通胀风险的警惕，认为除劳动力市场外，催生通胀风险的环境并无太大变化，因此其货币信贷政策放松

① 中俄资讯网莫斯科编发，http：//www.sohu.com/a/252397307_100022286。
② 中俄资讯网莫斯科编发，http：//www.sohu.com/a/252397307_100022286。
③ 俄塔斯社 2018 年 10 月 23 日报道。
④ http：//www.nan－nwes.ru/2019/01/10.

的步伐不能太快。从失业率看，俄在 2018 年的平均失业率在 4% 以上，而其 39 个地区的失业率低于这一平均水平。以俄统计局数据为基础制定的俄各地区失业水平排行榜显示，俄 2018 年 8 月失业率为 4.6%，是多年来的最低点，其中莫斯科的失业率最低，为 1.2%。

（5）服务业特别是品牌服务略有提升。2018 年，俄罗斯的商品及服务消费同比均略有增长。据俄联邦统计局数据，2018 年上半年，零售业总额达到 14.586 万亿卢布，同比增长 2.6%。其中，贸易组织和民营企业家贡献率达 94.2%，零售和批发市场为 5.8%[①]。从货物周转量看，2018 年俄货物周转量提高 3%。2018 年上半年，酒店业和餐饮业同比增长 6.9%。特别是，世界杯足球赛的举办对俄零售贸易、餐饮业、客运业等行业产生拉动效应。值得指出的是，俄罗斯的一些产业和产品的品牌效应开始显现。来自英国品牌评估机构 Brand Finance 的“2018 年俄罗斯最有价值的 50 大品牌”排行榜数据，2018 年俄罗斯 50 大品牌的总价值为 35604 亿卢布。俄罗斯联邦储蓄银行以 6704.05 亿卢布位列榜首。位于前十位的还有：俄罗斯国家铁路（Russian Railways）的物流为 1589.75 亿卢布，比上年增长 35%；电信（MTS）1145.32 亿卢布，增长 23%；零售企业（Pyaterochka）为 912.12 亿卢布，增长 27%[②]。

3. 财政和金融状况基本稳定，支撑了俄罗斯宏观经济走稳

2018 年以来，俄罗斯政府的财政金融、国家债务、国际收支、外汇储备和资本状况均有不同程度的改善。

（1）财政赤字低于预期。自 2016 年以来的最近两年，俄财政赤字大约为 GDP 的 1% ~2%，2018 年俄罗斯财政扭亏为盈。来自俄财政部的数据，2018 年俄财政盈余将达到 2.139 万亿卢布，为 GDP 的 2.1%，

---

① 俄 PRIME 2018 年 7 月 18 日报道。

② http：//www. sohu. com/a/253384635_ 236113.

比此前的预测高出了 3 倍，财政支出与此前预测基本持平，为 16.8 万亿卢布[①]。现行财政预算案中财政盈余占 2018 年国内生产总值的比重为 0.5%。2018 年俄政府财政总收入为 18.948 万亿卢布（2880 亿美元），相当于 GDP 的 18.7%。与最初的预算案相比，收入预期增加 1.875 万亿卢布（285 亿美元）。

（2）外债、美元和美债资产得到减持。截至 2018 年 7 月，俄国家外债总额降至 485.5 亿美元[②]，环比下降约 7.1%。俄清偿了 1998 年发行的年利率为 11% 的总额 34.66 亿美元的 20 年期欧洲债券，这成为俄国家外债自 2012 年底以来的最低点。同时，2018 年俄强力推行“去美元化”，俄央行不断出售所持有的美元资产，这其中包括由美国托管机构持有的全部美债，并将资产转投到欧元以及人民币债券上，发行欧元和人民币债券。截至 2018 年 3 月 31 日，俄罗斯央行将外汇储备结构中的美元比例下调 1.6 个百分点，降至 43.7%；欧元占比被下调 3.5 个百分点，至 22.2%；英镑占比下调 0.3 个百分点，至 7.9%；人民币占比从一年前的 0.1% 增至 5%，人民币和卢布的互换规模已经达到 7320 亿卢布（约合 769 亿人民币）。

与此同时，俄罗斯的内债略有上升。据俄财政部报告，截至 2017 年 1 月 1 日，俄国内债务为 6.1 万亿卢布，2018 年 1 月 1 日俄内债为 7.247 万亿卢布，俄债务增长了 1.146 万亿卢布或约 18.8%[③]。俄分析认为，内债增长在很大程度上是由于增发固定收益率的联邦债券所致，这些债务在一年内上升了 59.1%。另一种收入浮动类型的债务也增加了 24.1%。俄财政部人士在解释内债增发的原因时说道，这主要与俄宏观

① 国际文传电讯社 2018 年 10 月 20 日消息，引自 http：//xinwen. eluosi. cn/jingji/201810/160303. html。

② http：//www. finmarket. ru/news/4811001.

③ Внутренний долг России вырос на триллион рублей. https：//hghltd. yandex. net/yandbtm？2018 年 1 月 23 日。

经济形势相关，因为在俄制定 2018 年国家预算时，美元兑卢布的汇率为 1∶64.7，而后卢布有所升值；2018 年最初几个月美元兑卢布汇率为 1∶57～58 卢布。从俄对中小企业的贷款情况看，2017 年底开始逾期贷款债务比重有所减少，截至 2018 年 7 月 1 日，俄罗斯中小企业贷款债务总额为 4.5 万亿卢布，与 2017 年同期指数相比减少 7.6%[①]。

（3）黄金外汇储备显著提高。俄罗斯的国际储备是流动性很强的外国资产，包括货币黄金、外币和特别提款权（SDR）资产，这些资产由俄罗斯中央银行和政府支配。截至 2018 年 10 月 19 日，俄罗斯央行外汇储备为 4614 亿美元（2017 年俄罗斯的外汇储备为 3565 亿美元）。2018 年，俄罗斯持续增持黄金储备。根据世界黄金协会的报道，2018 年 4～6 月份，俄共抛售其美债总额 90% 的总计 850 亿美元的美债后，加快增持黄金，2018 年第三季度收购 92.2 吨黄金，成为该季度黄金采购最高纪录，其黄金储备在历史上首次超过 2000 吨，占该国外汇储备的 17%。这使得俄罗斯超过中国，成为继美国、德国、意大利、法国之后的全球第五大黄金储备国。

（4）原油价格与卢布汇率。对于俄罗斯经济走势而言，国际油价的高低对俄罗斯经济的影响至关重要。2017 年，俄罗斯的能源出口为全球第一，2018 年截至目前美国反超俄罗斯。2018 年，国际石油价格一度在每桶 55～70 美元，布伦特原油价格高企，高于俄预期的每桶约 43 美元价位，这为俄政府改善财政状况打下基础。如果将 2017 年年底的油价作为对比，以美元为计价货币，2018 年俄每卖一桶油并结算成卢布后，比上年多出约 40% 的收入。最新预测认为，2018 年乌拉尔石油年平均价格约为每桶 69.3 美元，高于 4 月份预测的 61.4 美元；2019 年预计平均每桶价格为 63.4 美元。

2018 年的卢布汇率基本稳定。根据俄财政部的新版本，2018 年卢

① 俄罗斯商务咨询网站 2018 年 9 月 3 日。

布兑美元的年平均汇率将是 61 卢布兑 1 美元。年初至 8 月份，卢布兑美元汇率大致保持在 1 美元兑换 62 卢布上下，最高时点是 2018 年 9 月为 1 美元兑换 70 卢布，之后降至 1 美元兑换 65 ~ 66 卢布。尽管 2018 年美元对卢布的汇率有两次较大的下跌，但是这两次都与石油市场的情况没有关联。

（5）国际收支保持平衡。自 2000 年以来，俄罗斯银行系统的资产总值已经增加了 24 倍，达到 1.43 万亿美元。俄经济发展部长马克西姆·奥列什金表示，俄国际收支状况处于非常强大的状态，这使俄能够弥补西方经济制裁造成的任何波动。他认为，俄贸易进口的比重已经稳定甚至下降，这与汇率比率的变化有关，证实俄罗斯国际收支状况良好。值得注意的是，2018 年俄在吸引外资方面略有进展。根据安永公司 2018 年发布的俄罗斯投资吸引力数据，2017 年，外国投资者在俄罗斯境内投资项目数量达到了 238 个，为 2010 年该项调查启动以来最多的年份。其中，亚洲国家特别是中国对俄罗斯经济表现出极大的兴趣，中国以 32 个项目成为俄罗斯最大的投资者。此外，韩国对俄投资项目达到 12 个，首次成为对俄直接投资项目的前 10 位。

（6）对外直接投资出大于入。根据世界对外直接投资报告（2018），俄罗斯 2017 年位列全球第 14 位，进入俄罗斯的外国资本数额为 250 亿美元[①]。但是，俄罗斯向其他国家的投资数额高于流入的投资数额，2017 年约为 370 亿美元。

二、俄罗斯经济平稳向好的原因分析

几年过去回头看，俄罗斯基本实现政府既定的目标，即经济平稳

① http：//unctad. org/en/PublicationsLibrary/wir2018_ en. pdf.

运行和社会基本稳定。俄罗斯总统普京在2017年12月举行的记者招待会上说，“我们不仅走出了衰退，中短期看进一步发展的前景已经得到保障”。

1. 俄政府采取的反危机政策措施取得成效

为应对西方经济制裁和2015年油价下跌等因素对俄经济的冲击（2015年，原油价格在半年内下跌了大约50%），俄政府先后于2015年和2016年制定了反危机计划。其经济政策的要点是：稳定经济和刺激增长，确立支持金融、财政和重点行业与企业的稳定，包括实施进口替代，支持非原料性商品的出口，降低企业赋税，扶持农业产业和中小企业等，以确保经济社会发展。数据显示，俄罗斯能够充分利用和发挥自身优势，在2017~2018年上述各个方面的经济数据是积极的，见效的。同时，俄罗斯丰富的自然资源，也为俄罗斯经济稳定提供了一定支撑。

近几年来，俄经济基本适应并克服了西方经济制裁对俄罗斯的不利影响。据俄新社2018年9月27日报道，国际评级公司惠誉对俄罗斯的评价认为，尽管俄经济受到美国多轮制裁的打压，但这不会影响经济增长。预计2018年俄GDP增长2%，2019年增长1.5%，2020年增长1.9%。惠誉公司对2018年俄罗斯经济增长预测的提升，主要考虑到俄宏观经济已显示的抗风险能力、良好的财政状况、债务水平不高。同时，俄罗斯与西方国家企业间的合作并未中断。例如，德国的很多企业仍驻在俄罗斯，6000多家企业在俄运营，表面看在实施制裁，实际上企业之间的合作并没有断绝[①]。

2. 俄罗斯的营商环境不断得到改善

最近，世界银行颁布了《营商环境报告（2019年）》[②]，俄罗斯在

① 中国经济导报—中国发展网，2017-02-22。

② http：//www. doingbusiness. org/en/reforms/overview/economy/russia.

营商环境 2019 年全球排名中位列第 31 名，营商环境便利度方面得分 77.37（满分 100，作为对比：中国位居第 46 位，营商环境便利度方面得分 73.64）。俄罗斯的数据主要来自于俄罗斯的莫斯科和圣彼得堡。2017 年 9 月 27 日，总部位于日内瓦的世界经济论坛发布《2017～2018 年全球竞争力报告》，俄罗斯的全球竞争力指数（Global Competitiveness Index，GCI）在 137 个国家中排名第 38 位，比上一年上升 5 位。

俄罗斯营商环境不断得到改善得益于其政府推力和商事改革（Business Reform）。俄在商事改革取得成就的领域，主要是电力获得和跨境贸易便利等方面。此外，俄在开办企业、办理施工许可证、获得电力、登记财产、纳税和跨境贸易方面的指数较上一年略有提高。这包括：通过固定资产较高税收折旧率的方式降低纳税成本、缩短在线清关和自动完成的时间限制、使跨境贸易变得更加容易；通过在芬兰湾沿岸开辟新的深水港口增加竞争，并降低圣彼得堡港口的边境合规成本，使货物出口和进口变得更加容易；通过规定新的截止日期以及升级公用事业公司的单一窗口及其内部流程方式，加快电力供应；通过降低获得与电网连接的成本以降低电价；俄罗斯还通过引入基于风险的检查，提高施工期间的质量控制；通过减少申请国家所有权转让登记所需的时间，使财产转移和变动更加便利；通过建立现代抵押登记，以加强企业获得信贷的机会，并为重组期间有担保债权人的自动停留提供了明确的理由。此外，俄罗斯联邦还通过增加股东权利和在重大公司决策中的作用，加强对少数投资者的保护。

3. 俄罗斯拉动经济的热点领域在增多

（1）数字经济带动电子商务和电子政务。大力推进数字经济和信息技术，从而推动经济发展，是俄实现创新型经济的一个重要手段，也是其国家发展的重要领域。俄在这一领域较前已经取得一定进展。欧盟委员会最近发布的《国际数字经济和社会指数报告》（I－DESI 指数）显示，俄数字经济发展及相关技术在社会中的应用度的国际排名领先中国、墨西哥、土耳其和巴西①。根据联合国 2018 年的评估和研究，在全球 40 座城市的地方电子政务发展上，莫斯科在 60 项指标中通过了 55 项指标，这是排名中的最好成绩。

数字经济和信息技术的发展促进了俄出口和跨境贸易的便利化。2013～2017 年，俄出口跨境电商以年平均 70% 以上的增速在发展，电子商务发展已步入快车道。2016 年，俄线上销售总额达 9200 亿卢布（约合 157 亿美元），同比增长 20%。2017 年，俄罗斯线上销售额达到 1.04 万亿卢布（166.2 亿美元），同比增长 13%。2018 年，俄罗斯线上销售额预计将达到 1.25 万亿卢布。2017 年俄出口跨境电商销售额达到 3800 亿卢布（60.7 亿美元），2018 年预计达到 4500 亿卢布（71.9 亿美元）②。在未来 2～3 年，俄罗斯用于发展数字经济拨款将达 4150 亿卢布。不久前，在俄罗斯政府审议通过的《"数字经济"国家纲要概况》中确定，2018～2024 年联邦预算将耗资约 2 万亿卢布，用于发展数字经济。俄政府预测，未来数字经济对俄国内生产总值的贡献率，将达到三分之一左右。

（2）增加基础设施新建和改造的拨款。2018 年以来，俄加大对国内基础设施建设的现代化改造，包括公路建设和维修在内，为此拨款 1.5 万亿卢布。俄总统普京承诺，从 2018 年到 2024 年，俄将对基础设施进行重大升级改造。梅德韦杰夫则宣布，"在未来 3 年内，政府将在国家项目和基础设施开发上拨款超过 5.5 万亿卢布，上述资金已体现在联邦预算草案中"③。目前，俄罗斯着重对铁路和公路等运输系统的升级和改建。例如，投资 40 亿卢布在喀山机场建设的物流中心已经开始

① http://sputniknews.cn/economics/201810261026673634/，俄罗斯卫星通讯社布鲁塞尔 2018 年 10 月 26 日电。

② https://baijiahao.baidu.com/s?id=1603032880120695063&wfr=spider&for.

③ 俄罗斯塔斯社 2018 年 9 月 27 日。

运营；重建长 1879 公里的 M5 高速公路（始自莫斯科，终点于车里雅宾斯克）；修建新的道路和增加海港的容量①。到 2021 年，俄计划建设约 9000 公里的公路和高速公路。梅德韦杰夫表示，贝加尔—阿穆尔和跨西伯利亚铁路的运力需要增加一半，达到每年 1.8 亿吨。俄罗斯还需要增加通往亚速海—黑海流域海港的铁路运力。这些计划还有一个目标是：将更多的俄罗斯主要城市与铁路连接起来。连接俄罗斯首都和伏尔加河上几个城市的 1351 公里长的 M7 高速公路也在这些项目之列。

（3）远东地区成为区域发展最快的地区。这几年，俄政府实施的"向东看"战略促进了俄远东地区的发展。几年来，远东地区经济增速保持在 5% 左右，成为俄经济增速最高的地区。普京表示，远东地区是俄罗斯发展的优先方向，当前，远东地区经济增长和吸引外资速度均超过俄全国的平均水平。俄罗斯远东地区的快速发展，首先得益于投资资金的大幅度增长。数据显示，2017 年，俄罗斯投资增长率为 4.4%，而远东地区则为 17%，是俄投资增速最快的地区。远东地区人口仅占俄罗斯的 4.2%，却吸引了 26% 的外国直接投资，其中超过 7 成的投资项目为对东北亚国家的出口项目。俄罗斯工业和贸易部长曼图罗夫指出，中国企业在俄远东地区投资的在建项目超过 40 个，总投资额达 30 多亿美元。俄中两国地方合作将对双边贸易额提升至 1000 亿美元发挥巨大作用②。2018 年，远东地区已建立多个经济增长中心。到 2020 年，联邦预算中将有超过 500 亿卢布（约合 7.15 亿美元）投向这些经济增长中心。其次得益于一系列的税收优惠政策。俄政府在远东地区设立了 16 个超前发展区，截至 2017 年年底，俄远东地区共有超过 1000 个投资项目已落实或正在落实中，总投资额约为 3.7 万亿卢布。在符拉迪沃斯托克设立了自由港，并在税收、海关和检疫等方面为入驻企业提供政策支

① 《今日俄罗斯》2018 年 7 月 19 日报道。

② 俄罗斯塔斯社 2018 年 9 月 21 日，俄罗斯工业和贸易部长曼图罗夫在中国云南省昆明市举行的俄中工业合作分委会全体会议上的发言。

持和优惠等。通过以上优惠招商措施，远东地区吸引了包括中国、日本、韩国等在内的多国大量投资。

三、俄罗斯经济发展中的主要问题

从现实经济看，俄罗斯经济社会发展中面临的问题仍然不容忽视。普京认为，推动更高的增长率和更快的工资和实际收入，保持投资活跃、促进制造业发展、支持中小企业、加强非资源型的高新技术出口、使公民实际收入增长更快等，是俄经济面临的主要任务。

首先，俄投资供给和制造业活跃度方面仍显不足。经济增长与发展的资金短缺，成为制约俄经济前行的主要障碍之一。投资是拉动一国经济的三驾马车之一。但是，俄罗斯的投资率和积累率始终不高。一是固定资产投资增速缓慢。自 1992 年以来，俄资本总积累率从未超过 25%，总投资率徘徊在 20% 左右，固定资产投资率低于 18%。积累率和固定资产投资率低于 20%，这意味着俄扩大再生产的能力很弱。2017 年，俄固定资产投资增长 4.2%[①]。二是政府投融资的手段和方式有限，政府和联邦的投资不能满足宏观经济与地区经济发展的需求。三是企业家对俄经济和市场的信心不足，特别是那些对俄有重要影响的创新型中小企业，如高科技企业、初创公司、农场、农业合作社以及社会创业企业等。因此，普京敦促政府，要求改进支持中小企业发展的措施，包括要改进和扩大中小企业支持政策的范围，改进支持社会创业企业的机制[②]。

其次，俄在降低能源出口和提高非资源型产品出口方面的短板。从前文可以看出，2018 年俄贸易进出口结构略有改进，主要是非原料非

---

① 普京在 2017 年 12 月举行的记者招待会的讲话。
② 俄塔斯社 2018 年 10 月 23 日。

能源产品、创新产品和机械设备的出口同比有所增长。但同时，俄的燃料、能源和原料类商品仍然占比最大，占到总额的 63.9%。对于 2018 年中期油价的上涨，普京几次指出，俄罗斯不可接受太高的油价，60 美元就很满意，60 美元完全适合俄罗斯。这给我们的信号是：一方面，俄罗斯不期望以高能源出口价格拉动经济；另一方面，俄罗斯将降低能源和能源产品出口比重，克服能源和资源型经济的弊端；同时提高非资源型产品的出口。因此，即使明后年国际油价出现波动和变化，对于俄罗斯经济的影响也不会太大。

再次，俄面临提高居民可支配收入和生活质量的压力。正如俄专家学者所指出，俄经济增长尚不能满足民众对于增加收入、改善生活水平的期望。因提高退休年龄、居民实际可支配收入同比有限增长等原因，俄一些民众对于政府在改善民生方面存在质疑[①]。数据显示，2018 年 1 ~7 月，俄居民月平均工资同比增长 11.1%，实际工资同比增长 8.6%，实际可支配收入同比增长 2.6%。7 月单月，俄居民月平均工资 42640 卢布，同比增长 10.7%，实际工资同比增长 8%，实际可支配收入同比增长 2% [②]。因此，改善民生和减少贫困是俄政府关注的一个重要方面。在这个方面，俄政府的努力是：第一，确保居民实际收入稳定增长，维护老年群体的利益。第二，确保养老金增长幅度高于同期通货膨胀水平，严格控制物价，使俄年均通胀率不得高于 4%。第三，积极扶助贫困人口和降低贫困率，6 年内要使贫困人口数量在现有基础上减少一半。第四，努力扩大住房建设规模，改善居民居住条件[③]。在社会领域，未来三年政府将向人口、医疗保健等国家项目拨款超过 2.2 万亿

---

① 2018 年 7 月 19 日，俄国家杜马一审通过关于《退休法》修正案，将退休年龄提高至男 65 岁、女 63 岁，并决定自 2019 年起分步实施。同年 6 月 14 日，俄总理梅德韦杰夫宣布 2019 年将启动分阶段的延迟退休年龄改革。其中，到 2028 年，男性退休年龄将从 60 岁提高到 65 岁；到 2034 年，女性退休年龄将从 55 岁提至 63 岁。

② 俄联邦统计局初步统计数据，俄新社 2018 年 8 月 17 日。

③ 程亦军："普京新任期战略任务和国家目标述评"，《俄罗斯学刊》2018 年第 5 期。

卢布；在投资方面，国家对教育项目的拨款约为 3500 亿卢布；在住房方面，国家对“住房建设”项目拨款约 3200 亿卢布。梅德韦杰夫说，“总体上讲，我们为科学、环保和文化领域等国家项目分配资金 4000 多亿卢布”。俄预算支出的很大部分，将用于社会领域和提高居民生活质量。正如普京所言，“从保障生活质量和人民福祉这一最重要任务的角度来看”，俄罗斯“还没有达到应有的水平”。为此，俄政府计划在 2019 年成立基础设施建设国家基金，旨在为改善民生的关键性项目提供融资①。

最后，国际局势变化和外部各种风险依然不容忽视。按照俄罗斯央行行长纳比乌琳娜的说法，俄经济面临的外部风险在于石油价格波动、发达国家货币信贷政策及来自国际与地缘政治所导致的影响。应该说，俄罗斯对于这些风险已经有所预知，采取了一定的防范措施。从国际局势、地缘政治对俄经济带来的风险看，现在西方国家各种制裁仍未停止，而国际经济秩序的变革、国际贸易规则的变化和贸易战等的影响也难以避免。这方面的问题更加复杂，周期更长，变化更快，因而其中的一些风险和问题更难预料。

四、俄罗斯经济发展的趋势性前景

对于 2018 年以来俄经济形势与未来趋势，综合俄罗斯和国际社会的看法，大多数机构和学者对于俄 2018 年经济的评价是积极的，认为俄罗斯经济出现了“复苏”“稳定”与“温和增长”的态势。他们对 2018 年经济增速预期在 1.5% ~1.8% 之间，国际货币基金组织的专家认为，2017 年已成为俄罗斯经济摆脱衰退的开端；2018 年，俄罗斯经

① 俄新社 2018 年 5 月 24 日。

济将稳定增长 1.5%。欧盟委员会认为，俄罗斯经济的增长从 2017 年开始，2018 年俄罗斯经济希望稳定增长 1%[①]。

在俄罗斯国内，俄政府与学者对于经济形势的看法存在一些分歧。俄政府和官方人士的看法是，俄罗斯取得了经济稳定的效果。普京在 2017 年 12 月的记者招待会上说，俄经济“不仅走出了衰退，中短期看，进一步发展的前景已经得到保障”；“俄经济正处于上行期，俄宏观市场环境较为稳定”[②]；俄罗斯“已经具备实施大型社会项目的经验，我们的经济显示了自身的稳定性，而已经取得的稳定宏观经济局面，为突破性发展和长期增长创造了新机遇”[③]。梅德韦杰夫等政府人士认为，俄经济已经走出危机，恢复增长。但是，俄国内一些学者对此则有不同的声音与质疑。一些学者认为，尽管俄罗斯经济已经稳定甚至趋好，但是居民的平均收入并没有得到相应的提高，在 2018 年前 10 个月还有所下降[④]，因而这是低质量的经济增长，至少是不稳定的[⑤]。有的学者提出，中国、印度等国的 GDP 增速可以达到 6% 或者 7%，但是俄罗斯的增长率只有 1% ~2%。

从俄罗斯国内经济的前景看，尽管 2018 年俄经济呈现稳健运行的向好态势，然而未来 2 ~3 年，俄经济发展仍然难以实现高速度、高质量的快速发展。这些年，国际机构和俄国内政府各部门对于俄经济预测的数据，总是不断进行更新和调整。这说明，俄经济的变动频率难以预测。例如，俄央行已经将俄罗斯 2020 年 GDP 预期增速上调为 1.8% ~2.3%。各种预测使我们注意到，无论对俄经济增长的预估数值怎样变

---

① Полная версия статьи тут：http：//god2018.su/chto－zhdet－rossiyu－v－2018－godu－ekonomicheskij－prognoz/.

② 新华社符拉迪沃斯托克 2018 年 11 月 2 日电，http：//www.xinhuanet.com//2018－11/02/c_1123655430.htm。

③ 《Послание Президента Федеральному Собранию》，http：//www.kremlin.ru/events/president/news/56957.

④ 实际主要指的是退休金。

⑤ https：//www.mk.ru/economics/2017/12/19/ekonomicheskiy－prognoz－2018－ot－luch.

化，未来 1 ~2 年其预测的增长幅度都没有突破 2% 的水平。从全球经济、新兴经济国家和中国经济的走势看，由于国际经济秩序的动荡、风险与变革的趋势，2019 年经济难以出现较高的经济增长。俄罗斯经济的增长率不会高于这一数据。只有在国际经济局势和西方对俄制裁的状况有所好转的情况下，2020 年俄罗斯经济增速才有希望在 2% 的增幅上得到提高。

这说明，在未来的两年时间，俄经济增长尚不具备快速冲高的动能。换言之，在今后两年，俄经济大致维持在 2% 左右的增长幅度。

俄罗斯能源税与财政可持续发展

◎童 伟 雷 婕

税收制度反映了国家与纳税人之间的经济关系，是国家财政制度的重要组成内容。一国的税收制度与该国经济发展水平、国家政策走向和财政管理水平等密切相关。对于俄罗斯而言，由于一半左右的联邦财政收入来源于对能源课税，为保障联邦财政收入长期可持续发展，俄罗斯一直高度关注能源税收制度的建设，特别是近年来随着西方国家制裁的不断持续，国际油价的长期下跌，卢布汇率的大幅贬值，使以能源为主要来源的俄罗斯联邦财政收入急剧下降，为此，俄政府积极着手能源领域的相关改革，希望通过改革油气税收课征方式、课征税率、课征对象等一系列举措，优化财政收入结构，实现联邦财政收入的长期稳定发展。

一、俄罗斯能源领域的矿产资源开采税

俄罗斯矿产资源丰富，是全球最大的矿产开采及出口国之一，针对资源开采课征的矿产资源开采税和出口关税也因此成为俄罗斯联邦预算收入的重要来源，其税收收入一直占到俄罗斯联邦预算的一半以上，近

童伟，中央财经大学俄罗斯东欧中亚中心研究员，经济学博士，博士生导师；雷婕，经济学博士，中国出口信用保险公司发展战略部助理研究员。

年来才因种种因素有所下降（见表1）。

表1　俄罗斯能源税收情况　单位：亿卢布

	2012年	2013年	2014年	2015年	2016年	2017年
联邦政府预算收入	128555	130199	144969	136592	134601	150889
关税	40998	40579	46374	27801	20540	19682
矿物开采税	24205	25353	28579	31600	28635	40614

数据来源：俄罗斯国库网站，http：//www. roskazna. ru/reports/cb. html。

俄罗斯矿产资源开采税是依据联邦《税法典》第26章规定，于2001年1月1日开征的。该税由此前的矿产资产开采使用费、矿物原料基地再生产费和原油、凝析油消费税合并而成。俄罗斯矿产资源开采税的纳税人是符合俄罗斯联邦法律规定的，使用地下资源的企业组织和个人，以及“统一国家法人名单”上矿产资源的使用者①。针对不同类型的矿产资源，俄罗斯将矿产资源开采税的基础税率设定为3.8%～8.0%多个级次，部分矿产资源按照规定课征零税率（见表2）。

表2　矿产资源开采税的固定税率表（%）

矿产资源的类型	税率
钾盐	3.8
煤、褐煤、泥煤、油页岩、油母页岩、磷灰石和磷钙土	4.0
黑色金属	4.8
天然盐和纯氯化钠、铝土、矿霞石、放射性金属、地下温泉水、非金属化学矿物原料、建筑材料非金属原料	5.5
沥青矿物、黄金、非金属矿、精矿和含金等半成品、非金属原料	6.0
宝石、精砂、含贵金属，但不含黄金的半成品矿石、含有多种成分，但不含黄金的矿石、符合标准的压敏光学原料，其中包括高纯度石英原料以及宝石原料	6.5
矿泉水、泥提取物	7.5
稀有金属、金刚石、有色金属、天然钻石和其他宝石半成品	8.0

资料来源：根据俄罗斯税法典（2015年版）第26条整理。

① Петрова Т. В. , Тихонова И. В. Концептуальные основы совершенствования элементов налога на добычу полезных ископаемых// Горный информационно – аналитический бюллетень （научно – технический журнал），2007，№ 10.

二、俄罗斯矿产资源开采税对联邦预算的贡献

矿产资源开采税收入是俄罗斯联邦政府预算收入的重要来源。2012～2017年，俄矿产资源开采税收入对联邦政府预算收入[①]的贡献度的均值为20.7%，且成逐年上升态势。

2012年以来，俄石油开采对矿产资源开采税的贡献度略有下降，但也维持在80%以上的水平，可以说占据了绝对的主导地位。这样一种收入结构，使石油价格、基础税率、卢布汇率及石油开采量等都成为影响俄罗斯矿产资源开采税收入，亦即对俄罗斯财政收入产生显著影响的决定性因素[②]。

俄罗斯矿产资源开采税收入与石油价格在2014年以前基本呈正向关系，石油价格上升，则矿产资源开采税收入上升，反之则矿产开采税收入下降。但2015年以后这一关系发生了一定的变化，2015年以后，俄罗斯矿产资源开采税总收入并未随油价下跌而降低，其原因在于影响石油开采税税率的其他几个因素，例如美元兑卢布汇率、石油开采量、石油开采基础税率等均出现了较为明显的提升，从而弱化了石油价格对矿产资源开采税收入的影响。

---

① 为计算准确，此处剔除预算外收入，即未计入国家预算外基金收入、地区预算外基金收入。此处财政收入为联邦政府预算与联邦主体汇总预算之和。

② Гохберг Л. М. Разработка интегрированной взаимоувязанной системы стратегических моделей развития нефтегазового комлкекса России. Образование У С. Участие в научно－исследовательских работах (2011－2014) // Религиоведение, 2014, № 7.

三、俄罗斯能源税收改革的方向

2015 年以来，面对国际油价的持续低迷，为推动联邦财政收入长期可持续性发展，优化财政收入结构，俄积极改革油气收入课征制度，降低出口关税税率，弱化出口关税权重；提高矿产资源开采税税率，强化矿产资源开采税的地位。这一改革使俄联邦财政收入部分实现了降低油气收入外部依赖的预期，并逐步增强了对油气收入的内部控制能力。

1. 弱化出口关税权重

油气出口关税收入是俄罗斯联邦政府预算收入的重要来源，占俄罗斯联邦政府预算收入的比重超过40%。同样，油气出口关税也是俄罗斯最为重要的油气收入来源，占俄罗斯油气收入的比重超过 60%。近年来，随着油气出口关税税率持续下降，俄罗斯出口关税收入占预算收入的比重逐步由 2014 年的 62% 下降到 2015 年的 47%，并最终降至 2017 年的 39. 6%。

（1）降低原油出口关税税率。

为减轻石油企业的出口关税负担，提高企业国际竞争力，弱化国际油价波动对油气财政收入的冲击，俄政府曾多次试图下调原油出口关税税率，但这样一种改革模式在 2014 年前实施得并不顺利。

按照俄罗斯《税法典》的规定，原油出口关税以乌拉尔石油为基础，分四档进行计征，即按照低于 109. 5 美元/吨、109. 5 ~ 146 美元/吨、146 ~ 182. 5 美元/吨以及高于 182. 5 美元/吨计征。但实际上乌拉尔原油价格从未低于 182. 5 美元/吨，因此，对原油出口关税税率的调整主要集中在第四档，即高于 182. 5 美元/吨的情况。

2013 ~ 2014 年，俄罗斯试图对原油出口关税税率进行干预，但最终调整的结果是税率仅从60%下调至59%，变动幅度微小。2015年以来，俄罗斯痛下决心，并将其贯彻到执行过程之中，使原油出口关税税率成功下降一半，由60%下调至42%，最终一路下调至30%。俄原油出口关税收入约减少六成，由2.6万亿卢布下降至1万亿卢布①。

俄罗斯政府调低出口关税税率，约相当于减少政府2000亿卢布的联邦预算收入②。除了国际油价下跌是导致俄油气收入下降的一个非常重要的原因外，俄政府主动降低原油出口关税税率，减轻石油企业出口关税负担，也是使俄油气收入下降以及原油出口关税收入占比下降的一个非常重要的原因，这显然是俄政府为摆脱油气收入依赖作出的主动选择。

（2）调整重、轻质油出口关税税率。

除调低原油出口关税税率外，俄政府每年还会根据石油行业的发展状况，对石油制品的出口关税税率进行调整。调整的石油制品包括轻质油、重质油、直馏汽油、汽油制品和石油焦炭类制品等。

由于给定同等容积的原油，轻质油可炼化出更多高附加值的产品，而重质油炼出的高附加值产品较少。为此，俄政府利用税收手段抑制重质油发展，鼓励轻质油发展。2011年，俄政府实行“60—66—90”的征税制度，即原油出口关税税率为60%；轻质油和重质油出口关税税率为66%；直馏汽油和汽油制品出口关税税率为90%；石油焦炭类制品出口关税税率为6.5%，2011～2014年皆按该标准进行课征。

至2015年，根据2014年11月29日颁布的第N1274号命令及2013年3月29日颁布的第N267号命令，俄逐步提高重质油出口关税税率，降低轻质油出口关税税率。2015～2017年，重质油的出口关税税率分别上升至76%、82%、100%。与重质油出口关税税率相反的是，轻质油

① Соловьева И. А., Макашева Л. А. Совершенствование экономического механизма государственного регулирования нефтегазового комплекса//Науковедение, 2015, № 2.

② 刘旭：“油价下跌与欧美制裁下的俄罗斯石油企业经营现状分析”，载《俄罗斯研究》2015年第5期。

出口关税税率不断下调，分别降至48%、40%、30%。直馏汽油分别降至85%、71%、55%，汽油制品分别降至78%、61%、30%。石油焦炭类税率则保持在6.5%的水平。

税率的调整使俄罗斯石油制品出口关税收入不断下降，由2014年的1.5万亿卢布下降至2017年的0.4万亿卢布，降幅达73%。通过以上变动可以看出，俄罗斯政府还将继续提高重质油税率，降低轻质油、直馏汽油以及汽油制品税率，保持石油焦炭类产品税率稳定。尽管下调石油制品出口关税税率会使俄政府损失一部分油气出口关税收入，但俄政府希冀通过对税率的调整，提高石油制品的经济附加值，协调石油制品生产内部的发展。

2. 提升矿产资源开采税地位

在国际油价低位徘徊、俄罗斯国内石油开采量稳步上升的背景下，俄政府将油气收入课征的重点由外部转向内部，即从出口关税的课征转向对矿产资源开采税的课征，利用增长的矿产资源开采税收入弥补部分由于出口关税收入下降导致的俄联邦财政收入不足。

2008～2017年，俄矿产资源开采税收入在0.9万亿～4.0万亿卢布之间徘徊，占油气收入的比重不断上升。2015年，俄罗斯矿产资源开采税收入首次超过出口关税收入，由2015年的53%上升至2016年的58%，并最终上升到2017年的66.9%。

在国家财政状况日渐恶化，石油企业利润居高不下的情况下，为改善国家财政收支状况，弥补石油价格下跌给国家财政收入带来的损失，抑制石油企业不正常的盈利水平，俄罗斯财政部提出调高矿产资源开采税税率的改革方案，即将2016年的基础税率调高至857卢布/吨，2017年基础税率进一步提高至919卢布/吨，最终俄罗斯2017年石油矿产资源开采税收入达到创纪录的40614亿卢布，比2015年的25234亿卢布增长了60.9%。

俄财政部认为，与提高退休年龄和减少养老金指数等不受欢迎的财政税收改革方案相比，提高矿产资源开采税的方法更为可行。对于政府来说，无论是缩减民生支出、动用储备基金还是提高石油公司税负，任何一种选择都会带来困难和阵痛，但提高矿产资源开采税税率是较优的选择，也是最易在社会上达成共识，并能够在短期内见成效的选择。

四、俄罗斯能源税收改革的社会经济效应

能源领域的税收改革显然不仅有利于俄罗斯财政收入结构优化，同时也会对俄罗斯石油生产结构产生一定的影响，使俄罗斯的石油开采量和出口量发生变化。

1. 优化财政收入结构

长期以来，俄罗斯作为油气依赖型国家，调整联邦预算收入中油气与非油气收入的结构都是一件极为重要但又极其困难之事。早在2009年经济危机之时，俄政府就意识到过高的油气收入会阻碍俄罗斯产业结构调整，不利于俄罗斯经济的进一步增长，也曾提出调整油气收入与非油气收入间比重的动议。然而，这一改革的推进十分缓慢，且效果不佳。2009年，时任俄罗斯总统的梅德韦杰夫曾表示，油气收入不应超过联邦预算收入的四分之一，但随后国际油价的迅速攀升，使这种提法不了了之。2010～2014年，油气收入占俄联邦预算收入的比重持续上升，由46.1%上升到51.3%，2012～2014年该比重更是连续三年保持在50%以上。俄联邦预算收入对油气收入的依赖度不降反升，使政府希望降低联邦预算对油气收入依赖的愿望落空。

2015年以来，国际油价持续低迷，调整油气收入与非油气收入结构的问题又重新摆在俄罗斯政府面前。对此，俄罗斯财政部长西卢阿诺夫提

出，应严格限制油气收入占联邦预算收入的比重，提高非油气收入地位，将非油气收入作为联邦预算收入的基础。按照这一思路，俄罗斯采取了下调原油出口关税税率，调整重、轻质油比重等做法，主动让渡部分油气收入，2017 年俄油气收入占俄联邦预算收入的比重降至 39. 6%。

未来，俄政府还将继续按照摆脱油气收入依赖这一改革思路，控制油气收入占比。但很遗憾，这一预期目前还无法实现。2018 年，俄罗斯联邦财政收入比预期增长 34897 亿卢布，联邦预算由赤字转向盈余，对于俄罗斯来说，这是一个非常重大的转变，俄罗斯从 2012 年起已连续 6 年出现了较大规模的预算赤字，最高时赤字超过 GDP 3. 5%。可以说，2018 年俄罗斯国家预算出现了根本性的好转。

但在俄罗斯联邦财政收入增长的 34897 亿卢布中，油气收入增长了 32347 亿卢布，占到 92. 7%，可以说，2018 年俄罗斯联邦预算收入的增长基本上依赖于油气收入的增长。

据俄罗斯财政部估算，2018 年俄罗斯油气销售收入将增长 5 倍，全年油气收入占联邦预算收入的比重将达到 46. 5%，高出预期的 35. 9% 近 30%。与此同时，非油气收入占比由预计的 64. 1% 下降到 53. 5%，下降了 16. 5%（见表 3）[①]。

表 3　　俄罗斯 2017～2018 年联邦政府预算收入结构　　单位：亿卢布

项目	2017 年		2018 年			
	规模	占 GDP 比重（%）	2017 年预算法批准规模	2018 年年中预算修订案规模	预计最终执行规模	占 GDP 比重（%）
收入	150889	16. 4	152578	170729	187475	18. 5
油气收入	59719	6. 5	54796	72349	87143	8. 6

① Совет Федерации на заседании в пятницу одобрил закон о федеральном бюджете на 2019 год и плановый период 2020 – 2021 годов. МОСКВА，23 ноября. /ТАСС/. https：//rg. ru/2018/11/23/sovfed – odobril – zakon – o – biudzhete – na – blizhajshie – tri – goda. html.

续表

项目	2017年		2018年			
	规模	占GDP比重（%）	2017年预算法批准规模	2018年年中预算修订案规模	预计最终执行规模	占GDP比重（%）
油气收入占总收入比重（%）	39.6		35.9	43.4	46.5	
非油气收入	91170	9.9	97782	98379	100332	9.9
非油气收入占总收入比重（%）	60.4		64.1	57.6	53.5	

资料来源：Оценка параметров федерального бюджета за 2018 год дана в соответствии с материалами к проекту федерального закона《О федеральном бюджете на 2019 год и на плановый период 2020 и 2021 годов》。

这样一种预算收入的变化，使俄罗斯降低油气税收占比、优化财政收入结构、保障俄联邦财政收入长期稳定的改革意图重新成为泡影。在未来如何保障国家财政预算的稳定及可持续发展，依然是俄罗斯财税改革的难题。

2. 改进石油企业生产模式

对油气收入课征方式的改革不仅会对俄石油生产造成一定的影响，相应地还会引起石油开采量、出口量的变化。

（1）促使石油开采规模扩大。

由于俄政府不断下调原油出口关税税率，使俄石油出口价格在国际市场上更具吸引力，借此机会，俄各家石油公司为获得更多出口利润，纷纷加大对石油的开采，这也与俄政府希望用提高矿产资源开采税收入弥补因下调出口关税而减少的收入的政策导向一致。为此，在双方共同努力下，俄石油开采量不断上升，由2014年的5.27亿吨上升到2015年的5.34亿吨，直至攀升至2016年的5.47亿吨，创苏联时期以来历史新高。

为扩大石油开采量，俄政府主要采取了以下措施：①在维持传统产区产量的同时积极开发新产地。②加大对钻井资金的投入，提高新井产油量。③采取集约型技术开采石油，在新产地推行新技术的同时，提高传统采油区的开采效率，如乌拉尔—伏尔加老产油区的生产效率就在不断提高。④对出油率低以及难钻采的产区实行税收优惠，其中包括东西伯利亚和远东等新产油区。

（2）客观上刺激石油出口规模扩大。

2014 年 6 月以来，国际石油价格一路下跌，为维护俄罗斯在国际石油市场上的份额，俄罗斯石油企业决定通过“薄利多销”的模式，应对低油价时期的到来。同时，俄罗斯政府不断下调出口关税税率，也使俄罗斯石油出口价格在国际市场上更具优势。这些举措都在客观上刺激了石油出口量的上升。

俄石油出口量的增长主要是来自向非独联体国家出口的增长，其出口总量由 2014 年的 1.99 亿吨上升到 2.36 亿吨，增幅达 19%。与此相反的是，向独联体国家出口的石油总量则持续下降，由 2014 年的 0.24 亿吨下降至 0.19 亿吨，降幅达 21%。由于俄罗斯对独联体国家长期存在关税优惠，向它们出口的石油价格远低于非独联体国家。在国际油价持续低迷的情况下，俄罗斯为保障自身利益最大化，有意削减向独联体国家出口的石油总量，相应地加大对非独联体国家的出口，以此换取更多的外汇收入。

俄向非独联体国家出口主要包括荷兰、中国、德国、波兰、韩国等，荷兰从俄罗斯进口的石油最多，其次为中国。中国从俄罗斯进口石油的增幅最高。俄向独联体国家出口主要包括白俄罗斯、哈萨克斯坦、乌兹别克斯坦、乌克兰等。其中，白俄罗斯占俄罗斯向独联体国家出口石油总量的 95% 以上[①]。总体上，俄罗斯向非独联体国家的石油出口量

① 徐珏、王海燕：“哈俄两国矿产资源开采税对我国‘走出去’企业的影响”，载《涉外税务》2012 年第 1 期。

呈上升趋势，向独联体国家的石油出口量呈下降趋势。

五、俄罗斯能源税改革发展方向

俄罗斯在能源税领域的税制改革为未来俄罗斯能源行业的健康发展奠定了基础。未来，俄罗斯拟进一步降低油气收入占 GDP 的比重，弱化出口关税对俄罗斯联邦财政收入的影响，强调矿产资源开采税的地位，并积极尝试新税种的推行。

1. 调低油气收入占 GDP 的比重

总体上，俄罗斯政府正逐步调低油气收入占 GDP 的比重。根据俄罗斯发布的《2019～2021 年联邦预算法》，2019～2021 年俄罗斯联邦预算中油气收入占 GDP 的比重将分别为 7.8%、7.2%、6.8%，呈逐年下降的态势（见表 4）。

表 4　俄罗斯 2019～2021 年联邦政府预算收入结构　单位：亿卢布

项目	2019 年	2020 年	2020 年
预算收入	199693	202186	209780
油气收入	82982	79363	80182
油气收入占比（%）	41.6	39.3	38.2
非油气收入	116711	122823	129598
非油气收入占比（%）	58.4	60.7	61.8

资料来源：Оценка параметров федерального бюджета за 2018 год дана в соответствии с материалами к проекту федерального закона《О федеральном бюджете на 2019 год и на плановый период 2020 и 2021 годов》。

2. 强化矿产资源开采税的地位

为降低联邦财政赤字，2019～2021 年，俄罗斯政府将继续加征矿产资源开采税。同时，俄罗斯还将不再为欧亚经济联盟国家提供原有的石油关税补贴。未来三年，俄联邦预算收入将主要依靠矿产资源开采税收入，将原本由出口关税承担的税负转移到矿产资源开采税上来。

当然，长期来看，提高矿产资源开采税税负将会在一定程度上导致传统产区（如西西伯利亚、科米共和国等）石油开采速度的下降。在2017～2018年石油开采量呈上升趋势之后，预计2019年石油开采量将有所下降，约降至5.32亿吨，基本与2015年水平一致。其中，作为主要石油产区的西西伯利亚地区，石油开采量将持续下降。即使东西伯利亚和季曼—伯朝拉等新产区的石油开采量有所增长，也未必可以完全弥补西西伯利亚下降的石油开采量。

同时，由于欧美国家对俄罗斯进口设备及技术的限制，俄罗斯将缺乏必备条件对较难开采的地区进行自主开采，这也给石油开采量的增长带来负面影响。为此，俄罗斯将努力提升自身石油开采的竞争力，降低开采成本；在地质勘探中采用更加经济的技术，同时投入新技术，提高成熟期石油产地的产油效率；推进俄罗斯石油企业现代化进程，提高石油开采深度；实现油气设备进口替代，并创造良好的税收环境。

3. 试行新税种

为刺激新产地开发以及合理利用油气资源，俄罗斯提出在新、老产区试行新税种，即“超额收入税”（НДД）。“超额收入税”是扣除开采成本之后，对所获石油收入征收增值收入税，预计税率在50%左右。“超额收入税”实行分阶段课税，初期税率低，有助于保障新产区在开采初期的正常运行，新产区进入成熟期后，再相应提高税负，以此弥补第一阶段税收的损失。这种课征形式体现了税收的灵活性，但“超额收入税”的征收也存在实际的困难。它需要扣除企业的开采成本，计算较为复杂，且不易预测，较之此前的出口关税以及矿产资源开采税的征收难度更大。

关于新税种的推行，俄罗斯政府内部存在争议。“超额收入税”的主要推行部门是俄罗斯财政部，俄财长西卢阿诺夫称：油气收入税制的改革不应仅停留在书面层面，应当切实行动起来，向全国推行“超额收入税”。俄副总理阿尔卡济·德瓦尔科维奇对财政部的提议表示支持，他认为，实行新税制有利于弥补未来矿产资源开采税提高造成的损失，降低现有油气收入税课征方式对石油公司带来的负面影响。

但对于财政部的提议，俄能源部则表示，全面实行“超额收入税”仍为时尚早，建议先在部分利润较低的老石油产区试行“超额收入税”，并在试行 3 ~5 年后，对新税种产生的效果进行综合评估，再决定是否全面推行以及是否需要替代现行税制。能源部还估算了取消出口关税、直接实行“超额收入税”将造成的风险。由于“超额收入税”是对现金流进行征税，而不再以石油产量作为税基，这会导致税收环节更为复杂。俄罗斯经济发展部对全面实行“超额收入税”表示反对，俄经济发展部长马克西姆·奥列什金认为，现行的石油税制是合理的，对俄罗斯财政收入的稳定并不构成危害。在盖达尔论坛上，他再次表示，剧烈的油气收入改革是完全没有意义的，俄罗斯不应该发生剧烈的油气税负课征制度的改变，也不应该承担这种变化带来的中期发展威胁。他认为，现行的税制值得肯定，有助于保障油气行业的持续发展。

对于实行新税种，石油企业并未强烈反对，但却提出自己的疑问。俄气公司负责人亚历山大·久科夫表示支持新税种的试行，但同时也应对现行的经济环境是否允许推行新税种以及新税种是否有利于实现税收公平提出质疑。久科夫希望新税种在保障国家获取财政收入的基础上，同时有助于新油气产地的开发。尽管“超额收入税”在新产地开采方面确实低于现行税制的税收负担，对俄罗斯油气企业具有相当的吸引力，但由于现行的油气收入税制对油气公司存在税收优惠，各家石油公司并不愿意放弃既得利益。为此，俄能源部称，若全面实行“超额收入税”，俄政府将不再为石油企业提供出口关税的税收优惠，俄罗斯油气企业需要自行进行抉择，是享受出口关税的优惠，还是实行“超额收入税”。

据最新消息，俄财政部与能源部已就试行“超额收入税”基本达成共识，近期不会在全国推行“超额收入税”，但选取了部分地区进行试点，试点地区包括西西伯利亚等产油区，目的在于促进西西伯利亚石油开采的进一步增长。受通货膨胀等因素的影响，为防止税收标准过高，试行方案中的“超额收入税”课征系数将根据实际情况不断进行调整，预计每吨不超过 9520 卢布。尽管关于新税种开征的具体细节仍存在争议，但已有 700 万吨石油申请试行“超额收入税”，其中涉及 Роснефть（俄罗斯石油公司）、ЛУкойл（卢克石油公司）、Сургутнефтегаз（苏尔古特石油天然气股份公司）、Газпром（俄罗斯天然气工业股份公司）等油气公司。

未来几年，俄罗斯针对能源行业的税收制度改革仍将持续进行，其中，油气税制改革是能源行业改革的重中之重，降低石油出口关税税率，提高矿产资源开采税税率，平衡重、轻质原油出口关税税率是未来俄罗斯油气课税改革的三大主要方向。

同时，俄罗斯将继续强化矿产资源开采税在油气收入中的地位，并将其作为油气收入的主体，以降低出口关税收入，保障联邦财政收入的稳定性。同时，俄政府还将继续提高重质油的出口关税税率，降低轻质油的出口关税税率，升级炼油产业的内部结构。未来，俄罗斯将实行新的税种，寻求更为稳定、合理的俄罗斯联邦财政收入来源。尽管新税种的开征仍在试行阶段，但这不失为俄罗斯摆脱油气收入依赖的进一步探索与尝试。

由此，如何进一步调整俄罗斯国内能源领域的税收政策，对于俄政府来说，也是一项需要认真思考与积极应对的任务。俄罗斯政府的任务不仅在于扩大政府财政收入来源，降低政府财政收入对石油开采及出口的依赖，同时还应考虑将能源税税率控制在合理范围之内，使其不至影响石油企业的正常运营，以取得石油企业最大限度的认同与支持。基于能源税的调整会对俄罗斯财政收入、石油开采量、石油出口价格等产生显著的影响，未来俄罗斯政府对能源税还将会进行何种改革，以及改革后产生的影响，这些问题都还需要我们予以持续的关注。

中俄科技合作的机遇和亮点

◎ 孙万湖

俄罗斯仍然是科技大国和人才大国，这个基本定位没有改变，合作机遇尚存。进一步推进对俄科技合作是我们不容忽视的战略选择。中俄科技合作正向深度和广度发展，进入了高科技协同创新发展的新阶段。近一年来，中俄科技合作在航空航天、核能、高技术、协同创新等领域取得了令世人瞩目的成绩。

2018 年是中俄科技合作协定签订 25 周年和中俄第一个科技园——烟台科技基地成立 20 周年。到 2018 年 10 月底，在全国共建立了 42 个中俄科技合作园，中俄科技合作正向深度和广度发展，已进入高科技协同创新发展的新阶段。

一、中俄科技合作的潜力尚存

俄罗斯在基础研究、航空航天、核能、敏感高技术等领域仍具有雄厚的实力并取得了可圈可点的成就，中俄科技合作是两国全面战略协作

孙万湖，国务院发展研究中心欧亚社会发展研究所研究员。

伙伴关系的重要组成部分，在“一带一路”倡议指导下，进一步推进对俄科技合作是我们不容忽视的战略选择。

目前，在俄全境有 13 个具有较大科技潜力、拥有城市规模的科研生产联合体并具备不同侧重点的科学城，还有上百个科技园、技术园等创新实体。俄罗斯正在打造国家最大的科技园——斯科尔科沃创新中心，这是一个集研发和生产为一体的本国“硅谷”。这一在莫斯科郊区斯科尔科沃的创新技术中心将成为未来城市的典范，也是实现俄罗斯经济现代化的“试验田”。

在电子、生物工程、等离子体、原子能、复合疫苗、新材料等技术领域，俄罗斯居于世界领先地位。俄罗斯在空间技术上拥有优势，是世界上屈指可数的能够全面掌握空间站制造、发射和回收技术的国家。俄罗斯的小型卫星总体设计技术及自主导航、空间飞行器系统技术和登月飞行技术、卫星和飞船材料抗高速粒子撞击技术、空间材料加工技术等都居于世界前列。

军工技术的水平同样不可小觑。在社会转型时期，俄罗斯军工企业和研发机构得到了重点保护，这是电子、通信、自动控制、新材料、动力学等科学技术最为密集的领域。在尖端武器的研制方面，俄罗斯拥有 21 世纪作战能力战机苏—34 和苏—37。在导弹和战机等武器的研制方面，拥有最新式的“白杨—M”系列多弹头分导导弹、能有效打击隐形飞机的 S—400 防空反导系统、X—22 隐形导弹、反弹道导弹，以及能产生等离子隐身的隐形飞机等。这些尖端武器在当今国际舞台上都具有极大的竞争力。在舰船制造方面，俄罗斯潜艇的隐身性和壳体防护性在世界上也是首屈一指。

二、中俄科技合作取得的进展

二十年来，一些高精尖的敏感技术和重大专项一直是中俄开展务实合作的重点方向。对俄合作在中国“863 计划”对外科技合作项目中占据相当大的比重，在核能、航空航天、高技术等领域取得了令世人瞩目的成绩。

2017 年 8 月中俄双方达成协议，确定联合研制 280 座的 CR929 大型远程宽体客机。该飞机最大起飞重量 250 吨，航程 1.2 万公里，整个项目计划总投资约 200 亿美元，在 10 年内完成从开发到交付使用。在中俄两国协商确定了 CR929 的总体布局后，中国负责整个机身的复合材料设计与生产，俄罗斯则负责机翼的复合材料设计与生产。鉴于近年来中国在航空电子设备上的长足进步，CR929 的航电设备中国将占很大一部分比重，俄罗斯负责研发 PD35 大推力涡扇发动机。

俄罗斯直升机公司和中国航空工业集团公司也达成协议，双方将携手研发全新重型直升机，以俄罗斯米—26 重型直升机为雏形，按中方的要求：最大起飞重量 38.2 吨，最高升限 5700 米，航程 630 公里，最大飞行时速 300 公里。

2017 年 9 月 14 日召开的中俄总理定期会晤委员会航天合作分委会第十八次会议，确定了《2018 ~ 2022 年中俄航天合作大纲》，该大纲涉及 6 个合作方向的 66 个合作项目。目前中俄航天合作已从基础技术合作转入重大战略合作的新阶段，合作领域涵盖运载火箭、航天电子元器件、对地观测、月球与深空探测、载人航天、北斗导航、特殊材料开发、卫星系统、地球遥感、寻找宇宙飞船碎片等。

当前世界上大科学研究项目主要集中在高能物理、核聚变、空间科学、环境科学和生命科学、人类基因组计划等学科和领域。而这些领域正是俄罗斯的强项，其科研能力属世界先进水平。现在两国科学家已共同参加国际热核聚变实验堆研究计划，即ITER计划。中俄积极开展大科学研究以来最为突出的就是在2015年12月中国科技部、中国科学院同俄科教部签署协议，在热核聚变领域积极开展重离子超导同步加速器“尼卡”项目的合作。

2018年6月8日，在上海合作组织青岛峰会前夕，中核集团与俄罗斯国家原子能集团签署了《田湾核电站7/8号机组框架合同》以及辽宁《徐大堡核电站框架合同》和福建《中国示范快堆设备供应及服务采购框架合同》。这是迄今为止中俄三项最大的核能合作项目，合同总金额超过200亿元人民币。这些项目的实施，将有力带动双边贸易和产业合作，提升两国务实合作的科技含量和水平，进一步深化双边利益共享共赢。

三、中俄科技合作进入协同创新发展新阶段

2018年10月11日，在哈尔滨召开了全国对俄科技合作基地联盟第十一次年会，来自全国地方科技厅（委、局）、全国42个对俄科技合作基地联盟的共100多名代表参加了会议。年会分析了对俄罗斯等独联体国家科技合作面临的新形势和新机遇。就如何利用基地联盟平台，深化对俄罗斯等独联体地区国家科技合作提出了具体建议和意见。来自长春中俄科技园股份有限公司、重庆高技术创业中心、广东—独联体国际科技合作联盟、烟台中俄高新技术产业化合作示范基地、中国电科三十八所、山东省科学院、黑龙江省农业科学院对俄农业技术合作中心等单位代表交流和探讨了一年来的工作进展、合作成果和合作新模式，中俄科技合作向创新合作转变过程中联盟的作用，联盟发展过程中信息平台的支撑作用，以及对俄合作基地成员单位间的协同创新等方面内容。

同年10月16日，由中国科学技术部与俄罗斯经济发展部共同主办的“第二届中俄创新对话”在莫斯科斯科尔科沃创新中心举行。此次活动旨在加强两国在创新战略与规划、创新政策与机制、科技金融、中小微型企业创业发展等方面的战略对话，推动中俄科技金融机构、科技型中小微企业、科技园区、创业孵化器等在创新创业领域的务实合作。

中国科学技术部副部长张建国和俄罗斯经济发展部副部长戈里科夫出席了创新对话的全体会议，双方就深化中俄创新对话，促进科技同产业、金融深度融合，集聚创新资源，共同构建开放包容、互利共赢的中俄创新合作达成高度共识并磋商设立“中俄联合科技创新基金”，双方将各出资5亿美元共同资助协同创新的重大科技合作项目，其主要领域包括纳米技术、新材料、生物技术、能源与节能、合理利用自然资源、信息和通信技术、新型交通系统、现代机械制造、海洋科学、安全与反恐等。实际上从2016年起双方已根据共同确定的10个项目共投入了资金1000万美元。

来自中俄两国中央和地方政府、高校、科研机构、高新园区、产业联盟、投资机构、技术转移机构和创新型企业的近百位代表，围绕中俄科技创新战略与政策、中俄地区创新合作、创新产业集群政策、科技金融等议题展开深入讨论，与会专家结合自身工作经验以及对中俄科技合作的观察和体会，就联合培养青年科技人才，举办创新大赛，加强信息交换、国情研究、实验材料交流以及可再生能源合作等问题提出了很多具体意见和建议，为推动中俄两国创新合作、共同发展出谋划策。双方共同签署并发表了《第二届中俄创新对话联合宣言》，确定了《2019～2024年中俄创新合作工作计划（路线图）》。

2018年10月17日，中俄总理定期会晤委员会科技合作分委会第二十二届例会在莫斯科举行。分委会中方主席、科技部副部长张建国与分委会俄方主席、俄罗斯联邦科学与高等教育部副部长特鲁普尼科夫共同主持会议。会上，双方就中俄科技创新合作现状和前景、大科学项目框架下的合作、务实大项目合作、两国联合举办科技交流活动等议题交换意见。双方商定，将充分发挥科技合作分委会工作机制为两国政府间科技合作主渠道的作用，加强协调，为进一步深化两国科技创新合作创造良好条件。此外，双方还确定了一批新的研发合作项目。会后，双方主席共同签署了《中俄总理定期会晤委员会科技合作分委会第二十二届例会议定书》。

为了深化双方科技合作创新发展，对俄合作进一步加强“能官则官、能民则民、官民并举、官民结合”的方针，政府抓科技合作重点专项和战略性科技合作专项，举办一年一度的协同创新战略对话、创建联合实验室、制定科技人才交流计划、营造环境、提供支持、搭建平台，鼓励创新主体即各类科研机构、大学和企业开展多种多样的合作，特别是开展对口直接合作。

同时还要审时度势，把“引进来”和“走出去”相结合。过去以引进为主，包括技术和人才。随着中国科学技术水平的提高，中国科技的研发成果在俄罗斯等独联体国家受到欢迎，中国的高新技术企业比如人工智能、生命科学、无人机技术、高铁技术、科技园区的发展和建设经验等受到青睐，表达了很强的合作意愿，这成为中国科技型企业走出去的良好时机。例如中国电科三十八所是国家级水平的雷达整机所，对俄合作历史悠久，20 世纪 90 年代重点开展军工军械领域的合作，现从军械合作到民用科技合作，与莫斯科动力学院、茹科夫斯基中央气动研究所等已经进入商务谈判阶段，筹建公共安全等领域的合资企业。

2018年俄军建设发展综述

◎ 朱长生

2018年在俄军眼中是形势更为严峻复杂的一年：北约针对俄的军事部署、侦察、训练活动又有加强；美国进一步威胁要退出中导条约。在此背景下，俄军紧密围绕使命任务，科学用好有限经费，在战备训练、装备研发、现代化建设、叙利亚行动、对外军事合作等诸多方面都取得了令人称奇的成绩。俄军不少做法、经验都值得好好总结与深思。

把巩固国防能力、维护国家安全、可靠抵制外来威胁视作军队建设最重要、最关键的任务，是俄社会上下传统共识。2018年，俄军紧紧围绕使命任务，加强备战准备，妥善应对挑战，保持既定节奏，按时间节点推进现代化进程，反恐斗争成果耀眼，叙利亚行动经受新考验，开启军事政治工作新历史，对外军事交往活跃，各项建设得到进一步加强。在保障国家安全方面“迈出了非常重要、强有力的一步”[①]的同时，社会形象得到进一步重塑、升华。

朱长生，国务院发展研究中心欧亚社会发展研究所研究员。

① 俄总统网站2018年12月18日，俄文网址：http：//www.kremlin.ru/events/president/news/59431。

一、世界军事政治形势进一步恶化

俄军政领导对世界形势的看法总体趋同，但也有差别。

普京总统认为，“中东、阿富汗、朝鲜半岛形势依然复杂”①。北约继续加强在俄边境附近军事基础设施建设。乌克兰东南部地区冲突仍未停止。美国领导人关于退出中导条约的声明引发严重忧虑，后果非常消极，明显削弱地区和全球安全，致使整个军备控制与大规模毁灭性武器不扩散架构面临退化甚至崩溃危险。美国先后在罗马尼亚、波兰部署“宙斯盾”反导系统，把海基系统部署到陆地，明显违反中导条约。

俄军方对形势的看法要比普京悲观些，认为 2018 年“世界军事政治形势进一步恶化”②。美国和北约继续加强军事潜力。自 2018 年 6 月以来，为在外层空间取得更大优势，美国开始建立一支新的军种——太空兵。8 月起，美国海军重建第二作战舰队，主要任务是扩大美国在北极的军事存在。北约决定 2022 年前组建 2 个新的司令部——“大西洋”和后勤联合司令部，从而提高从美国向欧洲派遣部队与在俄边境附近部署部队的能力。美国耗资 63 亿美元启动以中东欧为主的地区展开前沿部署系统工作。在距俄罗斯边界 60 公里的挪威，正在建设新的“地球仪—3”雷达基础设施。一年来，美国海军陆战队部署在挪威的兵力增加了一倍。波兰已同意在其境内部署一支美国陆军装甲师，并为其拨款 20 亿美元建设基础设施。美国计划退出中导条约，而不是维持战略稳定。2019 年美国军事预算将从 7070 亿美元提高到创纪录的 7255 亿美元，与世界各国的全年军事预算总和持平。北约国家将其在北约预算中

① 俄总统网站 2018 年 12 月 18 日，俄文网址：http：//www. kremlin. ru/events/president/news/59431。

② 俄总统网站 2018 年 12 月 18 日，俄文网址：http：//www. kremlin. ru/events/president/news/59431。

所占份额提高到国内生产总值的 2%。北约演习次数同比提高一倍多，而且越来越多的非北约成员国格鲁吉亚、乌克兰、瑞典、芬兰参与。北约对俄西部和西南方向的侦察飞行也提高了 10%。

面对复杂形势，俄军政领导人表示，俄军将继续把建设一支“机动、精干与有战斗力的现代化军队”作为目标，“在不提高人数、不增军费的情况下，应对当前和未来的威胁”。如美国撕毁中导条约，俄将被迫采取辅助措施，加强国家安全。针对频度不断上升的北约军机侦察，俄军逐一密切跟踪监控，认真分析侦察活动特点规律，借以指导部队训练。

二、提高军队建设质量

按照普京总统批准的计划，俄军推进质量建设有新进展。

合同兵补充方案按计划落实。到 2025 年底，合同兵数量将达到 47.56 万人，同时，将按比例降低对义务兵的需求，减少至 22 万内。

俄军军官队伍由训练有素的专业骨干补充。各军区、合成集团军、空防集团军司令、师长以及 96% 的合成旅长和团长都有实战经验。

战略核力量保持在能够确保实施核威慑的水平上。2017 年提出的战略核力量现代化率达到 82% 的任务已完成。年内，又有一个装备机动履带式“亚尔斯”导弹系统的导弹团担负战斗值班。空基战略核力量补充了升级改造的飞机：1 架图—160 和 4 架图—95MC。

5 月，“尤里 · 多尔戈鲁基”号战略导弹潜艇向堪察加半岛库拉靶场首次成功发射 4 枚“布拉瓦”弹道导弹。11 月，1 架图—160 战略轰炸机在经过升级改造后，成功实施 12 枚空基 XA—101 巡航导弹对位于极地圈外的贝姆巴靶场的发射。

“匕首”高精度高超音速导弹系统处于试战斗值班，完成在黑海和里海水域的 89 次巡逻飞行。12 月 1 日起，“佩列斯韦特”作战激光系统装置开始试战斗值班。成功地组织“萨尔马特”重型洲际弹道导弹的抛射试验。2019 年第一个装备“先锋”战略导弹系统的导弹团将投入战斗值班。这些装置可突破最先进的反导系统。启动“北风之神—A”号潜艇试验，其隐蔽性和可靠性均高于国外同类产品。

上述武器使俄军能力倍增，普京自信，可靠与无条件地保卫着俄罗斯未来几十年的安全，巩固着力量平衡，而这意味着，世界稳定。俄罗斯希望能以此警告美国等西方国家不要头脑发热、野心膨胀，而是能够冷静下来思考。

陆军提高武器装备现代化率的任务超额完成 2. 3%，达到 48. 3%。2200 件新式和改进型武器装备列装部队，组建了 10 支兵团和部队。为空天军提供了 126 架现代化飞机和直升机、9 部航天器、120 件防空装备。空中力量现代化武器装备比重达到64%，而整个空天军已达到年度计划指标的 74%。海军新武器装备的装备率超过计划指标，达到 62. 3%。14 艘军舰和舰艇以及 11 艘保障船只，4 套“舞会”和“棱堡”岸防导弹系统列编。向空降兵交付300 多件主要款式武器、军事和特种装备以及 11000 多套人员、武器和物资的空降装备。空降兵现代化武器装备的比重达到63. 7%。

正在完成中程无人侦察打击系统的研制。2019 年起，将开始装备部队。根据国防采购计划，每年部队接收 300 多架短程和近距飞行器。

自动指挥系统得到优先改进。向部队提供 3. 1 万多件通信设备，部队指挥装置现代化率水平得以提高，达到计划指标的 66%。

国防部工作计划与国防采购规定的各项指标已经完成。根据普京总统要求建立的国防采购统一信息核算系统，大大提高了国防采购效率，对国防采购产品的定价实施监控。

三、提高军事训练强度

高强度战斗训练，组织 6 次由各军区、军兵种参与的突击综合战备检查，结果证明部队作战能力发生质变，有能力向 7000 公里内远程灵活投送兵力兵器，迅速加强重要战略方向集群。“东方—2018”演习是现代俄罗斯史上规模最大的部队训练活动。它以国际方式进行，有中国人民解放军和蒙古部队参与。就部队规模、武器数量和军事装备而言，该演习可与“西部—81”演习相媲美，部队调动区域之广和规模之大，苏联时期也没有过。首次在地中海东部举行大型海军演习。跨舰队集群同远程航空兵共同遂行任务，检验最新战术手段与方法。训练中注重发挥经受过叙利亚战场检验武器装备的作用与运用在叙利亚打击恐怖主义的经验。由 28 艘战舰和船只以及 36 架海军航空兵飞机组成的集群，展现出能够有效地在地中海遂行保卫俄联邦国家利益的任务。

野外、空中和海上训练水平有所提高。全军共组织 1.8 万次以上各种层次演习演练。跨军种联合训练强度提高 16%，对抗演习数量提高 20%。

各国对军队国际比赛兴趣与日俱增，它已成为战斗训练的重要组成部分。比赛在 7 个国家举行：俄罗斯、阿塞拜疆、白俄罗斯、中国、哈萨克斯坦，首次在亚美尼亚和伊朗举行。189 个代表队参加，4700 名参与者来自 32 个国家。比赛对俄武器装备出口作出重大贡献。

四、在叙利亚行动发生重大转变

俄军 2017 年 12 月结束在叙利亚的军事行动，帮助叙利亚政府从恐怖组织手中收复96%的失地，已完成主力回撤，除纳入赫梅米姆和塔尔图斯基地编成的外，其他武器装备也都已撤回。目前，已从以军事行动为主转到人道主义援助、恢复和平与重建为主。留在叙利亚的俄军主要有：赫梅米姆机场空天军航空编队、塔尔图斯海军物资技术保障点、军事顾问、军事警察、特种作战分队、交战双方和解和难民控制中心的军人。他们正在落实恢复叙利亚和平生活与难民重返计划。航空兵飞行从每昼夜100～110个架次减少到每周2～4个架次，主要用于情况侦察[①]。在未动用武力情况下，大马士革郊区、东古塔、东部卡拉穆恩和亚尔穆克、霍姆斯省北部以及苏韦达省、达里亚省和库奈特拉省转由叙利亚政府军控制，成为2018年春季和夏季取得的最重要成果。它是由俄罗斯交战各方和解中心与战地指挥官、反对派和叙利亚政府积极合作促成的。

随着叙利亚国内形势趋于稳定，启动一项重大方案，以恢复和平生活和促使难民返乡。为协调这一工作，俄罗斯、叙利亚、黎巴嫩和约旦建立跨部门协调机构，与国际组织合作，处理难民返乡问题和提供所需帮助。自2018年7月18日以来，已有68230人从上述国家返回叙利亚。自2015年起，共有150多万难民和境内流离失所者已经返回原居住地。

2018年，俄罗斯交战各方和解中心为86支联合国人道主义车队、各种国际组织提供护送，组织了294次人道主义行动，为3.7万人提供了医疗服务，保障了16.3万名平民饮食。

组织政治对话正成为调解冲突的最重要阶段。最大限度地加快了阿斯塔纳模式谈判的速度。1月，叙利亚全国对话大会在索契成功举行，启动了宪法委员会的成立。正在为维护叙利亚的国家完整创造政治条件。

---

① 国防部网站，俄文网址：https：//itogi2018. mil. ru/。

五、积极发展军事教育体系

总结在叙利亚取得的战斗经验，并积极地运用到军事院校的教学中。所有军事院校完成向电子信息载体过渡工作，使用 1.2 万本电子教材。现代教学方式的应用，极大地提高了学员的整体培训水平。五年来，他们在国际奥林匹克比赛中表现出了很好的成绩。

完成军队教育体系重建工作，国防部院校 1.2 万余名毕业学员、军官被分配到部队。按所学专业，所有毕业生都被任命了相应的职务，给每人都安排了一位经验丰富的教官。合同兵素质增强，现役 6 万多合同兵有三分之二受过高等和中等职业教育。

军事教育在年轻人中的声望正在提高。2018 年，俄军院校一年级的录取率达到 8∶1，而有些院校甚至达到 20∶1。81 个国家的学生在国防部院校就读，超过了苏联时期的水平。在 93 个军事教育中心对 6 万名学生实施不脱离学业的军事培训。

积极发展大学前教育组织的教学设施。纳希莫夫海军学校投入使用一座总面积为 5.2 万平方米的新的多功能大楼，配备了现代化的教学实验设备。自 2013 年以来，共组建 15 所大学前教育机构，其中 4 个是苏沃洛夫军事学校、3 个总统少年学校、3 个纳希莫夫海军学校分校、2 个幼儿园、3 个天才儿童学校①。首次成功举办少年军校公开赛，自 2019 年起，将扩大到国际范围。

“地理听写”活动开阔了视野。全军有 15 万人参与活动。从 2018 年起，开始组织军事历史听写，已有大约 5 万名军人参加这项活动②。

① 国防部网站，俄文网址：https：//itogi2018.mil.ru/。

② 俄总统网站，2018 年 12 月 18 日，俄文网址：http：//www.kremlin.ru/events/president/news/59431。

“科学连”是提高武装力量军事科学潜力的可靠来源。自其组建以来，已有 459 名军人成为军官。共有 1285 项发明得到应用，登记发明 110 项。国防部建立“时代”军事技术城，组织创新科学探索。它设有 18 个实验室，配备 600 部（件）独特设备。吸引 32 家主要工业企业和科研组织的代表以及 4 个新成立“科学连”操作人员参与研究。该项目的实施将促进基础和应用学科的发展，推动高新技术生产。

六、高度重视军事政治工作

组建军事政治工作机构。在 11 月的索契会议上，普京总统对国防部领导强调，最应重视的是军人的教育工作，任何时候，官兵高昂士气、爱国主义都是俄军的精神支柱。当前必须恢复和弘扬这些传统。为培养军人崇高品质——战斗精神、爱国主义和献身祖国精神，根据普京总统的决定，从 2018 年 7 月起，在俄军组建军事政治工作体系，其使命是建立一支团结、步调一致和士气高昂、能够在任何情况下遂行任务的军人集体。现已在俄罗斯国防部机关内组建起了武装力量军事政治总局。相应的指挥机关也已在部队开展工作。在索契会议上，普京还主动要求听取俄军军事政治机构组建情况、优先目标和任务汇报。

军人和青少年的爱国主义教育是军事政治工作最重要方面之一。“青少年军”运动逐年扩大，目前它在每个俄联邦主体都有，汇聚着 27.6125 万青少年。夏季组织了 1637 次青少年军夏令营活动和 26 次远征，是 2017 年的 15 倍。有 8.3 万青少年和儿童参与活动。在营区建立了“青少年军”队员之家和“爱国者”公园，孩子们全年都能参加组织活动。

七、落实“效率军队”计划成效明显

2014 年俄军在对核心成本分析的基础上，制定了“效率军队”计划。俄军积极创新方法，推动“效率军队”计划落实。至 2017 年 5 月底，实施“效率军队”计划，已为俄军节省 400 多亿卢布预算，同时军事设施设计与建设耗时减少一半。过去五年，在服务价格上涨情况下，俄军弥补了物资技术保障和公共保障基础指标的亏损。重新恢复的在编部队维修机构每年约节省 10 亿卢布资金，工作效益明显。部队食堂安装的 730 个进入控制监测和订餐系统，产生大约 30 亿卢布的经济效益。同时，在各营区安装的 11.1 万个公共资源登记设备，节省 53 亿卢布。把锅炉房改造为液化天然气，每个锅炉房每年产生的经济效益达到 1000 万～1200 万卢布，俄军有 3921 个这样的锅炉房。重建的武器库修理厂使 55 万枚导弹和弹药重新投入使用。采购这些导弹与弹药需要预算开支 630 亿卢布。从 2016 年起采购并向武器库提供了约 59 万件新的现代化弹药密封包装，使俄军每年节省 14 亿卢布。为降低未使用军事资产的费用，将其转让给俄联邦主体所有。自 2013 年以来，已转让 3210 栋楼房、8144 套公用住房和燃气设施、1482 个社会设施和 16565 个生产设施，产生的总经济效益达 93 亿卢布①。

八、军事建筑体系转变职能取得多项成果

俄军军事建筑体系注重转变职能，提高社会住宅设施和基础设施施

① 国防部网站，俄文网址：https：//itogi2018. mil. ru/。

工速度，取得许多成果。

实现基础设施建成与武器装备列装部队时间同步。全年完成了 3573 个总面积达 360 万平方米的建筑设施建设、改造和大修工程。通过应用示范与现代技术方案，在同等拨款情况下，建筑设施投入使用的施工速度同比提高 6%。每平方米军事设施的施工造价不超过 3.2 万卢布，整体低于全国。每投入 1 卢布就相当于引入资金 1 卢布 40 戈比。

机场网络改造的主体部分工作即将结束。在 19 个机场已铺设 370 多万平方米的人工路面飞行跑道。正在完成“伊斯坎德尔—M”导弹旅设施的施工。2013～2018 年间，为 10 个导弹旅建造 458 个建筑设施。

部队列装的所有“伊斯坎德尔—M”都处于标准条件下，随时可用。为改进和优化武器、导弹和弹药储存地，580 个储存仓库已建成 366 个，包括 2018 年的 221 个。可存放 21.8 万吨弹药的储存仓库施工将于 2019 年完成。继续积极建设战略火箭兵列装的机动与固定“亚尔斯”导弹系统的基础设施。6 个导弹团战斗发射阵地已全面投入使用，7 个已建成战斗值班场所。

第一个试点“纳拉”生产物流综合体投入运行，为其配置约 2000 件机械设备和约 1.8 万吨物资器材资源，解散 4 个过时基地和仓库。2019 年在特许权协议基础上，借助私人投资，在塞瓦斯托波尔和阿尔汉格尔斯克将再建 2 个生产物流综合体。

“俄罗斯石油公司”和“卢科伊”石油公司在军用机场建成 12 个加油站，还有 3 个在建。2019 年两家公司将再启动建设 12 个加油站。该项目石油公司方面的投资总额已达到约 170 亿卢布。

在建设北极基础设施的过程中，已完成“北莫尔斯克—1”机场 20 个设施的施工，重建 1 条起降跑道，并配备了保障飞行的先进无线电技术和照明设备。在亚力山大地岛，雷达分站和航空引导站营区的 59 个建筑设施正在施工。科捷利内岛的“捷姆普”机场的重建工作正在进行中。开始在季克西镇建造模块化营区，以安置2019年组建的北方舰队第3防空师部队。2019年将完成斯列德尼岛、弗兰格尔岛和施密特角用于部署防空雷达分队和航空引导站的基础设施建设。

俄军正在消除北极部署部队地区对生态的破坏。自2015年起共清理了10.4万平方公里的区域，收集18575吨废金属，运走1.6万吨。

九、推进军人社会保障政策落实到位

俄把解决军人的社会保障问题作为提高部队士气与战斗精神的重要手段。普京总统要求必须持续关注，认为只有深入了解和解决军人的迫切问题，俄才会加强国家保卫者的社会地位，提高服兵役的社会威望。对这项工作普京亲自推动、亲自听取汇报。

俄国防部积极抓好相关政策的落实。同俄联邦各主体领导人合作，解决军人及其家庭成员的社会问题。这项工作取得明显成效，排队等候入幼儿园的军人子女减少97%，需要就业的军人家庭减少近99%。俄联邦80个主体已全面解决这一问题。在达吉斯坦共和国、北奥塞梯—阿兰共和国和萨哈林州等地，还有202名儿童暂时还没有上幼儿园。同时，国防部全面落实俄联邦政府关于将467所幼儿园移交给地方自治机构管理的决定。

全面完成保障军人固定住房计划。年内8300名军人得到固定住房，其中2800人领取公寓补贴，5500人得到住房补贴。专项住房基金的发展速度提高4.5倍，使其容量增长到7.8万套公寓房。2018年，该基金增建了1.65万套公寓房，向3.55万个军人家庭提供公寓房。储蓄抵押贷款制度继续得到发展，年内又有4.3万名军人加入，同比增加一倍，64%以上的参与者是新签合同的列兵和军士。

落实总统作出的军人薪金指数化决定，军人薪金与主要经济部门工作人员的工资达到同一水平。对退休金和工资的年增资指数作出规定。2019 年 10 月军人工资将提高 4.3%，军人退休金将提高 6.3%。

完成现代军事医疗网络建设，提供具有国际标准的全面高科技医疗服务，完成 2013 年启动的将 29 家医疗诊所移交给俄联邦卫生部和俄联邦主体管理的工作。

医疗机构面貌发生变化：配备了先进设备，配置并运行远程医疗咨询和航空后送系统。三年来，军人发病率下降 16%，呼吸器官疾病下降 23%。有 1.5 万余名病人获得高科技医疗帮助，对卫戍部队军人组织了 187 次紧急和远程医疗咨询。自使用多功能医学创新模块以来，已挽救 1400 多人的生命。

十、扩大对外军事合作

俄军事合作活动涉及 98 个国家。军事技术合作方面，中国、印度、埃及、阿尔及利亚、越南是俄优先方向。俄在东盟框架内加强了军事交流，积极参与“东盟国家与对话伙伴国国防部长会议”对话机制，并继续加强与集体安全条约组织、独联体和上海合作组织国家的盟友关系。2018 年共举行 25 次不同层次的国际军演，集安组织集体快速反应部队“协作—2018”、上合组织“和平使命—2018”演习是其中最大的演习。莫斯科国际安全会议与会人数再创纪录，来自 95 个国家和 8 个国际组织的 850 多名代表出席。

“军队—2018”国际军事技术论坛成为俄军方与商界在促进国际军事技术合作方面开展合作的有效方式。来自世界 118 个国家的代表参加论坛，包括 102 个官方军事代表团，同比提高一倍。这表明其越来越受欢迎，已得到国际认可。

在总结 2018 年工作时，俄国防部长绍伊古不无骄傲地说，规定任务已全部完成。俄军“作战能力提高了11%，国家的防御能力维持在指定的水平。与2017年相比，核心指标在质量和数量上都有所提升”。俄罗斯国防部社会委员会主席古谢夫说：“俄罗斯历史上还从未有过90%的国民支持俄军，认识到这点是非常重要的。这是由于国家领导人对军队、军人及其家属采取的政策所致。”

西方制裁与中俄经贸合作

◎ 李建民

2014年乌克兰危机爆发后，美欧联手对俄罗斯发起多轮制裁。西方制裁的长期化和不断升级对俄经济造成的负面影响逐渐显现。在实力不对称的条件下，俄罗斯有选择地进行了反制裁，并在国内采取包括建立独立支付体系、“去美元化”、进口替代等一系列应对措施。西方制裁使中俄经贸合作的外部环境发生了根本性变化，美国对中俄双面施压或将成为中俄关系须面对的新常态。新形势下，如何深化合作、提质增速是面对的新问题，需要前瞻性和有针对性的研究。

国际制裁是一项颇受争议的对外政策工具，已有悠久历史，具体手段包括经济制裁、政治制裁、媒体制裁、科技制裁、金融制裁等，目前使用较多的是经济制裁。国际经济制裁是在软弱的外交交涉与后果严重的军事行动之间的一种相对廉价而有效的选择，是发起国推进其对外战略的一种非军事替代手段。一般而言，国际经济制裁就是通过限制经济往来给对方造成一定经济痛苦，从而达到特定的政治目标。经济制裁必然会对目标国产生消极影响，但未必能够达到目标，会经历一个消极影响的累积过程，即经由物质损失到利益分化加剧、认同破裂，再到抵抗

李建民，国务院发展研究中心欧亚社会发展研究所研究员。

意志崩溃，才能够实现经济制裁的终极目标。经济制裁尽管效果不一，冷战后仍被越来越多地使用。2014 年以来，美欧与俄罗斯之间的制裁与反制裁历经五年，制裁成为冷战以来西方与俄罗斯之间的最大冲突。目前美国仍在寻求制裁的长期化，这意味着制裁和国际油价大幅波动一起成为俄罗斯必须面对的新常态。

一、西方制裁路径及其对俄罗斯的影响

俄罗斯外交部数据表明，2014 ~2018 年底的五年间，美国欧盟联合 37 个国家共对俄发起 63 轮制裁①。其间，俄罗斯共有 385 人和 511 个机构进入美国的特别指定国民名单（Specially Designated Nationals and Blocked Persons List，SDNs）和行业制裁识别名单（Sectoral Sanctions Identifications List，SSI）。俄罗斯一些高官、大型企业领导，最主要的六大国有银行（占俄银行总资产的 54%）、俄罗斯天然气工业公司、俄罗斯石油公司等四大能源巨头（占石油天然气部门总收入的 95%），及九大国防工业技术集团公司，悉数上榜，加总相当于俄 GDP 的20% ~21%②。

美欧所提出的制裁理由包括：将克里米亚并入俄罗斯及乌克兰东部事件；谢尔盖·马格尼茨基③之死，腐败及破坏人权；根据《以制裁反击美国敌人法》（CAATSA）实施的制裁；俄罗斯黑客对美国选举系统进行网络攻击；叙利亚化武危机及俄对叙利亚政府提供支持；俄与朝鲜

---

① Пять лет санкций против России. Главное，2018 -12 -4，https：//www. rbc. ru/photoreport/21/12/2018/5c1d005d9a79477527485ded.

② Влияние санкций Запада на экономику России.

③ 谢尔盖·马格尼茨基是俄罗斯赫密塔吉基金管理公司（Hermitage Capital）的一名大胆揭露俄罗斯官员腐败的律师，曾经揭露了一起涉案金额达 2.3 亿美元的官僚诈骗案。2017 年 12 月 20 日，美国财政部宣布，依据与俄罗斯人权问题捆绑的“马格尼茨基法案”制裁 5 名俄罗斯人，其中包括俄联邦车臣共和国领导人拉姆赞·卡德罗夫。

当局作交易、俄前特工斯克里帕尔在英国离奇中毒事件等。基于上述理由，美国、欧盟对俄罗斯实施政治、经济、外交和军事的全面孤立，制裁的深度和广度不断加大，其中最严厉的制裁指向俄罗斯强行收回克里米亚及乌东事件。从制裁措施看，除限制俄罗斯部分高官和国企领导人入境、冻结其在国外账户外，还包括：禁止俄罗斯各大公司从欧美市场融资，禁止欧美国家公司向俄能源公司提供深海勘探开采技术和设备，禁止向俄国防技术公司出口商业和军事两用品，中止俄罗斯与部分欧洲国家的军事技术合作等。乌克兰也宣布停止向俄罗斯供应配件。

制裁对俄罗斯经济的负面影响主要表现在以下几方面。

第一，切断了俄银行和企业进入国际资本市场融资的渠道。人为中断了流动性，造成金融机构和非金融机构的严重缺血，约50%的银行资产受到直接影响。数家俄罗斯银行和企业被禁止向欧盟公司和公民发售期限超过90天的新债券和股票，信贷环境大大恶化，俄将面临中长期融资限制，原本疲软的经济雪上加霜。

第二，欲将俄罗斯从SWIFT（环球同业银行金融电讯协会）结算体系中剔除。美英一直以此威胁俄罗斯，可谓悬在俄罗斯头上的达摩克利斯剑。SWIFT是一个国际银行间非营利性的国际合作组织，成立于1973年，目前全球大多数国家的大多数银行都在使用SWIFT系统，因而SWIFT也是俄罗斯与全球金融体系连接的重要桥梁。俄与贸易伙伴的大部分双边合作仍用美元进行结算，这些结算活动主要通过由美国主导的SWIFT系统开展。美国通过SWIFT平台掌握有关国家、机构或个人的金融交易信息，限制被制裁对象通过国际清算通道进行国际支付，是美国对目标国家、机构及个人实施金融制裁最具威慑力的方式。这意味着，在美国认为必要时有可能冻结任何交易，甚至截断一个国家的结算通道。如果俄罗斯真的被剔除在外，短期内将对其造成破坏性影响，长期可能引发更严重的后果。俄第一副总理兼财政部长西卢安诺夫称，目前在俄罗斯的国际结算中，有1/3的美元付款被拖延，在国防合同中最多。

第三，严重打击投资者信心，恶化投资环境，引发资本外流。由于避险情绪升温，俄资本外流规模远超资本流入，这在制裁初期尤为严重。俄罗斯央行数据表明，境外直接投资在2014年初就逐渐停止进入俄罗斯。2014～2017年资本净流出额分别为1515亿美元、581亿美元、198亿美元和313亿美元。2018年国际石油价格平均上涨10～20美元/桶，俄中央银行预测，在俄产原油年均72美元/桶情况下，资本外流将达到660亿美元[①]。这意味着，油价上涨带来的超额利润将全部流向国外，显示了在高油价的有利条件下，俄罗斯经济表现的不正常。俄罗斯经济发展部原副部长、现俄罗斯对外经济银行首席经济学家克列帕奇指出，担心美欧继续对俄发起新的制裁是资本外流增加的直接原因[②]。

第四，严重打击俄能源和军工等支柱产业中长期发展潜力。俄油气产业对外依赖程度极高，几乎100%的软件、80%的大陆架开发技术、50%～60%的压缩机、20%的管材均需进口。除限制技术设备出口外，美欧还叫停多个与俄罗斯的大型合作项目。在俄罗斯引以为傲的军工部门，有186种武器需要从乌克兰进口零部件，其中包括用于电子战和航空设备的组件。有640种军事技术装备（主要是光学和电子设备）需要从北约和欧盟进口零部件和组件[③]。俄罗斯油田设备和油田服务市场主要由哈里伯顿、国民油井华高等美国公司把控，在制裁条件下，这些企业被禁止向俄罗斯出售相关产品和专利技术。俄工贸部承认，西方制裁不仅威胁到大陆架油气开采，而且影响到传统油田。从中期看，将会影

---

① Георгий Степанов: Сырьевые доходы ушли в отток капитала, 13－11－2018, https: //news. ru/den－gi/neft－rossiya－dohody－ottok－kapitala－klepach/.

② Клепач: все доходы России от дорогой нефти ушли в отток капитала, 13－11－2018, https: //www. vestifinance. ru/articles/110063.

③ Николай Устименко: Российский ВПК и Запад － проблемы импортозамещения, 8－07－2015, http: //www. ritmeurasia. org/news－－2015－07－18－－rossijskij－vpk－i－zapad－problemy－importozameschenija－18851.

响俄现有油田的开采量，而中止与欧洲军事技术合作的直接后果是，俄罗斯失去了快速补齐防务短板的机会。

第五，重创俄罗斯经济。对西方制裁造成的损失，俄国内没有公开的统一评估，俄财政部认为，2014 年制裁的直接损失为 400 亿美元；俄罗斯宏观分析与短期预测中心认为 2014 ~2015 年 GDP 下降 2% 在很大程度上与制裁有关；俄总统顾问和总统驻银行理事会代表格拉济耶夫认为，2015 ~2016 年制裁造成的损失达 2500 亿美元；俄“财经和会计顾问”战略分析研究所所长伊戈尔·尼古拉耶夫认为，五年来，制裁对俄造成的损失相当于 GDP 每年减少 1% ~1.5%。彭博社组织的最新研究认为，自 2014 年西方对俄制裁以来，俄经济损失了 6% 的增长率，加上原油价格下跌和通胀因素，俄经济再损失 4% 的增长率。2018 年考虑到所有负面因素，俄 GDP 增长比潜在预期低 10%[①]。虽然制裁是把双刃剑，发起国和目标国都会受到损失，但可以肯定的是，历经五年，经过精确计算的制裁措施预期效果已经显现：关闭高科技和金融市场目标指向是俄罗斯中长期发展，这些制裁正在对俄罗斯经济造成巨大破坏，特别是加剧了该国的技术落后，抑制了 GDP 的增长。2013 ~2018 年，俄 GDP 增速分别为 1.3%、0.6%、-3.7%、-0.2%、1.4%、2.3%。可以看到，最近 5 年来，俄经济一直在底部徘徊，2017 年即使走出危机阴影，增长也低于世界经济平均增幅。除结构性和周期性因素外，制裁是使俄原本严峻的经济形势进一步恶化的重要原因。

第六，制裁对金融领域、实体经济及居民生活造成普遍影响。根据俄罗斯社会舆情研究所 2018 年 8 月 31 日的调查，绝大多数被调查者（78%）认为，制裁对俄罗斯经济造成了确定的影响，其中 57% 的被调查者认为金融部门、54% 认为贸易领域、45% 认为工业部门、41% 认为

---

① Bloomberg оценило влияние санкций на российскую экономику, 16 - 11 - 2018, https://eadaily.com/ru/news/2018/11/16/bloomberg-ocenilo-vliyanie-sankciy-na-rossiyskuyu-ekonomiku.

能源综合体、36%认为信息技术部门受到制裁影响。有48%的被调查者认为，制裁已经直接影响到自己的日常生活，这些人中人均月收入高于10万卢布（相当于1万人民币）的占67%[①]。

二、俄罗斯应对西方制裁的措施

面对西方制裁，俄罗斯的应对之策可分为三大部分。

1. 对西方实施反制裁

梅德韦杰夫总理指出，制裁可视为美国发起的经济战争，对此俄罗斯将以各种方式回应。

（1）制定对应的制裁“黑名单”。针对美欧将俄罗斯某些官员列入禁止入境和冻结账户黑名单的做法，俄罗斯制定了对应的制裁名单，2014年3月20日、3月24日、8月22日，2015年5月31日，俄罗斯分别制定了针对美国、加拿大、日本和欧盟公民的黑名单，限制其入境俄罗斯。

（2）禁止西方部分食品进口。2014年8月6日，普京签署《采取特别经济措施保证俄罗斯联邦安全》的总统令[②]，俄罗斯宣布对来自美国、欧盟国家、澳大利亚、加拿大和挪威的牛肉、猪肉、水果、禽类、奶酪和乳制品实施一年期进口限制，列入限进令清单的食品涉及俄进口食品的近40%，约合91亿美元，其中欧盟占65亿美元。2015年8月

① Новые известия Уже половина россиян ощущают влияние санкций на свою жизнь 31 – 8 – 2018, https://newizv.ru/news/economy/31 – 08 – 2018/uzhe – polovina – rossiyan – oschuschayut – vliyanie – sanktsiy – na – svoyu – zhizn.

② Указ Президента РФ от 6 августа 2014 г. N 560, “О применении отдельных специальных экономических мер в целях обеспечения безопасности Российской Федерации”.

13 日，俄罗斯政府在禁止对俄罗斯出口农产品、原材料和食品的国家清单中增加了阿尔巴尼亚、黑山、冰岛、列支敦士登和乌克兰，自 2016 年 1 月 1 日起对这些国家实施反制裁。除了停止进口西方国家的农产品和食品，俄罗斯还宣布保留对西方汽车的进口制裁权。此后，俄政府每年 6 月举行工作会议，研究是否将反制裁措施继续延长。截至 2018 年 6 月，该措施已延期 4 次。2018 年 7 月 12 日决定，反制措施再次延期至 2019 年 12 月 31 日[①]。

（3）批准《反制裁法》。2018 年 6 月 4 日，普京总统签署了《关于影响（反制）美国和其他国家不友好行为的措施的法律》，即俄版反制裁法。该法律由议会下院议长沃洛金领导的杜马议员党团提出。《反制裁法》适用于美国及其他对俄罗斯、俄罗斯自然人和法人采取不友好举措的国家，还适用于参与对俄制裁的不友好国家所管辖、受这些国家直接或间接控制的实体或其分支机构，以及官员和公民。根据该法律，俄罗斯政府有权出台各种相应反制措施，包括：终止或暂停与不友好国家或机构的国际合作，禁止或限制与不友好国家或机构进行产品和原料进出口贸易，禁止或限制受这些国家管辖或控制的机构参与俄罗斯的政府采购项目和国有资产私有化项目等。

（4）成立专门的“反制裁司”。2018 年 7 月 20 日，梅德韦杰夫总理签署政府令，批准财政部成立反制裁司。反制裁司的成立使俄财政部有权制定和落实相关措施并协调各部委，以减少外部金融领域制裁给俄国家和法人造成的负面影响。该机构的设立有助于集中资源对新的制裁措施作出反应。

---

① Указом Президента РФ от 12 июля 2018 г. N 420 меры, предусмотренные настоящим Указом, продлены с 1 января по 31 декабря 2019 г. Указом Президента РФ от 30 июня 2017 г. N 293 меры, предусмотренные настоящим Указом, продлены с 1 января по 31 декабря 2018 г. Указом Президента РФ от 29 июня 2016 г. N 305 меры, предусмотренные настоящим Указом, продлены с 6 августа 2016 г. по 31 декабря 2017 г. Указом Президента РФ от 24 июня 2015 г. N 320 меры, предусмотренные настоящим Указом, продлены на 1 год с 6 августа 2015 г. http：//base. garant. ru/70711352/.

2. 金融领域的“组合拳”

（1）建立独立的国家支付系统。自 2014 年 3 月美欧对俄实施第一轮经济制裁开始，VISA（维萨卡）与 MasterCard（万事达卡）等国际清算平台就停止了对俄罗斯主要银行客户的相关服务。作为回应，2014 年 5 月 6 日，普京签署建立本国支付系统并确保国际支付系统工作连续性的法律。根据该法，俄将建立一个完全由央行控股的国家支付结算和清算中心，减少外来金融风险。2015 年 12 月，俄罗斯推出全国性电子支付卡系统（National Payment Card System），越来越多的俄罗斯银行开始与中国银联开展合作，使用中国银联卡支付服务。2018 年 5 月 23 日，俄央行行长纳比乌琳娜宣布，历经 4 年，俄已建立了自己的金融转移体系（SPFS），一旦美国对俄罗斯实施更严厉的制裁，该体系将保护俄罗斯免受环球 SWIFT 金融系统关闭的风险。据 2018 年年中的数据，已有 400 多家机构成为 SPFS 系统的使用者，超过俄罗斯在 SWIFT 系统的使用者数量。除建立国内独力支付系统外，俄罗斯还联手土耳其和伊朗打造三国支付系统。对欧盟拟建立独立于美国的欧版 SWIFT 系统，俄表达了积极参与的愿望。

（2）稳定国内金融市场。自 2014 年美欧发起制裁和国际油价暴跌以来，俄罗斯股市汇市大幅波动，央行采取一系列措施救市：要求超大型国有出口企业强制售汇，以帮助稳定卢布汇率。除加息和择机进行外汇干预外，央行还通过提供外汇贷款、放松资本金要求、提供外汇回购操作、延迟对不良贷款作出拨备、以外汇债务权作抵押获取新的外汇贷款等措施，来稳定市场。对系统性大银行注入流动性，并由存款保险局对流动性短缺的国内大银行进行临时托管；清理问题银行，以保证本国银行系统的稳定性。在西方制裁期间，为规避金融风险，俄一直在通过吊销营业许可证或缩小业务范围的办法清理问题银行，俄银行总数已从 2014 年 1 月 1 日的 859 家减少到 2018 年 12 月 1 日的 448 家。

（3）“去美元化”。俄罗斯69%的结算通过美元进行，高于62%的世界平均水平。在西方全面制裁的情况下，俄愈益意识到加快“去美元化”的必要性。2014 年以来，俄罗斯的“去美元化”主要在三个方向展开：第一，在进出口业务结算中加快向使用欧元、人民币和卢布过渡。2014 年以来，中俄双边贸易本币结算比例已达 15%，边境地区贸易已基本全部使用本币结算。俄罗斯与印度签署了使用卢布结算的 S—400防空反导系统采购合同，是苏联解体后首笔非美元结算的国产武器装备出口大单。近期，俄罗斯呼吁欧盟，如放弃对俄制裁，与欧盟的能源贸易改以欧元结算。2018 年 8 月，俄罗斯与土耳其达成协议，双边贸易直接用本币结算。减少银行资产负债构成中的美元占比。第二，实行国际储备多元化计划。俄国际储备是西方制裁的目标之一，自 2017 年 3 月起，俄央行不断下调美元在国际储备中占比，截至 2018 年 3 月 31 日，美元、欧元占比分别下调至 43.7% 和 22.2%；人民币占比则从一年前的 0.1% 增至 5%。自 2018 年 8 月 1 日起，俄央行将公民外汇存款强制性储备金上调 1 个百分点至 7%，希望借助这一措施推动央行减少接受外汇存款。除下调美元占比外，俄罗斯还大量抛售美债和增加黄金持有量，2018 年 3 ~5 月，美债持有量从原 1087 亿美元锐减至 149 亿美元，减幅达 84%。截至 2018 年 11 月，俄央行的黄金储备已增加至 2102.60 吨，在国际储备中占比达 17.6%。第三，提高卢布的吸引力。采用卢布作为政府结算手段，目前主要在独联体和欧亚经济联盟国家实行。在欧亚经济联盟内部，以卢布和本币结算的比重逐年提高，现已达到 60% ~70%。

由于担心美国进一步加大金融制裁力度，俄罗斯政府和中央银行正在努力采取防范措施。由财政部、中央银行和经济发展部联合制定的“去美元化计划”已上报政府，计划将于 2019 年开始系统实施。

3. 实施进口替代政策

为应对制裁和保障国家安全，自2014年10月起，俄罗斯开始在经济领域实施进口替代规划。政策安排上俄罗斯政府不仅希望通过进口替代缓解西方制裁影响，还希望能将其作为实施再工业化和结构调整的重心，提出进口替代与出口导向并举、再工业化和新型工业化并举的考量，使进口替代同时具有了国家安全战略、反危机策略、经济结构和产业政策调整战略、再工业化和新型工业化战略和政策的多重属性。

进口替代分为工业（包括军工和民用）和农业两大领域。为保证进口替代规划顺利推进，俄罗斯成立了高级别的领导机构。2015年8月4日，成立了以梅德韦杰夫总理为主席的联邦政府进口替代委员会，以及由两名副总理领衔的民用产品进口替代分委会和军工产品进口替代分委会。联邦工业贸易部、教育与科学部、财政部、自然资源和环保部、劳动和社会保障部、交通部、经济发展部、技术调节和计量署、铁路运输署、地下资源利用署、航天署、国家核能公司等单位成立进口替代专门工作组，参与协调。在做好组织保障工作的同时，2014年以来，围绕进口替代，联邦工业贸易部提出至2025年四大出口战略，涉及汽车、农机、飞机和铁路机械制造等优先领域。俄罗斯政府出台了《关于工业部门实施进口替代规划》《发展和提高工业竞争力国家规划》（下辖21个子规划，涉及2300个项目）、联邦《产业政策法》、联邦《关于禁止和限制在国防和国家安全订货中采购外国产品和服务的规定》《国家技术倡议规划》、俄罗斯政府《2015年保障经济稳定发展和社会稳定首要措施计划》、俄罗斯政府《2016年保障社会经济稳定发展行动计划》等一系列文件，对进口替代的目的、实施阶段、重点方向和领域作出明确规定，形成顶层设计，落地实施。

俄罗斯进口替代国家规划分两个阶段实行，2012~2015年为第一阶段，2016~2020年为第二阶段。用于落实规划的联邦预算拨款总额为

1.062 万亿卢布。按照计划，到 2020 年，俄总体进口依存度将从 88% 降至 40%。其中机器制造业从 44% 降至 29.5%，石油天然气设备从 60% 降至 43%，飞机零部件从 92% 降至 71%，汽车零部件从 44% 降至 38%，船舶从 55% 降至 30%，联合收获机从 67% 降至 36%，履带式拖拉机从 98% 降至 53%①。预计未来 5～7 年，俄罗斯进口替代进程的积极化将有助于保证工业产值增长 10%～15%。对进口替代措施的实施效果，俄国内评价不一，总体看，进口替代战略获得了部分的成功，农业和国防工业领域取得成效最大，农产品和军品成为仅次于能源的出口创汇产品和经济增长助推器。

从农业部门进口替代看，俄罗斯自 2003 年起已跻身世界主要粮食出口国行列，西方制裁和农产品反制计划及进口替代政策的实施，给予农业部门新的发展机遇和动力。政府通过加大对农业扶持力度，提供税收优惠和补贴，有效开发和合理使用农业用地，减少农副产品和食品进口，开拓新的出口市场等措施，使农业出现跨越式发展。2016 年俄罗斯首次超过美国和加拿大，成为全球最大小麦出口国，2018/2019 年度仍将保持小麦全球最大出口国地位。2014～2018 年俄罗斯农产品出口换汇分别为 189 亿、162 亿、170 亿、207 亿、260 亿美元，计划到 2024 年实现农产品出口 450 亿美元。除谷物等传统产品外，还扩大了糖果、植物油、肉类、食糖的出口。与此同时，肉类进口占比在逐年下降，其中猪肉和鸡肉进口下降幅度尤为明显。

表 1　主要食品进口在食品货源中占比（%）

	2014 年	2015 年	2016 年	2017 年	2018 年
肉、禽（包括带骨汤料）	19.6	13.4	11.0	10.5	7.7
牛肉（包括带骨汤料）	59.1	50.3	43.5	44.6	45.1

① Пятилетка импортозамещения 2015－2020，http：//pikabu.ru/story/pyatiletka_ importozameshcheniya_ 20152020_ 3574873.

续表

	2014 年	2015 年	2016 年	2017 年	2018 年
猪肉（包括带骨汤料）	17	12.3	9.6	9.9	2.0
鸡肉（包括带骨汤料）	9.8	5.7	4.9	4.5	4.2
香肠制品	2.4	1.2	1.5	1.6	1.6
动物油	35.7	25.8	24.8	27.0	17.9
奶酪	40.6	23.0	29.6	27.1	27.7
面粉	1.0	0.6	2.1	1.5	0.9
谷物	0.6	0.3	0.2	0.2	0.4
植物油	14.0	17.5	17.2	14.8	17.9
奶粉和奶油	45.2	56.4	59.8	54.2	34.5

资料来源：俄罗斯联邦统计局网站， 2018 年 12 月 27 日。

从国防工业部门进口替代看，西方制裁逼迫俄罗斯自力更生补齐国防工业短板。政府提出的目标是在 2018 年完成从欧盟和北约国家零件进口替代的 90%，从乌克兰进口军工产品全部由国产品替代。2020 年，国防工业部门进口依存度将从 70% ~90% 降至 50% ~60%，同时实现军工部门生产年均增长 10% ~15%。2014 年以来，普京亲自担任原隶属于政府的军事工业委员会主席，总抓和协调武器装备的研发生产，推动国防订货和进口替代计划落实。近年来，在经济下行、国防预算压缩的背景下，俄军仍有大量新式国产武器装备列装，同时通过服务创新，在亚洲开拓新的销售市场，保证并增加了武器出口。2015 ~2018 年，俄武器出口额分别为 145 亿、130 亿、150 亿、160 亿美元，土耳其、印度、卡塔尔等传统合作伙伴都决定购买俄罗斯的 S—400。2018 年，俄罗斯超过英国成为世界第二大武器出口国，共获得 550 亿美元的军火订单，稳中有增的武器出口对冲了美国的高压制裁。国家杜马国防委员会科学专家委员会成员、战略与技术分析中心副主任马季延科认为，2018

年是苏联—俄罗斯对外军事技术合作史上最为成功的一年①。

三、西方制裁背景下的中俄经贸合作

西方制裁使中俄经贸合作的外部环境发生了根本性变化，外部环境带来的不确定性上升。中俄同时被美国列为战略竞争对手，都处于美国的围堵、制裁和遏制之下，美国对中俄双面施压或将成为中俄关系须面对的新常态。从经贸合作的规模和深度看，中俄已成为高度互补、相互依存的经济合作伙伴，能源领域的突破性进展成为中俄战略协作进入新阶段的重要标志。新形势下，如何进一步深化合作，提质增速是面对的新问题，需要前瞻性和有针对性的研究。

1. 2018 年中俄贸易关系的新进展

（1）制度对接引领合作。中俄关系具有层次高、领域宽、内涵丰富等特点，中俄经贸合作以“政府导向型”为主，有完善的合作机制，政府间协议和规划起着重要的指导性和引领作用。2018 年 5 月，中国与欧亚经济联盟正式签署《欧亚经济联盟经贸合作协定》，中俄总理第 23 次定期会晤期间，在贸易领域中国商务部和俄罗斯经济发展部签署了《关于服务贸易领域合作的谅解备忘录》，在农业领域签署了《中国东北地区和俄罗斯远东及贝加尔地区农业发展规划》，在地区合作领域批准了商务部和俄远东发展部签署的《中俄在俄罗斯远东地区合作发展规划（2018 ~2024 年）》。这些文件的签署使中俄未来各领域合作有了更明确的目标。

① Россия достойно ответила на новые вызовы мирового рынка вооружений，25 - 12 - 2018，https：//rg. ru/2018/12/25/rossiia - dostojno - otvetila - na - novye - vyzovy - mirovogo - rynka - vooruzhenij. html.

（2）双边贸易额超过2014年历史最高水平。2018年前11个月，双边贸易额达到972.4亿美元，同比增长27.8%，其中中国对俄出口额增长12%，突破434.5亿美元。中国自俄进口额上涨44.3%，达537.8亿美元，全年贸易额将突破1000亿美元。从横向比较看，中俄贸易增幅超过同期中国外贸14.8%的增幅、俄罗斯外贸20%的增幅（1~10月）。中国连续9年成为俄罗斯第一大贸易伙伴和第一大进口国，双边贸易额相当于俄罗斯外贸总额的15%，中俄经贸的深化为俄罗斯抵御西方制裁提供了有力支撑。

（3）提质升级合作亮点增多，农业和服务贸易尤为突出。

一是农业成为中俄经贸合作新的增长点。5年来农产品产值增长20%，成为俄罗斯经济转型和增长的火车头。西方制裁和中美贸易战为中俄农业合作提供了新契机，俄罗斯希望用本国产品替代美国商品，填补中国市场空白。2017年俄罗斯对华出口农产品71.24万吨，出口额40亿美元，占俄罗斯农产品出口200亿美元的1/5，2018年将破百万吨，中国成为俄罗斯第一大农产品出口国。根据俄罗斯农业部与出口中心制定的2017~2024年农产品出口发展战略，俄方希望到2024年把对华农产品出口额提高到95亿美元。

二是跨境电商促进双边贸易增长。近年来，跨境电商在中俄经贸领域快速崛起，交易规模逐年增长，覆盖范围越来越广。2016年中俄跨境电商贸易额26亿美元，2017年增至35亿美元，2018年或达到50亿美元。中国已占俄罗斯跨境电商市场份额的53%，俄罗斯成为中国第三大跨境电商零售出口目的地国。中俄跨境电商在俄零售贸易额中的比重分别为：小家电9.5%，服装5.8%，鞋类4.5%。2018年其贸易额仍然稳定增长。跨境电商的发展还带动了两国物流仓储业的发展，两国电商及物流企业不断加强基础设施建设，提高物流时效，跨境电商合作已进入新阶段。

三是金融合作取得突破。两国金融合作规模不断扩大，合作层次不断深化，合作领域不断拓宽，合作模式不断创新。中俄边境地区贸易基本实现本币结算，中俄贸易中本币结算比重已提升至15%。随着中俄能源合作规模扩大和不断深化，为避免美元结算的汇率波动风险，原油贸易已改用人民币结算。2018 年人民币与卢布互换交易额同比增长1.5 倍。

四是旅游合作成为发展新亮点。中俄两国积极推进简化签证、增加直航航班、打造特色旅游线路，加强旅游推广等措施，旅游合作机制日趋完善，旅游交流规模持续扩大，旅游双向往来呈现双双增长，中俄已互为重要的旅游客源国。旅游合作增进了两国民众对相互文化历史的了解。旅游合作市场的潜力不断释放，带动了地区产业转型，促进了交通运输、城市建设、商贸、餐饮服务、文化娱乐等行业的发展。

（4）能源合作成为拉动双边经贸的火车头。能源合作是中俄合作内生性动力的生动体现，合作的基础首先是政治互信。2017 年，中国石油和天然气对外依存度分别为 70% 和 39%。自 2014 年起，俄罗斯已连续 5 年成为中国第一大原油进口国。目前，中俄原油贸易分别占各自石油进出口的 15% 左右。在中美贸易战背景下，中国一度停止进口美国液化气，转而从俄罗斯进口。2018 年 7 月 19 日，中俄能源合作大项目——位于北极圈内的亚马尔液化天然气项目，向中国供应的首船液化气通过北极东北航道运抵中石油旗下的江苏如东液化气接收站。2018 年 12 月 11 日，亚马尔液化天然气项目第三条生产线投产。俄罗斯驻华大使杰尼索夫认为，中俄能源领域的合作已成为中俄双边关系的核心，俄罗斯向中国出口中 70% 是矿物和燃料的原产品及其附属产品，能源合作对中俄是双赢的合作，俄罗斯愿意在能源领域同中国开展长期且稳定的供货合作。

（5）石油价格上涨助推贸易额扩大。原油和天然气在俄罗斯对华出口中所占比重较大，价格变化对双边贸易额变化有较大影响。首先，俄罗斯乌拉尔原油价格跟着布伦特油价走，2015 ~ 2018 年，布伦特原油价格每桶分别为52.4、44、54和72美元，2018年俄对华出口量价齐增，但价格仍然是重要因素。其次，美国得克萨斯州中质原油每桶价格比布伦特原油便宜5美元以上，而且美产原油的价格有一定折扣优惠。再次，中国进口美国液化气到岸价约为0.175美元/立方米，折合人民币1.18元/立方米，俄罗斯是2.4元/立方米。表明中俄贸易额的增长与原油价格有直接关联，中方有可能是花更多的钱进口更贵的油气，是否表明双边贸易规模的真正扩大值得研究。

2. 合作前景及基本原则

在可预见的未来，在中美贸易战前景不明、美国对俄制裁升级的背景下，中国经济下行压力加大，俄罗斯经济增长仍将低于世界经济平均增长率，双方在货物贸易领域已经没有大幅度提升的空间。中俄经贸合作要行稳致远，仍要坚持顶层设计，拓展领域，科学规划，协调发展。

一是进一步提升战略互信。在逆全球化思潮、贸易保护主义、单边主义抬头，国际形势充满不确定性的背景下，中俄要抱团取暖，相互借力。2014年以后，在与美欧关系迅速降至谷底后，俄罗斯更倚重中国是一个客观趋势。从长远看，中俄关系发展的动力机制需要从外部驱动为主转向内外平衡驱动。两国需着眼中长期的战略需要，适应国际和地区形势的动态变化，适应双方国内的改革和发展进程，以新思维、新方法和新路径推动关系的深入发展，形成更深层次的互惠和共赢。

二是坚持平等合作，和而不同，求同存异，以市场为导向，在达成共识的领域寻求进一步的合作。中俄之间是一种复合相互依赖关系，由于经济体量和国际影响力不对称，利益诉求往往不尽相同，双方寻求的是各领域合作的利益平衡，只有相互补充和妥协让步才能使中俄经贸合作更富有弹性。

三是深入挖掘经贸合作潜力。由于长期的原油供应合约以及中国石油天然气需求增加的现实，中俄油气贸易规模还将继续保持在高位。在油气领域的大型项目上，中俄双方各取所需，不存在大幅转向的可能，未来中俄能源合作将继续在进一步推进双边关系中扮演重要角色。除能源合作外，基础设施联通、产能合作、服务贸易、农业合作、科技合作均有较大增长潜力和发展空间。

四是在规避美国长臂管辖风险的前提下开展金融合作。美国制裁的特点是针对性制裁和辅助性制裁并行。所谓针对性制裁主要是针对目标国内特定的集团或个人，目的是将影响集中于领导人、政治精英和被认为应对不受欢迎的政策负责的社会成员身上，以减少国际舆论的谴责和目标国抵制的民众基础，分化和转移矛盾。而辅助性制裁则以进一步强化对目标国寻求国际替代的打击而采取的一种带有治外法权性质的政策，它不仅要打击目标国，而且还要打击与目标国进行经济交往的第三方国家的公司。他们认为这些经济交往支持和帮助了这些政府，因而同样负有责任。中国在对俄投资和融资领域会面对美国长臂管辖的风险，需要未雨绸缪，早作预案。

充分利用中俄地方合作的积极因素

◎ 田永祥

当前，中俄全面战略协作伙伴关系在相互尊重、互利合作的基础上不断向前发展，达到前所未有的高水平。在此背景下，中俄地方合作方兴未艾，蓬勃发展，合作地域更加广阔，机制更加健全，形式更加丰富，平台更加多元。中俄地方合作成为推动中俄关系向前发展的强劲动力。

一、两国高层引领是促进中俄地方合作的最主要因素

中俄建交以来，两国最高领导人虽几经变换，但始终保持深厚友谊与密切交往，中国国家主席江泽民、胡锦涛、习近平与俄罗斯联邦总统叶利钦、普京、梅德韦杰夫关系密切，友谊深厚，为发展和深化中俄关系谋篇布局，掌舵领航，对中俄关系的顺利发展起了至关重要的作用。中共十八大至十九大期间的5年，习近平主席6次前往俄罗斯，在访问俄罗斯以及参加20国集团、金砖国家、上海合作组织等重要会议期间与普京总统举行20多次会晤。高层交往既推动中俄全面战略协作伙伴

田永祥，国务院发展研究中心欧亚社会发展研究所研究员。

关系不断深入发展，也是促进中俄地方合作的最主要因素。

中俄两国领导人在互访对方国家时，除首都外均多次到外地参观访问。如江泽民、胡锦涛、习近平除访问过圣彼得堡外，还分别访问过新西伯利亚、喀山、符拉迪沃斯托克等地。叶利钦、普京、梅德韦杰夫则分别访问过上海、哈尔滨、西安、大连等城市。通过访问地方，直接了解当地经济社会情况，参观或视察两国地方合作项目，直接对中俄地方合作起了促进作用。与此同时，中俄两国领导人在访问对方国家时，代表团中有时包括本国地方领导人，或者举行有地方领导人参加的配套活动，这也为两国地方合作起了推动作用。此外，中俄两国领导人在互访时，还经常出席两国重大政治文件和经贸科技人文领域合作项目的签约仪式，其中包括地方合作项目，这也是对两国地方合作的巨大鼓舞与推动。

特别需要指出的是，2018～2019 年举办的中俄“地方合作交流年”，得到了两国元首的高度重视。2018 年 2 月习近平和普京分别向中俄地方合作交流年开幕式致贺词。习近平在贺词中指出，地方是中俄开展全方位互利合作的重要力量，相信这项重大活动将激发两国地方合作热情，挖掘双方合作潜力，带动更多地方、企业、民众加入中俄友好合作和共同发展事业，为中俄关系持续健康稳定发展提供更加强劲的动力。相信两国政府和各地方将密切合作、精心组织，将中俄地方合作交流年打造成中俄关系的新亮点[①]。普京在贺词中表示，地方合作是俄中关系的重要组成部分。俄中地方合作交流年这项规模宏大的活动是对双方互办国家主题年传统的延续，旨在加强俄各联邦主体和中国各地方的联系和互利合作。双方将在地方合作交流年框架内举办上百项活动，包括投资推介会，贸易、工业和农业展览会、研讨会、艺术节、团组互访等。两国地方代表还将在圣彼得堡国际经济论坛、东方经济论坛、俄中

① 《人民日报》，2018 年 2 月 8 日。

博览会框架内积极交流接触。相信俄中地方合作交流年有助于双方落实各领域富有前景的倡议，充分开发地方合作的巨大潜能①。

2018 年 9 月，中国国家主席习近平应普京总统邀请出席在符拉迪沃斯托克举行的第四届东方经济论坛，习近平在论坛全会致辞中全面总结中方参与俄罗斯远东合作的丰硕成果，阐明当前中俄远东合作和东北亚地区发展面临的历史机遇，提出增进互信、深化合作、互学互鉴、着眼长远等四点倡议，为新形势下共创东北亚地区美好未来描绘清晰的路线图。两国元首就中俄地方经贸合作问题深入交换了意见，达成了广泛共识，并共同出席了两国地方领导人对话会，有力推动了两国地方合作②。

二、两国发展经济的需求是促进中俄地方合作的关键因素

中国和俄罗斯都在全力发展本国经济，改善民生，提高本国综合国力和人民生活水平。中国提出了从 2020 年到 2035 年基本实现社会主义现代化，从 2035 年到 21 世纪中叶把中国建成富强、民主、文明、和谐、美丽的社会主义现代化强国的宏伟目标。俄罗斯总统普京在 2018 年 3 月国情咨文中提出，从 2018 年起的未来六年时间内，俄罗斯经济增速要超过世界经济平均增速，到 21 世纪 20 年代中期，俄罗斯经济要稳居全球前五位，俄人均 GDP 增长 50%。中俄要实现各自的经济发展目标，除依靠国内各种资源和市场外，在世界经济全球化、各国金融、交通、信息、网络联系日益紧密的今天，必须扩大对外开放与合作，以他国之长补己之短，以本国之长予他国之利，力争优势互补，互利共

① 《人民日报》，2018 年 2 月 8 日。
② 《人民日报》，2018 年 9 月 13 日。

赢，从而推动本国经济的发展。

从目前中俄两国地方各领域合作情况看，绝大多数都属于优势互补，对两国地方经济发展起到拉动和促进作用。如在基础设施建设方面，目前正在建设的同江—下列宁斯阔耶铁路大桥、黑河—布拉戈维申斯克公路大桥以及对俄口岸改造升级等项目，对中国东北振兴战略与俄远东开发战略相对接，促进黑龙江省与俄远东地区基础设施互联互通以及深化与俄远东地区合作，必将产生重要影响。在投资领域，中俄地方合作也是各尽所长，如黑龙江省对俄投资主要涉及石油、天然气、森林采伐和木材加工、农业土地承包、矿产资源开发与利用等领域。截至 2017 年，黑龙江省备案对俄直接投资企业 574 家，建设项目 674 个，投资总额占中国对俄投资的 1/3。俄罗斯成为吉林省首要境外投资目的国，2017 年底吉林省累计在俄投资企业已有 171 家。广东、浙江、江苏、山东等经济发达省份对俄投资主要集中在机电装备、电子产品、家电服装等领域，这既符合中国地方的产业优势，也符合俄罗斯的资源和经济结构特点。从贸易领域看，黑龙江以及中国沿海省份对俄出口的主要商品有机电、电子、化工、纺织、玩具、农副等产品，而中国地方自俄进口的主要商品为原油、原木、锯材、肥料、铁矿砂及其精矿、粮食、纸浆、煤、成品油、合成橡胶等，中俄地方经贸合作积极对接对方需求，对促进各自地方经济发展具有重要作用。

特别值得指出的是，2018 年中方设立了首期 100 亿元、总规模 1000 亿元人民币的中俄地区合作发展投资基金，推进重大合作项目落地，充分体现了中国对中俄地方合作的高度重视①。

---

① 振兴东北网，2018 年 9 月 20 日。

三、两国维护边疆地区稳定的需求是促进中俄地方合作的重要因素

中俄均属国土广袤、疆域辽阔、人口众多、民族数量较多的国家。两国相邻地区不同程度存在经济发展缓慢和维护社会稳定等问题。就中国来说，与俄罗斯毗邻的东北地区主要是市场化程度不高，国有企业活力不足，民营经济发展不充分，新兴产业发展偏慢，社会保障和民生压力较大，人才流失等问题；而与俄罗斯毗邻的中国西北地区除经济发展缓慢外，还面临打击分裂势力和防范恐怖活动等问题。对俄罗斯而言，与中国接壤的远东地区基础设施薄弱，经济发展落后，人口稀少且流失严重，出现了许多废弃的村庄和小城镇。远东地区的落后状况对俄边疆稳定及领土安全带来的消极影响不容忽视。

中俄两国政府均高度重视发展两国毗邻地区，分别提出了振兴中国东北地区和发展西伯利亚远东地区的战略规划，同时推进两个战略规划的对接，制定了《中华人民共和国东北地区与俄罗斯联邦远东及东西伯利亚地区合作规划纲要（2009～2018年）》。尽管从目前情况看难以按计划完成合作规划纲要中定下的项目，但毕竟促进了两国毗邻地区的合作，为今后的合作积累了经验，打下了基础。此外，中俄两国毗邻地区还与日本、朝鲜以及中亚国家接壤，但由于政治经济地缘历史等方面的原因，两国毗邻地区与第三国的合作并不密切。2016年中国已跃升为俄远东地区最大的贸易伙伴，对华贸易额占俄远东联邦区外贸总额近四分之一。双方启动了能源、矿产、航空、船舶、农林、港口建设等领域的一批重点投资合作项目，开建包括界河桥梁、跨江索道、公路口岸等在内的多条跨境通道。地方合作促进了两国毗邻地区的发展，增加了居民就业机会，提高了居民收入，为促进边境地区稳定发挥了积极作用。

四、“一带一盟”对接为中俄地方合作提供新机遇

中国领导人2013年秋提出“一带一路”倡议后，得到许多国家和国际组织的高度评价和积极响应。俄罗斯作为“一带一路”沿线的最主要国家和中国的战略合作伙伴，积极支持“一带一路”倡议。普京曾多次表示，“丝绸之路经济带”建设与欧亚经济联盟建设对接具有全球意义，这将给俄中双方和地区带来巨大发展机遇。2015年5月，中俄两国元首共同签署了《关于丝绸之路经济带建设和欧亚经济联盟建设对接合作的联合声明》，从战略高度和长远角度对“一带一路”框架下务实合作作出规划，进一步拓宽了双方战略合作空间，对推动中俄地区合作具有重要意义[①]。

近年来，“一带一路”与“欧亚经济联盟”对接框架下的中俄地方合作取得了积极成效。在政策沟通方面，2016年4月和11月中国先后出台了《关于全面振兴东北地区等老工业基地的若干意见》和《东北振兴十三五规划》，明确提出“努力将东北地区打造成为我国向北开放的重要窗口和东北亚地区合作的中心枢纽”，“加强东北振兴与俄远东开发战略衔接，深化毗邻地区合作”。2015年10月俄罗斯颁布了《俄罗斯远东联邦区和贝加尔地区等边境地区发展构想》，具体规划了俄罗斯远东联邦区和贝加尔地区与中国东北等邻近地区开展跨区域合作的目标、任务与措施。在设施联通方面，同江铁路大桥、黑河公路大桥开工建设，《中蒙俄经济走廊规划纲要》已经制定并开始实施，“滨海1号”“滨海2号”中俄跨境运输走廊建设也将启动。在贸易畅通方面，中俄都推出通关便利化措施，2017年中俄贸易额达到870亿美元，2018年

① 新华网，2015年5月9日。

有望突破千亿美元，地方贸易占有很大比重。在资金融通方面，中俄建立了丝路基金、亚投行、两国银行合作机制等多元平台。中国国家发改委设立中俄地区合作发展投资基金，总规模1000亿元人民币，推动中国东北地区与俄罗斯远东开发合作。在民心相通方面，两国毗邻地区在教育、文化、旅游、卫生等领域合作不断深化，增进了两国人民之间的了解与友谊。

五、中俄签署的重要文件、建立的区域合作机制以及结成的友好城市为深化地方合作奠定了坚实基础

中俄建交以来，两国元首和政府首脑经会晤先后发表了诸多重要政治文件，如《中俄联合声明》《中俄关于世界多极化和建立国际新秩序的联合声明》《世纪之交的中俄关系》《中俄睦邻友好合作条约 》《关于中俄边界问题的联合声明》《中俄关于全面战略协作伙伴关系新阶段的联合声明》《关于进一步深化全面战略协作伙伴关系的联合声明》等，至今总共签署的联合声明和联合公报多达20多个。这些重要文件不仅确定了两国关系发展的原则和方向，而且也高度关注中俄两国地方合作，强调建立地方合作机制，加强地方合作是深化中俄关系的重要方面。

如《中俄关于全面战略协作伙伴关系新阶段的联合声明》就明确指出，中俄双方要“积极推进地方合作，扩大地区合作范围和领域，完善地区合作机制，推动地区交流向计划性和定期化转变”；“加快发展跨境交通基础设施，包括建设同江—下列宁斯阔耶和黑河—布拉戈维申斯克界河桥，改善中方货物经俄铁路网络、远东港口及北方航道过境运输条

件。”[①] 这就为中俄地方合作在政治上和法律上奠定了发展基础。2004年10月签署中俄国界东段补充协定，标志着两国边界线走向全部确定，4300多公里的共同边界从此成为两国人民和平、友好、合作、发展的纽带，更为两国毗邻地区的合作提供了便利条件。

近年来，中俄为深化地方合作还开拓创新，建立了中国东北地区和俄罗斯远东及东西伯利亚地区合作机制、中国长江中上游地区和俄罗斯伏尔加河沿岸联邦区合作机制。中俄双方签订了《中华人民共和国东北地区与俄罗斯联邦远东及东西伯利亚地区合作规划纲要（2009～2018年）》《长江中上游地区与伏尔加河沿岸联邦区开展合作的议定书》。2015年建立了中国东北地区和俄罗斯远东地区地方合作理事会，2017年又将理事会升格为中国东北地区和俄罗斯远东及贝加尔地区政府间合作委员会，并纳入中俄总理定期会晤机制。2013年成立了中国长江中上游地区和俄罗斯伏尔加河沿岸联邦区合作工作组，2016年又成立了中国长江中上游地区和俄罗斯伏尔加河沿岸联邦区地方合作理事会，先后在中国武汉、重庆、合肥以及俄罗斯下诺夫哥罗德、萨马拉、喀山等地举行活动，极大地推动了中俄两河流域的合作，将两国地方合作从东北相邻地区向内地扩展，开创了两国之间非毗邻地区合作新模式。利用好上述区域合作机制，可以汇各方之所力，集各方之所长，融各方之所智，实现中俄地方合作的“规模效应”和“示范效应”，从而带动更多地方参与两国合作。

2018年9月习近平主席出席东方经济论坛期间，中俄两国相关部门签署了《中国在俄罗斯远东地区合作发展规划（2018～2024年）》，并在中俄总理第23次定期会晤期间正式批准，成为指导两国地方合作的又一重要文件。该规划详细介绍了俄远东地区中俄战略合作项目和基础设施项目，全面阐释了远东地区中俄经贸合作发展机制，推介了在俄远

① 新华网，2014年5月20日。

东地区开展中俄经贸合作的七个优先领域，包括天然气与石油化工业、固体矿产、运输与物流、农业、林业、水产养殖和旅游等，中方相关部门正在积极落实①。

此外，在中俄友好、和平与发展委员会中，还设立有地方合作理事会，专门协商两国地方合作事宜。中俄两国还建立了一大批友好省州和城市，截至 2017 年年底，两国共建立 30 多对友好省州和 100 多对友好城市，涵盖中国 29 个省、自治区、直辖市和俄方大部分联邦主体。双方友好省州和城市在经贸、投资、科教、人文等领域开展了广泛交流与合作，有力地推动了地方经济社会发展。

六、中俄已搭建的多个合作平台为深化地方合作提供了有力支撑

中俄两国为发展和深化双边关系不断进行创新，采取丰富多彩的形式和搭建不同类型的平台为双边合作注入动力。就地方合作而言，主要有以下几个方面。

一是延续国家友好年的效应，2018～2019 年举办“地方合作交流年”。2006～2007 年为国家年，2009～2010 年为语言年，2012～2013 年为旅游年，2014～2015 年为青年友好交流年，2016～2017 年为媒体交流年。这些不同主题的中俄友好年，为发挥中俄全面战略协作伙伴关系的潜力注入强劲动力，2018 年开始的地方合作交流年也必将取得丰硕成果。习近平主席致普京总统 2018 年新年贺电明确指出：“我相信，2018 年和 2019 年将举办的中俄地方合作交流年活动必将全面扩大和深

① 中华人民共和国商务部网站，2018 年 11 月 15 日。

化两国地方交往，使中俄世代友好、共同振兴的理念更加深入人心。”①

二是中俄两国合办或地方单独举办侧重中俄参加的各类博览会，为两国地方合作提供了对接便利和合作商机。中俄博览会是两国政府主办的国家级博览会，其前身是在哈尔滨举行的中国哈尔滨国际经贸洽谈会。2013 年 10 月，中国商务部、俄罗斯经济发展部与黑龙江省政府三方签署协议，确定 2014 年起将中国哈尔滨国际经济贸易洽谈会更名为“中国—俄罗斯博览会”，轮流在中国哈尔滨和俄罗斯叶卡捷琳堡举办。该博览会的影响越来越大，中俄越来越多的省州派团参会，作为中俄间贸易、投资平台的功能不断加强。在中国长春举办的东北亚投资贸易博览会，在俄罗斯新西伯利亚、克拉斯诺亚尔斯克、哈巴罗夫斯克、符拉迪沃斯托克举办的各类投资经贸会，也吸引了越来越多的中俄地方和企业参加。2018 年 11 月在上海举行的中国国际进口博览会，俄罗斯为 12 个主宾国之一，俄总理梅德韦杰夫率领众多俄罗斯联邦主体领导人和企业负责人参加，与中国相关地方、部门和企业达成不少经贸合作协议，成为推动中俄地方合作的又一重要平台。

三是中俄举办的各类经济论坛和研讨会，为深化中俄地方合作起到智囊作用。多年来中俄单独或联合举办的各类经贸投资论坛或研讨会越来越多，规模越来越大。如在中国北京、上海、哈尔滨、长春等地，经常举行由官方、科研机构、大学举办的以发展中俄关系为主题的各类会议，邀请俄罗斯官员、企业家、学者参加，两国与会人员建言献策，凝聚共识，为促进中俄地方合作提供智力支持。俄罗斯也在西伯利亚和远东地区举办各种聚焦中俄关系发展的论坛或研讨会，如自 2015 年起俄每年都在符拉迪沃斯托克举办的东方经济论坛，如何促进中俄经贸合作和中国参与俄罗斯远东地区开发是论坛的重要主题。中国政府高度重视东方经济论坛，时任中国国务院副总理的汪洋、中国全国人大常务委员

① 《人民日报》，2018 年 1 月 1 日。

会副委员长陈昌智分别参加过 2015 年、2016 年的东方经济论坛，2018 年 9 月习近平主席亲自出席第四届东方经济论坛。中俄双方均认为，两国是远东开发的良好合作伙伴，中俄远东地区开发合作的前景十分广阔。

总之，纵观各国区域和地方合作，历来是毗邻而居，相依而兴。尽管目前中俄地方合作仍面临某些难点，但促进中俄地方合作的积极因素占据主导面。随着中俄关系的全面深化，这些积极因素将发挥越来越大的作用，中俄地方合作必然跃上新台阶。

中俄经贸合作跨上新台阶

◎ 刘华芹

本文从法律基础构建、合作机制建设、货物贸易增长、服务贸易发展、中国扩大对俄罗斯投资，以及两国边境地方合作快速推进等角度，全面阐述2018年中俄经贸合作取得的成就，双边贸易额突破1000亿美元是两国经贸合作的历史性突破，由此跨上新台阶。着眼于长远发展，中俄两国还需破解经贸合作中深层次的制度性障碍和合作机制的缺陷，调整发展思路，由重项目转向重规则，弥补合作的制度短板。合作路径由单一的项目合作转向制度建设与项目合作双轮驱动，助力中俄经贸合作向高质量转变，为可持续发展提供长期制度性保障。2019年，面对世界经济发展不确定性增强、两国经济下行压力有所加大的严峻形势，中俄应加强两国合作的制度与规则建设，大力完善营商环境，使合作逐渐由能源及矿产资源领域向农业、服务贸易、制造业和高新技术领域全方位拓展，创新合作方式，提升合作水平，力争再创佳绩。

2018年，美国在全球范围内挑起贸易战，加剧了世界经济的动荡。在此背景下中俄两国政界和商界齐心协力，攻坚克难，在共建“一带一路”的推动下双边经贸合作取得历史性突破，步入发展新阶段。

刘华芹，国务院发展研究中心欧亚社会发展研究所研究员，商务部国际贸易经济合作研究院研究员。

一、中俄经贸合作成绩斐然

2018年以来，中俄经贸合作在各领域全面推进，合作成效令人瞩目。

1. 两国经贸合作的法律基础进一步巩固

为了推动经贸合作向多领域快速发展，2018年中俄两国政府部门签署了一系列法律文件，其中在俄罗斯举办的东方经济论坛上双方签署了《中俄远东地区合作发展规划（2018～2024年）》，为两国在俄罗斯远东地区开展合作提供指导，为双方地方和企业的合作提供行动指南，同时还签署了《关于建立中国东北地区和俄罗斯远东及贝加尔地区实业理事会的谅解备忘录》。在中俄总理第二十三次定期会晤期间双方签署了《关于服务贸易领域合作的谅解备忘录》，两国海关部门签署了《电子商务通关监管合作备忘录》，两国运输部门签署了《中华人民共和国政府与俄罗斯联邦政府国际道路运输协定》，两国农业部长签署了《中国东北地区和俄罗斯远东及贝加尔地区农业发展规划》。5月份，在哈萨克斯坦阿斯塔纳经济论坛期间，中国商务部与欧亚经济委员会签署了《中国与欧亚经济联盟经贸合作协定》，力求进一步减少非关税贸易壁垒，提高贸易便利化水平，为产业发展营造良好的环境，为双方企业和人民带来实惠。这些文件夯实了双边经贸合作的法律基础。

2. 以新型合作机制拓展双边经贸合作

在东方经济论坛上，中俄建立了中国东北地区和俄罗斯远东及贝加尔地区实业理事会，以促进企业间项目对接，为企业提供信息咨询服务并解决合作中的各种具体问题。此外，中俄地方经贸合作论坛在四川省、陕西省、山东省等地相继举办，为促进地方经贸合作搭建了新平台。俄罗斯院士行（青岛）国际技术转移对接会暨中俄国际技术转移中心成立，为沃罗涅日与青岛的国际合作搭建了桥梁，加深了两国技术和人才交流合作。此外，中国广州—独联体国际技术转移中心已同俄罗斯国家科学院远东分院、乌拉尔分院、西伯利亚分院和圣彼得堡科研中心、全俄商务联盟等机构建立了密切的合作关系，在引进应用技术助力中国产业转型升级方面发挥了积极作用。

3. 双边货物贸易创历史新高

（1）两国贸易首次突破 1000 亿美元。根据中国海关统计，2018 年，中俄双边贸易额达到 1070 亿美元，同比增长 27.1%，高出同期中国对外贸易 11.1% 的增幅。其中，中方对俄出口 479.8 亿美元，同比增长 12%，高于同期中国对外贸易出口 9.9% 的增速；中方自俄进口 590.8 亿美元，同比增长 42.7%①，远超同期中国对外贸易进口 15.8% 的增幅。中俄贸易增幅位列中国双边贸易增幅的首位。全年贸易额首次突破 1000 亿美元。中国已连续 8 年保持了俄罗斯第一大贸易伙伴国的地位。

（2）双边贸易结构逐渐优化。俄罗斯能源产品与中方机电产品之间的贸易，体现了双边贸易结构的主要特征。2018 年 1～10 月，中方对俄机电产品出口 148.9 亿美元，同比增长 14.3%②。近年来，农产品成为双边贸易的亮点。根据俄方统计，2018 年 1～9 月，俄罗斯对华农产品出口同比增长 43%，增加了 18 亿美元，两国农产品贸易额达到 32 亿美

① “《2018 年中国外贸总额创历史新高达 4.62 亿美元》，海关总署网站，2019 年 1 月 4 日。

② “2017 年 10 月对部分国家（地区）出口商品类章金额表”，《2018 年 10 月对部分国家（地区）出口商品类章金额表》，海关信息网。

元[①]。鱼和海产品，植物油、大豆及巧克力成为俄对华出口的主要商品，此外，俄罗斯的面粉、奶制品和肉制品也受到中国消费者的欢迎。农产品贸易规模的扩大有利于提高人民的生活品质，使人民有更多的获得感和幸福感。

（3）跨境电商得到快速发展。跨境电商作为一种新型贸易方式在中俄两国之间极速扩大。2018 年 9 月，在俄罗斯的东方经济论坛上中方的阿里巴巴集团与俄罗斯直接投资基金（RDIF）、Mail. Ru 集团、MegaFon 宣布建立新的战略合作伙伴关系，成立合资公司从事跨境电商业务，涉及跨境、本地和直销服务等。2018 年，中俄跨境电商贸易额预计超过 40 亿美元[②]。每年在俄罗斯大约有 2200 万人进行网购，中国阿里巴巴集团旗下的速卖通成为俄罗斯百姓网购的首选网站，占了俄罗斯跨境电商市场份额的 53%[③]。中俄跨境电商为俄罗斯的消费者带来了更多福利，改善了他们的生活质量。

4. 服务贸易实现显著增长

在共建“一带一路”的推动下中俄两国服务贸易逐年攀升，其中跨境运输、旅游服务、教育服务以及金融合作成为服务贸易的增长点。

（1）中欧班列引领跨境运输发展。在“一带一路”互联互通的带动下，中欧班列保持快速增长态势。根据中方统计，截至 8 月 26 日，中欧班列累计开行 1 万列[④]。2018 年 1 ~ 6 月，经满洲里、二连浩特口岸过境俄罗斯的中欧班列开行 1328 列，同比增长 64.1%，运送集装箱

---

① “Россия увеличила экспортпродукции АПК в Китай на 43%”，俄罗斯统计，ru. good. ru，2018 年 11 月 7 日。

② “俄罗斯驻华大使：2018 年中俄关系在各领域取得长足进展”，中国发展门户网，2018 年 12 月 13 日。

③ “中俄跨境电商发展需变中求稳”，中国国际贸易促进委员会服务贸易专栏，2018 年 11 月 22 日。

④ “中欧班列累计开行数量突破 10000 列 返程班列占比稳步提升”，新华网，2018 年 8 月 26 日。

8.84 万标箱，同比增长 32.8%[①]，俄罗斯及中国边境口岸过境运输量增长了约 25%[②]。

（2）旅游服务持续增长。2018 年 1～9 月，中俄互访游客各自接近 150 万人次，中国保持了俄罗斯第一大境外游客来源国地位[③]。2019 年，俄方拟进一步简化旅游签证制度，团体免签从 5 人减少至 3 人，境内停留时间从 15 天延长至 21 天。

（3）教育服务大幅增加。在“一带一路”人文交流的带动下，中俄之间积极开展人才联合培养，鼓励本国青年学习对方国家语言，支持搭建校际合作平台，不断扩大青少年交流规模。目前在俄罗斯的中国留学生数量达到 3 万人，在俄罗斯吸引外国留学生中中国学生人数排第三位，仅次于哈萨克斯坦和乌克兰。在华的俄罗斯留学生达到 1.8 万人[④]。两国已商定到 2020 年将双方留学生总数提升至 10 万人。此外，首家中俄联办高校——深圳北理莫斯科大学正式开学，成为两国教育合作的示范。

（4）传统医疗合作潜力巨大。11 月，在中国驻俄罗斯使馆的支持下双方成立了“中医药中俄创新合作联盟”。联盟由中国医学科学院药用植物研究所、中国长春中医药大学、莫斯科谢东诺夫国立第一医科大学、莫斯科物理技术学院、图瓦州立大学、俄罗斯（莫斯科）中国传统医学实践发展中心、全俄中医师协会共同发起成立。首批联盟成员共 30 家，其中中方机构 16 家、俄方机构 14 家。联盟将推动两国加强政府间中医药交流，推进中医师行医资格认证和教育培训，支持在俄中医药中心工作，鼓励双方教育院校开展培训交流，努力促进中医药在俄本土化

---

① “内蒙古自治区 2018 年上半年进出境中欧班列情况”，内蒙古自治区发改委，www.silkroad.new.cn，2018 年 7 月 26 日。

② “2018 年上半年中俄边境口岸过境运输量增长了约 25%”，运盟集团行业新闻，2018 年 8 月 24 日。

③ “报告：中国成为赴俄罗斯旅游人数最多的国家”，《人民日报（海外版）》，2018 年 10 月 3 日。

④ 《2018 年度在俄留学中国公民数量增加》，金吉利留学，2018 年 6 月 19 日。

与规范化发展，使俄罗斯民众更加深入地了解中医药，也让中医药更好地服务俄罗斯的普通民众。

(5) 金融合作不断创新。中俄总理定期会晤委员会金融合作分委会举行了第十九次会议，决定进一步推动双边本币结算、深化银行间合作，并在支付系统、金融市场和保险领域开展合作。在东方经济论坛上，中方宣布成立中俄地区合作发展投资基金，总规模 1000 亿元人民币，首期 100 亿元人民币，用以推动中国东北地区与俄罗斯远东开发合作项目。12 月，俄联邦财政部宣布计划于 2019 年发行人民币国债，探索在中国金融市场开展融资。此外，中俄企业积极拓展在金融支付系统的合作。目前，俄罗斯市场的银联卡受理覆盖率超过 85%，已有 40 万台 POS 终端支持银联闪付。俄罗斯天然气工业银行、俄罗斯农业银行、滨海社会银行等十余家银行已累计发行银联卡近 130 万张[①]。银联国际与俄罗斯国家支付卡公司（NSPK）开展发卡合作，使俄罗斯 MIR 卡的使用范围扩大到银联网络覆盖的 160 多个国家和地区。4 月底，蚂蚁金服在俄罗斯推出支付宝。

5. 中方积极扩大对俄直接投资

在共建“一带一路”合作框架下，中国企业积极开展对俄罗斯的投资活动。根据中方统计，截至 2017 年底，中国对俄罗斯的非金融类直接投资累计 138.72 亿美元，占中国对外直接投资存量的 0.8%，对欧洲地区投资存量的 12.5%[②]。俄罗斯在我国对外直接投资存量前 20 个国家中列第 10 位，在“一带一路”沿线国家列第 2 位。目前，中方在俄罗斯设立境外企业近 1000 家，雇用外方员工 2 万人。图 1 显示，中方在

① “明年俄罗斯实现银联卡受理无障碍 40 万台 POS 已支持闪付”，一卡通世界新闻频道，2018 年 1 月 2 日。

② 中华人民共和国商务部、国家统计局、国家外汇管理局：《2017 年度中国对外直接投资统计》，中国统计出版社 2018 年版。

俄罗斯投资的主要领域为矿产资源开采业、农林牧渔业和制造业。随着“一带一路”的推进，中方在俄罗斯的投资领域逐渐拓展，基础设施建设项目和制造业项目成为投资重点。中国铁建承建了莫斯科地铁第三换乘环线西南段项目，施工线路全长4.6公里，是中国企业首次进入俄罗斯的地铁建设，也是中国技术、管理及设备首次集体走进欧洲地铁市场，预计2020年通车。中国海尔集团在俄罗斯鞑靼斯坦共和国建立家电工业园，引进洗衣机厂和电视机厂等从事家电组装与生产。

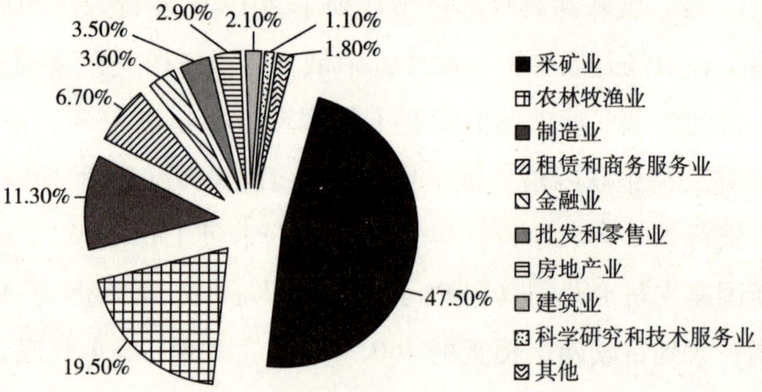

图1　中国对俄罗斯投资产业结构分布图

资料来源：《2017年度中国对外直接投资统计》，中国统计出版社2018年版。

2018年以来，两国在战略性大项目领域的合作取得明显进展。在卫星导航领域，双方签署了卫星导航系统合作政府间协定，标志着北斗和格洛纳斯两系统合作进入新阶段，将为两国在卫星导航领域开展广泛合作提供法律和组织保障。在航天领域，双方签署了空间碎片监测及数据应用领域合作协定，为双方启动空间碎片领域合作奠定了基础。在核领域，双方企业签署了田湾核电站7、8号机组和示范快堆项目有关商务合同，标志着合作项目正式进入执行阶段。

6. 边境地方合作快速推进

2018～2019年是中俄地方合作交流年。两国省、市之间开展了广泛的合作。青岛市拟在莫斯科核心地区投资300亿卢布（约合4.4亿美元）建设俄中地方合作园，与中俄地方合作园（青岛）形成联动，推动中国企业到俄罗斯开展经营活动。迄今，中方已同俄远东地区建立了25对友好省州和城市关系。

2017年，中国同俄罗斯远东联邦区贸易额超过77亿美元，中方参与远东跨越式发展区和自由港项目30余个，总投资额超过40亿美元，投资涵盖农业、林业、建材、轻工、能源、矿产、商贸等诸多领域。中国成为俄罗斯远东地区第一大贸易伙伴国和第一大外资来源国。东方经济论坛期间，双方签署了《中国东北地区和俄远东及贝加尔地区农业发展规划》，农业将成为合作的新增长点。双方签署了冷冻禽肉、乳品双向贸易的检验检疫议定书，为扩大两国农产品贸易创造了重要条件。此外，两国还商定在农牧渔等领域开展生产、加工、仓储、物流等全产业链合作，全面提升农业合作的质量和水平。边境地方经贸合作不仅是两国经贸合作的有益补充，也为提升双边经贸合作水平注入新动力。

二、深化中俄经贸合作面临的障碍

中俄经贸合作跨越1000亿美元大关后，双方已瞄准2000亿美元的发展目标，能否实现及何时实现这一目标成为焦点。有些专家质疑，经济实力远不如俄罗斯的国家，如越南与中方的贸易额竟超过了中俄贸易规模，与俄罗斯经济实力相近的韩国与中国的贸易额超过中俄贸易额的2~3倍，原因何在？

1. 发展目标与经济实力的不平衡

目前中俄两国的经济差距呈不断加大趋势。根据国际货币基金组织的统计，2017年中国的国内生产总值（GDP）达到131735.85亿美元，列世界第2位，而俄罗斯的GDP总量仅为13092.68亿美元，列世界第14位[①]，二者相差10倍。根据中国海关统计，2017年中国货物贸易进出口总额达到41045.04亿美元[②]，而俄罗斯的货物贸易进出口额为5840.5亿美元[③]，前者是后者的7倍。

根据欧盟统计委员会的数据，2017年德中贸易额达到1805.7亿[④]美元，接近2000亿美元，但是俄罗斯的GDP只有德国的1/3，俄罗斯的货物贸易规模只相当于德国的1/5，中德双边贸易尚未达到2000亿美元，中俄2000亿美元的贸易发展目标更难以实现。国际实证经验表明，双边贸易规模受制于经济规模相对较小的国家，即所谓“木桶效应”。2017年中国仍为俄罗斯的第一大贸易伙伴，据俄方统计，双边贸易额为870亿美元[⑤]。根据俄罗斯经济发展部发布的《2024年前俄联邦社会经济发展预测》，至2020年俄罗斯货物贸易进出口额将达到7244亿[⑥]美元，若按照2017年俄中贸易占俄罗斯对外贸易14.9%的比例计算，预计双边贸易额届时可达到1079亿美元，距双方预期的2000亿美元目标相差甚远。

2. 政府主导与市场调节的不平衡

中俄经贸合作机制的特点是政府主导，自上而下地推动项目合作。两国建立了迄今最为完善的双边经贸合作机制，包括两国总理定期会晤机制和下设的19个分委会，建立了中国东北地区和俄罗斯远东及贝加尔地区政府间合作委员会、中国长江中上游和俄罗斯伏尔加河沿岸联邦

---

① “2017年世界各国GDP排名GDP总量前50名”，南方财富网，2018年7月17日。

② “2017年中国进出口额、进口额、出口额及进出口差额统计分析”，中国产业信息网，2018年2月24日。

③ “2017年俄罗斯的对外贸易”，俄罗斯贸易网，2018.3月1日。

④ “2017年中国与德国双边贸易概况：贸易额超1800亿美元（附图表）”，中商产业研究院，2018年3月27日。

⑤ 同上。

⑥ “2024年前俄联邦社会经济发展预测”，俄罗斯经济发展和贸易部，2018年10月1日。

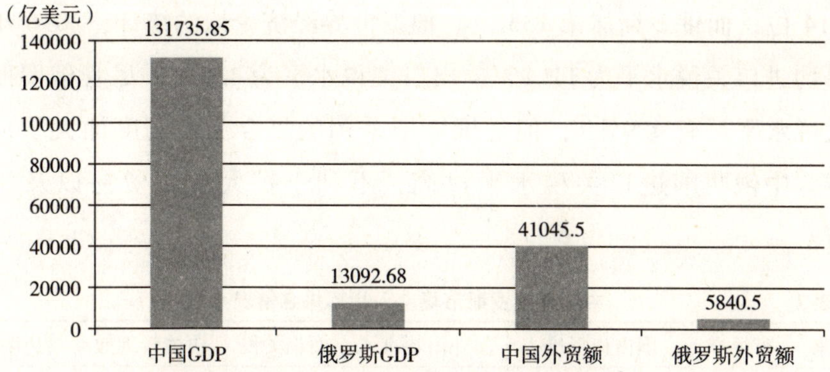

图 2　2017 年中俄两国 GDP 与货物贸易规模对比图

区地方合作理事会两大区域性合作机制，这些机制对于推动能源、矿产资源等垄断行业的合作发挥了积极作用。目前双方合作需要转向制造业、农业、服务贸易和高新技术等新领域，而这些领域更加突出企业主体和市场调节的作用，既有合作机制难以适应这种要求，其运行效率大打折扣。例如，2012 年建立的中俄投资基金旨在推动非资源领域合作，但迄今成功运行的项目较少。《中国东北地区同俄罗斯远东及东西伯利亚地区合作规划纲要（2009 ~ 2018）》涵盖的 200 多个项目，落实者寥寥无几。未来在继续保持政府合作机制的同时，如何更有效发挥市场机制的调节作用，实现二者之间的平衡互动是亟待破解的难题。

3. 制度建设与项目合作的不平衡

中俄经贸合作一直强调项目合作，发挥投资的拉动作用。在俄罗斯实施“向东看”战略后，俄方对于吸引中方投资寄予厚望，但从实际情况来看，中方对俄投资并未出现井喷式增长，其中两国市场开放度低是重要制约因素。表 1 显示，根据世界经济论坛发布的《2016 全球贸易促进报告》，在全球 136 个经济体中，中国和俄罗斯的“市场准入”指标分列第 126 和 133 位，属于市场开放度不高的国家。相对于发达经济体而言，两国的进口关税水平偏高，在“面临关税”指标排名上中国列第 114 位，而俄罗斯居第 133 位。根据世界经济论坛的统计，2016 年中国平均进口关税水平为 11.1%，出口关税水平为 4.5%；尽管俄罗斯进口关税水平只有 4.9%[①]，但是俄罗斯采用的复合关税制度加大了征税成本。中俄两国进口关税水平过高，不利于扩大双边贸易以及相互投资。

表 1　　中国与俄罗斯市场准入指标排名情况

国家	市场准入	国内市场准入	国外市场准入	面临关税	边境管理效率与透明度
中国	126	101	124	114	52
俄罗斯	133	112	129	133	104

资料来源：世界经济论坛，《2016 全球贸易促进报告》。

2010 年中国与东盟建立了自由贸易区，中国与越南实施零关税制度。2015 年底中国与韩国签署了双边自由贸易协定。2017 年中国又与上述国家启动了自由贸易区升级版谈判。自由贸易安排促进了双方货物、资本和人员的自由流动，极大地拉动了贸易的增长，这也是中越、中韩贸易额超过中俄贸易额的重要制度性因素。着眼于长远发展，解决两国经贸合作的制度性障碍已刻不容缓。

三、未来提升中俄经贸合作水平的主要方向

展望未来，深化中俄经贸合作亟须调整发展思路，由重项目转向重规则，弥补合作的制度短板。合作路径由单一的项目合作转向制度建设与项目合作双轮驱动，助力中俄经贸合作向高质量转变，为可持续发展提供长期制度性保障。

① “The Global Enabling Trade Report 2016”，世界经济论坛第 98 页和第 136 页。

1. 积极加强合作的制度建设

两国可积极探讨双边贸易与规则的构建，包括构建新型国际结算支付体系，推广国际铁路运输联合运单方式，探索中欧班列一票到底的运行模式，采用现代科技手段推动运输网络相互联通，将传统的货物运输与金融服务相结合，形成国际铁路运输的新规则与新标准，为推动亚欧大陆互联互通作出实质性贡献。与此同时，应探讨推进贸易自由化问题。笔者利用 GTAP 模型对于中俄建立自由贸易区的前景做出预测。表 2 显示，中俄自由贸易区将促进两国经济发展，扩大贸易规模并增加整体福利，尤其对增加就业和提高自然资源回报率产生积极影响。尽管从绝对值看，中国所获得的直接经济利益更大，但若与各自经济总量相比，俄方的效果则更为突出，可获得更大的市场利益。既然建立自由贸易区是互利共赢的合作，那么双方应尽快达成共识并启动谈判。

表 2　中俄建立自由贸易区经济效益预测　　单位：亿美元

国别	GDP	贸易额	福利	就业（系数）	自然资源要素回报（系数）
中国	269	277	253	0.27	0.79
俄罗斯	108	166	95	0.78	3.38

资料来源：商务部研究院课题组预测。

2. 全力改善营商环境

完善营商环境是扩大相互投资，提升经贸合作水平必不可少的前提条件。世界银行集团公布的《Doing Business 2018》报告显示，两国的营商环境已得到明显改善，但仍有较大提升空间。2018 年，在全球 190 个经济体中中国的营商环境指标列第 78 位，属于中上水平，而俄罗斯排在 35 位，进入了先进行列。但在影响双边经贸合作的关键性指标上，如涉及投资的获得“建筑许可”指标上中国列 172 位，企业获得建筑许可证需要花费 247 天，而俄罗斯列第 115 位，办理建筑许可需要花费

239 天，冗长的审批手续加大了企业的投资成本，严重影响了项目实施进程，对于扩大两国基础设施项目建设形成了较大障碍，亟待改进。

表 3　中俄营商环境主要指标排名比较

国别	排名	建筑许可	跨境贸易	跨境贸易成本（美元）	
				出口	进口
中国	78	172	97	568.7	245.4
俄罗斯	35	115	100	757	740

资料来源：《Doing Business 2018》。

在“跨境贸易”指标上中俄分列第 97 位和第 115 位，处于中等水平。俄罗斯的出口成本高出中方 1/3，进口成本则相当于中方的 3 倍，过高的贸易成本必然制约双边贸易与投资的发展，不利于扩大贸易规模，因此两国在完善营商环境方面仍需加强合作。

2018 年 5 月，在共建“一带一路”合作框架下，中国与欧亚经济联盟委员会签署了《中华人民共和国与欧亚经济联盟经贸合作协定》。该协定涵盖了海关合作和贸易便利化等议题。中俄两国可率先落实协定内容，简化通关手续，降低贸易成本，提高贸易便利化水平，为企业投资营造良好的环境，为双边经贸合作提供制度性保障。

3. 广泛拓展合作领域

中俄经贸合作应逐渐由能源及矿产资源领域向农业、服务贸易、制造业和高新技术领域拓展，创新合作方式，提升合作水平。

（1）深化农业合作。根据已经签署的《中国东北地区和俄罗斯远东及贝加尔地区农业发展规划》，未来两国应加强在大豆、农产品加工、仓储物流等领域的合作，探讨共同投资，在俄罗斯境内联合建立大豆生产设施，扩大俄罗斯对华大豆出口。除此之外，在小麦、海产品、肉食、奶制品等领域双方也有较大合作空间。

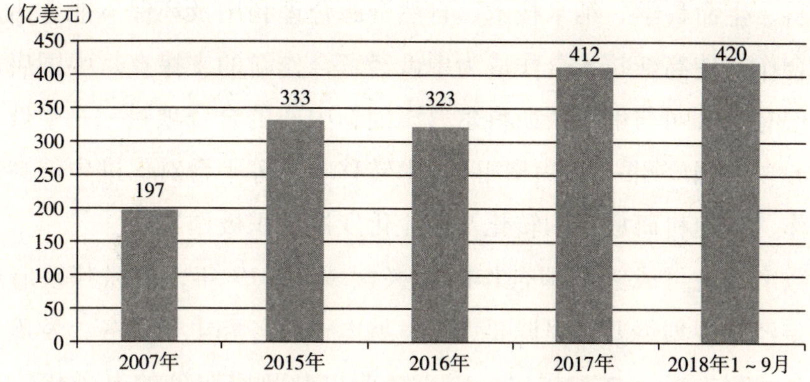

图3　2007~2018 年 9 月中国自俄农产品进口情况

资料来源：中国海关统计月报 2007 年、2015 年、2016 年、2017 年、2018 年 9 月。

（2）提升服务贸易发展水平。在共建“一带一路”框架下，两国应大力推进旅游、金融和国际运输等领域合作，挖掘潜力，创新方式，提升合作空间。加强各类旅游增值服务，包括开发自驾游、高端游等个性化旅游服务。宜探讨多元化的金融服务，建立市场化融资机制与模式，探讨建立新型国际结算支付体系，尝试采用 PPP 模式开展项目建设等。此外，还应大力发展以中欧班列为代表的跨境运输，充分发挥现有基础设施的功能，通过统一协调单证管理制度，实现运输管理的便利化，提高运输质量和服务效率，扩大运输服务贸易规模。此外，还可大力拓展医疗、教育、文化等服务贸易领域的合作。

（3）加强制造业合作。在共建“一带一路”过程中，中方应积极开展钢铁、有色金属、建材、铁路、电力、化工、轻纺、汽车、通信、工程机械等领域的合作，推动企业扩大对外投资，以提升两国在制造业领域的合作创造有利条件。目前，中国的海尔集团和海信集团纷纷在俄罗斯建立了家电生产基地，中国化工工程公司在俄罗斯建立了炼油厂，为中俄拓展制造业领域的合作树立了典范。

（4）拓展高新技术合作。利用俄罗斯在航空航天、核技术，新材料、生物技术、仪器仪表制造等领域的技术优势，拓展两国在新能源、新材料、生命科学、纳米技术、自然资源合理利用及环保节能等诸多领域的合作，使高新技术合作成为中俄经贸合作新的支撑点。中国启迪控股股份有限公司与俄罗斯斯科尔科沃创新中心的合资项目——中俄高科技中心，中国广州—独联体国际技术转移中心等平台对促进中俄高新技术合作、加速科研成果的转化及产业化发挥了积极作用。

数字经济可成为两国合作的新兴领域。2017 年，俄联邦政府颁布了数字经济规划纲要，强调要大力发展电子政务和电子商务，发展远程教育和远程医疗，搭建居民、中小企业以及政府服务的电子化信息平台。未来两国可在跨境电商、软件开发、网络安全以及电子支付系统等领域开展广泛合作。

展望未来，突破 1000 亿美元大关后，中俄经贸合作站到了一个新起点上。根据国际货币基金组织预测，受美国挑起贸易战的影响，预计 2019 年全球经济增速预期由 3.9% 下调至 3.7%，中国经济增速预期由 6.4% 下调至 6.2%[①]。俄罗斯经济发展部预测，2019 年俄罗斯的经济增幅将下降 0.5 个百分点。中俄经济下行压力加大将直接制约双边贸易与投资的发展。面对新挑战，两国应抓住共建“一带一路”的新机遇，以《中华人民共和国与欧亚经济联盟经贸合作协定》为契机，深化两国基于经贸规则的合作，提升贸易投资自由化与便利化水平，将项目合作与制度建设相结合，形成良性互动、双轮驱动合作的新格局，助力中俄经贸合作再创佳绩。

① “IMF：2018 ~ 2019 年的全球增长率预计为 3.7%”，中研网，2018 年 10 月 9 日。

俄罗斯的独联体地区政策新变化及其对共建"一带一路"的影响

◎ 王郦久

独联体地区被俄罗斯视为"特殊利益所在地区"，也是中国"一带一路"倡议实施的重要"门户区"。近年来，随着国际和地区形势变化，俄也相应调整对该地区的政策，除继续以务实政策经营好集体安全条约组织和欧亚经济联盟这两个由俄主导的地区安全和经济组织外，也注重发展与乌兹别克斯坦、阿塞拜疆和摩尔多瓦等次区域重要国家关系，积极推动解决里海边界划分和法律地位确定，力图最大程度凝聚后苏联空间各国对俄向心力，营造有利于俄可持续发展的良好周边环境，抵御因乌克兰和格鲁吉亚要求加入北约和北约坚持东扩而对俄构成的战略挤压和威胁。俄对独联体地区所做的这些政策新变化，客观上有利于该地区的安全和稳定，也为落实共建"一带一路"倡议创造了有利条件。我宜在中俄元首签署的文件指导下，与俄和本地区各国一道，扎实推进"一带一路"倡议落地生根，为该地区稳定和繁荣、为发展我与独联体各国全面友好与合作关系做出新贡献。

俄罗斯作为苏联继承国和欧亚地区大国，一向视独联体地区为"近

王郦久，国务院发展研究中心欧亚社会发展研究所研究员。

邻”和“特殊利益所在地区”以及俄罗斯文化的传统普及和潜在拓展区。普京任总统后一改叶利钦任总统时对独联体地区的模糊认识和“甩包袱”及放任态度，转而高度重视该地区对俄罗斯国家安全的外围缓冲作用，以及经济发展的重要原料供应地和商品重要销售市场地位。随着俄对独联体地区战略价值认识不断深化，对该地区的经营不断加强，政策指向和效果也日益显现。独联体地区是我西北部地区重要近邻和“门户区”，也是共建“一带一路”倡议的重要合作区域。该地区形势走向直接涉及我西北部外围战略安全和经济环境变化，事关我建设丝绸之路经济带倡议能否得到有效落实。目前看，俄罗斯对独联体地区政策调整和地区形势变化总体有利于我继续推动“一带一路”倡议在该地区落实。

一、俄罗斯对独联体地区政策的新变化

普京在 2012 年开始的第三任期内，全面加强对独联体及其所在地区的经营。政治上通过独联体国家元首会议增强符合俄利益的政治引领，凸显其地区“盟主”地位和作用；经济上则借助原俄、白、哈关税同盟和现在的欧亚经济联盟的一体化进程，带动独联体国家不断加强和扩大与俄经济联系，强化俄作为地区经济中心的主导作用；安全上以 2000 年 6 月建立的独联体反恐中心和 2002 年 10 月被重组的独联体集体安全条约组织为依托，提高成员国应对传统和非传统安全能力建设，为俄和与俄关系密切的独联体成员国提供安全保障。

随着近年来国际和独联体地区形势发生重大变化，俄罗斯的独联体政策也相应出现一些新变化，这种变化在 2018 年 5 月普京开始第四任总统后继续得以调整和完善。这些新变化主要有以下几点。

一是提升对传统安全威胁的应对投入，使之与非传统安全并举，以

应对北约持续东扩对俄的安全威胁。2008 年 8 月俄罗斯与格鲁吉亚的武装冲突，背后是美国和北约支持格鲁吉亚入约，为格时任总统萨卡什维利壮胆，使其不顾俄“维和部队”的存在，企图一战收复南奥塞梯和阿布哈兹两个闹分立的地区，达到永久解决格边界纠纷问题，为格加入北约铺平道路。萨氏此举受到俄的沉重回击，并导致南奥塞梯和阿布哈兹实际被俄永久占领和控制。俄格冲突也使俄对北约在其周边采取的渗透和强扩地盘行动更加警惕，断定北约继续东扩步伐不会停止。北约的传统军事威胁与国际恐怖势力的非传统威胁已成为俄国家安全面临的两大现实威胁。2014 年乌克兰执意加入欧盟和北约的行为再次使俄意识到北约东扩的步伐在加快，并且不断试探俄的底线。虽然俄以借机收复克里米亚遏制了乌克兰加入北约进程，但北约 2017 年给乌“入约申请国”待遇，乌总统波罗申科 2018 年 7 月签署的《国家安全法》，仍将乌加入欧盟和北约确定为“保障乌国家安全的重要利益之一”。据此乌克兰方面不断制造事端，要求北约出兵干预冲突，向黑海和乌克兰派驻军队，制裁俄罗斯等。11 月 25 日凌晨，乌三艘军用船只以通过黑海连接亚速海的刻赤海峡为目标，闯入俄临时封闭的新建刻赤海峡大桥附近海域，与俄舰发生冲突后遭俄扣押。乌总统波罗申科借此向议会申请并批准乌东部 10 个地区处于“战争状态”30 天，要求北约出兵解决乌俄冲突并制裁俄。美国总统特朗普于 29 日在前往阿根廷参加 G20 峰会途中取消原定与普京的会晤以示对乌支持。美还象征性地派军用飞机飞临乌上空以示支持，扬言要派军舰前往黑海助乌。北约近年来在波罗的海三国和波兰、匈牙利、罗马尼亚等国不断增加军事部署，频繁以俄为假想敌在大西洋、波罗的海和黑海等地进行规模不等的军演，特别是 2018 年 10 月北约出动近 5 万官兵，超过 120 架军机、1 万多辆军车以及 70 艘舰船在与俄相邻的挪威举行冷战结束以来规模最大的“三叉戟接点—2018”军演，使俄倍感军事威胁压力。美国还向乌克兰提供价值约 3 亿美元的军事援助。为回击北约俄采取一系列军事措施，其中包括在欧洲俄“飞地”加里宁格勒州部署伊斯坎德尔导弹系统和其他最新军事装备，还与白俄罗斯商谈增加军事部署事宜等。随着美国特朗普政府宣布可能退出《中导条约》，俄也反复声明必将采取相应反制措施，同时向俄乌边境和克里米亚及黑海地区增派兵力，部署先进武器。

二是重视与地区内非独联体成员国的双边和多边合作，重在实质内容和效果。现在的独联体地区已经变成一个由多个国家组织组成的地区，其中独联体由九个成员国组成，乌克兰和格鲁吉亚已退出，土库曼斯坦只作为“联系国”参加活动。而独联体内部又有最紧密的俄白联盟，有俄罗斯、白俄罗斯、哈萨克斯坦、吉尔吉斯斯坦、塔吉克斯坦、亚美尼亚六国组成的集体安全条约组织，有俄、白、哈、吉、亚五国组成的欧亚经济联盟。但是，作为外高加索三国中实力最强的阿塞拜疆和中亚人口大国乌兹别克斯坦以及夹在乌克兰和罗马尼亚之间战略地位重要的摩尔多瓦都未加入上述地区一体化组织。近年来为更好地巩固“近邻”，俄在继续增强上述三个一体化机制工作的同时，不断加大对阿塞拜疆、乌兹别克斯坦和摩尔多瓦的工作，普京与三国领导人频繁互访，邀请三国领导人出席集体安全条约组织或欧亚经济联盟会议，意在通过与三国建立密切联系，巩固和加强俄在中亚、外高等次地区的存在感和影响力。仅 2018 年 10 月普京访问乌兹别克斯坦期间，双方就签订了总共 785 项合作文件，合同金额达 271 亿美元，其中包括俄启动在乌建设一座核电站，这也是苏联解体后俄在本国之外独联体地区建设的第一座核电站[①]。12 月 6 日，在俄圣彼得堡举行的欧亚经济联盟元首理事会上，阿塞拜疆、乌兹别克斯坦、摩尔多瓦和土库曼斯坦总统都作为主席国客人应邀出席，会议还正式给予摩尔多瓦以观察员国资格，不排除未来也将给乌兹别克斯坦和阿塞拜疆类似参与资格的可能性。

① Азиз Якубов Ассалом, Владимир Владимирович, дорогой! Как прошел государственный визит Путина в Ташкент20. 10. 2018http：//www. fergananews. com/articles/10239.

三是重点解决影响地区合作中具有基础性和长远性的问题，为俄与相关国家开展合作排除障碍。里海划界问题长期困扰和影响沿岸国家间关系，苏联时期里海是苏联与伊朗的界海，苏联解体后它变成了俄罗斯、哈萨克斯坦、土库曼斯坦、阿塞拜疆和伊朗五国的界海，五国围绕里海法律地位、边界划分和资源利用等争议激烈，特别是阿塞拜疆、土库曼斯坦和伊朗间围绕里海划界和使用几近引发武装冲突。美国也企图借利用里海向驻阿美军运送物资在此驻军。俄作为里海最大沿岸国和苏联继承国，在解决里海问题上有着特殊重要地位和作用。在俄主导下，相关各方经过数十轮谈判，2018 年 8 月 12 日由俄、哈、土、阿和伊朗总统在哈西部城市阿克套终于签署了《里海法律地位公约》，正式就里海的边界划定、水体使用及资源利用和不允许域外国家在里海有军事存在等重要问题达成一致，为五国间未来合作奠定了良好的法律基础，同时也完全排除了美国等西方国家利用里海沿岸国家在这里驻军的可能性。

四是默认独联体以外国家与本地区国家开展"无害"于俄的各类合作，但对美在该地区的活动保持高度警惕或抵制。俄从战略上始终将独联体地区视为其"特殊利益所在地区"，对任何域外国家在该地区的活动都较敏感和警惕。俄虽自知无力完全管控该地区各国的内政外交政策，但在力所能及的范围内仍在施加影响，以防该地区成为对俄"反叛区"和国际反俄势力聚集区。在此前提下俄对独联体国家与域外国家发展政经和文化合作关系一般持"首肯"和默许态度，而对安全领域特别是军事领域的合作则极度敏感。近年来以集体安全条约组织成员国为代表的独联体各国对美向其推行"美式民主"和"颜色革命"保持高度警惕，对由美国主导的欧安组织在独联体地区各国的活动既利用又防范，使其行动严重受限，绩效不佳，迫其自 2016 年起大幅缩减在独联体国家的活动经费，关闭驻吉尔吉斯斯坦等国的办事处，特朗普上任后进一步缩减对该地区的援助和投入。

二、独联体各国对俄政策调整反应各异

近年来，随着国际和地区形势变化以及独联体各国内部政经形势变化，一些国家对俄更趋务实的独联体政策调整较多积极回应，但总体反应不尽一致。

一是俄高度警惕和防范北约东扩，并对独联体国家加入北约持否定立场，格鲁吉亚和乌克兰不顾俄强烈反对执意申请加入，但多数国家表现理解俄立场。苏联解体后，独联体国家纷纷表达与欧洲和美国及北约开展对话与合作的意向，美国和北约也一直向东欧和后苏联空间扩展影响力。1994 年 1 月召开的北约布鲁塞尔会议上，在美国建议下通过北约“和平伙伴关系计划”，其主要内容包括：北约正式邀请前华沙条约组织国家和欧洲中立国家参加“和平伙伴关系计划”，在军事演习、维和、危机控制等方面进行合作和政治磋商；伙伴国可向北约总部派出联络员；伙伴国必须承认西方的民主、人权标准，并尊重现有边界。包括俄罗斯在内的所有独联体国家都先后宣布加入北约“和平伙伴关系计划”，当时多数国家理解加入该计划是与北约成员国开展合作的一部分，也是未来可能成为北约成员国的先决条件。但是 1999 年北约借科索沃问题对前南斯拉夫联盟成员国塞尔维亚实施狂轰滥炸，使独联体国家对美国和北约的所作所为产生深刻的疑问和不解，加之北约动辄拿“人权和民主”等大棒不断敲打一些独联体国家，使它们对北约“和平伙伴关系计划”的实质有了全面了解，加入的愿望大为下降，热情几被浇灭。此后，除格鲁吉亚和乌克兰外，没有其他独联体国家提出过加入北约的申请。格鲁吉亚和乌克兰提出加入北约的申请后，北约并未将它们的利益需求作为主要考虑，而是从对北约围堵俄战略起多大作用去衡量和回应，令格、乌两国大感意外和失望。两国申请加入北约引起俄强烈反对

和反制，格为此实际失去南奥塞梯和阿布哈兹两块领土，乌失掉克里米亚后还面临东部地区被俄逐渐控制的危险，这也从另一角度提醒其他独联体国家：加入北约不仅可望而不可即，还因激怒俄而有可能付出沉重代价。

二是独联体国家对俄加强集体安全条约组织及其所属反恐机构建设，使其在保障后苏联地区安全与稳定中发挥重要作用普遍持积极立场。独联体集体安全条约组织自2002年改组后，已经成为维护地区安全与稳定的重要力量，尤其在2009年正式组建总部设在莫斯科，由各成员国组成10个营4000人的应急反应部队后，其在打击跨境极端和恐怖势力、搜缴非法毒品、抓获非法偷渡人员等方面都显示出很强的行动力和威慑力。近年来通过每年一届的成员国元首峰会和安全会议秘书、国防部长、外交部长会议等相关机制的运作，该组织在协调成员国立场、维护成员国所在地区安全能力建设方面水平大为提高。譬如2018年11月8日在哈首都阿斯塔纳峰会通过的宣言指出，该组织将致力于加强应急反应部队的军事能力建设，以应对欧亚地区所面临的各类安全挑战，同时期待与联合国合作担负必要的维和任务，还对美国声言要退出《中导条约》表达了一致关切和反对立场，支持俄对此作出必要的回应①。

三是在欧亚经济联盟建设上，成员国存在不少共同利益和合作积极性，但在涉及统一货币、统一关税、统一能源市场等主权让渡较多的问题上，俄协调难度大。俄致力于通过推进欧亚经济联盟加速商品、资本、人力、货币流通的一体化进程，重新恢复和建设以俄为中心的独联体经济合作空间。2014年乌克兰事件后，美国和西方对俄经济制裁不断加码，俄与西方的经贸交流呈明显下降态势。在此背景下，俄想以更

① Декларация Совета коллективной безопасности Организации Договора о коллективной безопасности. 8 декабря 2018，http：//www. kremlin. ru/supplement/5357.

务实的政策整合欧亚经济联盟，以此扩大俄对外经济空间，增强抵御西方制裁的能力。2015 年启动的欧亚经济联盟明确提出建立“四大自由空间”，即商品、服务、资本、劳动力在联盟成员国间实现自由流动。这样，具有绝对竞争优势的俄商品在对西方出口中受阻后可顺利进入联盟市场，同样俄也为联盟其他成员国提供了广阔的商品和劳动力市场，打工收入甚至占到一些国家如吉尔吉斯斯坦 GDP 的约 1/3，这也促进了成员国的社会稳定，形成了成员国间统一的商品和劳动力市场雏形。2018 年上半年联盟内成员国间的贸易额达到 440 亿美元，增长 12%，与成员国以外国家的贸易额达到 5480 亿美元，增长 21%①。

但毕竟建立成员国间更高层次的统一市场和一体化并非易事，各国也会按照本国的实际需要和利益开放市场，而不是俄提出主张后大家都同意立即消除所有关税壁垒，放开本国全部市场。特别是在建立统一能源市场和统一货币结算方面各方分歧严重。俄提出在 2025 年前建立统一能源市场，这实际主要涉及俄对成员国能源价格如何确定的问题。正如白俄罗斯总统卢卡申科在 2018 年该联盟峰会上所指出，俄对白等成员国的天然气价格比俄国内供应价格高 70%，如何实现统一能源市场?② 在统一货币结算问题上，俄在受西方制裁背景下加快推进“去美元化”，要求在联盟成员国间贸易结算主要用卢布，而其他成员国则强调用各国的本币结算，不同意“去美元化”后马上又“来卢布化”。

四是独联体国家对在平等基础上与俄开展各类合作态度积极，同时又担心被俄借机控制。由于独联体国家皆脱胎于苏联和更早的沙皇俄国，所以对新获得的独立和主权倍加珍惜，在与俄合作中都担心主权让渡过多会陷入被俄重新控制而无法自立。白俄罗斯及其总统卢卡申科可

① Заседание Высшего Евразийского экономического совета. 6 декабря 2018 года Санкт - Петербург, http://www. kremlin. ru/events/president/news/59319.

② Заседание Высшего Евразийского экономического совета. 6 декабря 2018 года Санкт - Петербург, http://www. kremlin. ru/events/president/news/59319.

谓俄“铁杆盟友”，但在与俄合作中卢对涉及自主权的问题总是旗帜鲜明，态度坚决。哈总统纳扎尔巴耶夫对普京的独联体政策调整总体理解到位，对独联体地区的发展在多方面有着与俄相同或相似的看法，特别是建立安全和经济一体化方面提出诸多建议得到普京的赞赏和采纳，其中包括建立集体安全条约组织和欧亚经济联盟。尽管如此，哈仍坚持“多边平衡”外交，在与俄发展同盟关系的同时，不仅与欧美和中国等积极发展友好合作关系，且在2017年果断决定到2025年前将哈语由原来的基里尔（俄语）字母过渡到拉丁字母，评论认为这也是哈强调国家主权甚至“去俄化”的一部分。吉尔吉斯斯坦和塔吉克斯坦尽管是小国并且在经济和安全方面多依赖俄，但也不愿成为俄的附庸。阿塞拜疆、摩尔多瓦在发展与俄合作关系中也尽量保持独立和若即若离的状态，在很大程度上也是顾忌未来是否被俄控制。

三、俄独联体政策调整有利于在该地区落实“一带一路”倡议

总体看，俄对“一带一路”倡议在独联体地区的落实由最初的谨慎观察、消极抵制变为现在默许其成，甚至在双边和欧亚经济联盟范围内表现出一定的合作积极性。俄努力维护独联体地区的安全形势，努力解决俄与该地区国家间的一些基础性矛盾和棘手问题，将有利于本地区国家参与共建“一带一路”。

一是我与欧亚经济联盟签署经贸合作协定将有助于“一带一路”建设在该地区平稳推进。中国与欧亚经济联盟各成员国经济互补性强，贸易合作潜力大，2017年中国与联盟成员国贸易额达1094亿美元。过去由于两大经济体之间没有合作协定，严重影响着中国与联盟成员国间经贸往来的便利和投资积极性。2015年5月，习近平主席与俄总统普京在

莫斯科签署《关于丝绸之路经济带建设和欧亚经济联盟建设对接合作的联合声明》，宣布启动中国与该联盟开展经贸合作协定谈判。经过双方三年五轮谈判、三次工作组会和两次部长级磋商，于2017年10月1日顺利结束实质性谈判。2018年5月17日，中国商务部国际贸易谈判代表兼副部长傅自应与欧亚经济委员会执行委员会主席萨尔基相及欧亚经济联盟和成员国代表在哈首都阿斯塔纳共同签署了《中国与欧亚经济联盟经贸合作协定》。协定范围涵盖海关合作和贸易便利化、知识产权、部门合作以及政府采购、电子商务和竞争等多方面议题。协定规定双方将通过加强合作、信息交换、经验交流等方式，进一步简化通关手续，降低货物贸易成本，提高便利化水平，为产业发展营造良好环境，促进我国与该联盟及其成员国间的经贸合作深入发展，为双方企业和人民带来实惠，为双边经贸合作提供制度性保障①。该协定作为中国与联盟首次达成的经贸方面重要制度性安排，标志着双方经贸合作从项目带动进入制度引领的新阶段，对于推动“一带一路”建设与欧亚经济联盟建设对接合作具有里程碑意义。

二是俄加强独联体地区的安全投入，保证地区安全稳定将有利于地区各国致力于改善基础设施建设，加强各国之间及与中国的互联互通。俄致力于维护和保障独联体地区的安全与稳定，通过本国武装力量和集体安全条约组织有效应对外来军事威胁和国际极端及恐怖组织威胁，这与我希望该地区和平、安全与稳定利益一致。俄还通过上海合作组织与我在安全领域开展合作，这对维护中亚地区安全与稳定起着双重保障作用。目前俄与乌克兰的军事冲突已导致两国间的陆海空交通几乎全面中断，这对增加连接欧亚地区的铁路和公路建设有一定负面影响，但由于欧亚间的主要铁路和公路都是经俄和白俄罗斯及波兰到达西欧和南欧，俄乌间的交通中断对我输往欧洲的货物运输影响不大。外高加索地区是

---

① “中国与欧亚经济联盟正式签署经贸合作协定”，人民网，2018年5月18日。

古丝绸之路重要通道之一，是欧亚大陆南端重要交通和能源通道经过地区，也是我“一带一路”倡议必先落实的地区之一。俄与外高加索三国关系特殊而微妙，除与格鲁吉亚因2008年俄格战争关系至今未好转外，与亚美尼亚是安全和经济同盟，与阿塞拜疆是地区重要战略伙伴关系。亚的主要安全威胁来自阿塞拜疆，双方因“纳戈尔诺—卡拉巴赫”（下称“纳—卡”）领土之争曾发生武装冲突，且实力相对较弱的亚在俄帮助下至今控制着“纳—卡”地区，阿一直想凭借现实武力夺回，但又忌惮俄亚同盟关系不敢动手，俄也在保护亚的同时努力安抚阿不要试图用武力解决“纳—卡”问题，才使外高地区避免战火重燃。未来俄对该地区的调停政策仍是维护地区稳定的关键，只要俄这一政策使用得当，该地区的和平与稳定就有基本保障，能源和运输通道建设就能顺利推进。同样，以俄为首的集体安全条约组织及其反恐机构与上合组织一起在维护中亚安全与稳定方面发挥着重要作用，在此前提下中亚的“一带一路”建设正在迈出坚实步伐。

当然，俄罗斯与乌克兰和格鲁吉亚的尖锐矛盾也对我推进“一带一路”建设带来负面影响。

三是里海法律地位问题的最终解决不仅有利于沿岸五国间发展友好合作关系，也有利于跨里海交通和能源通道建设。里海是位于欧亚大陆分界线上的重要地标，也是欧亚经济走廊建设的重要一环。已有的跨里海国际运输通道东起哈萨克斯坦的多斯特克，西至阿塞拜疆的巴库，全长约3500公里。2015年8月，由中国发车的首趟实验国际列车经由跨里海运输通道顺利抵达巴库港。2016年10月，阿塞拜疆、哈萨克斯坦和格鲁吉亚成立跨里海国际水陆运输通道协会，以吸引更多国际货物经该通道运往中国或欧洲。2017年4月1日，阿塞拜疆、哈萨克斯坦和格鲁吉亚三国铁路运输部门在巴库签署跨里海国际运输通道协议，这标志着三国联合推动的欧亚大陆交通走廊建设又向前迈出一步，来自中国的货物可继续西行，经格鲁吉亚北上乌克兰或南下土耳其，让货物流通更为便利。里海法律地位文件签署为跨里海运输通道建设提供了更多可能性，譬如未来经哈萨克斯坦、乌兹别克斯坦和土库曼斯坦的跨里海到巴库及土耳其和欧洲的水陆联运走廊开通将更便捷，因而更有可能。

四是随着中俄全面战略协作伙伴关系水平和双边互信程度不断提高，两国对对方与独联体国家的各类合作予以充分理解和相互默认。在独联体地区中俄之间经过近二十多年的相互磨合，现已形成以上合组织内的合作为基础、以中国与欧亚经济联盟签署对接合作协定为契机，就中国提出的共建“丝绸之路经济带”倡议和俄罗斯提出的共建“大欧亚伙伴关系”进行共同探索，未来中俄双方在独联体范围内允许对方开展有利于本国和地区且不伤害对方的各类活动将成为一种合作新常态。换言之，中俄双方在独联体地区都可按自己的意愿和利益去做想做之事，但尽量避免给对方造成不便或伤害。总体看，俄增强对独联体地区的安全管控将有利于我在该地区开展经贸活动，推进“丝绸之路经济带”建设，而独联体地区各国的经济好转反过来也将有助于促进地区安全与稳定，中俄在这方面利益可谓不谋而合。

俄罗斯与北约紧张关系短期内难以改变

◎ 陆柏春

近年来，北约不断加强针对俄罗斯的军事部署，在波罗的海三国及波兰等国驻军；在东欧部署反导系统；坚持要将乌克兰和格鲁吉亚拉入北约；在靠近俄西北和西南边境地区频繁举行大规模军事演习，对俄军事威慑更加明显。俄罗斯对此毫不妥协，采取针锋相对的回应措施，加强西部边境的军事力量；研发可突破美反导系统的先进武器；以各种手段阻止乌克兰加入北约；多次举行大规模军事演习。看来，俄罗斯与北约的紧张关系短期难以改变。

一、北约强化对俄军事威慑的势头有增无减

近年来，北约不断在俄西部边境地区部署军事力量，对俄遏制和防范的力度不断加强。

1. 北约将增设两个战略司令部以应对来自俄罗斯的军事威胁

乌克兰危机爆发以来，北约不断向中东欧国家增兵，在中东欧国家

陆柏春，国务院发展研究中心欧亚社会发展研究所研究员。

部署反导系统，在俄边境举行大规模联合军事演习，导致俄与北约的关系一直处于军事对峙状态。

2018 年 6 月 7 日，北约秘书长斯托尔滕贝格在北约成员国国防部长会议后宣布，北约将在美国和德国各增设一个司令部。一个是新建的大西洋联合司令部，驻地在美国弗吉尼亚州诺福克，负责确保北美和欧洲之间的海上通道安全；另一个司令部的驻地位于德国的乌尔姆，为欧洲的后勤和军事调动提供支持。这是北约自冷战结束以来新增设具有实际功能的军事指挥机构。北约秘书长斯托尔滕贝格指出，为防止可能发生的军事冲突，北约正在调整军事指挥架构，新建的司令部将有助于北约在欧洲内部以及跨大西洋调动部队。

设在德国的司令部旨在为未来建立“军事申根区”做准备，即通过“军事申根区”，方便将北约部队和武器装备迅速从一个国家调往另一个国家，以应对来自俄罗斯对北约某个成员国军事进攻的威胁。斯托尔滕贝格称，北约各国防长支持一项名为“四个 30”的加强战备倡议。各国承诺，在 2020 年前确保北约拥有能在 30 天或更短时间内部署 30 个机械化营、30 个空军中队和 30 艘作战舰艇的能力①。俄常驻北约代表格鲁什科认为，北约调整军事架构的主要任务就是围堵和削弱俄罗斯，继续从冷战思维中获得灵感。分析人士认为，新增设的军事指挥机构意在对抗俄罗斯，可能增加与俄发生军事冲突的风险。

2. 在波罗的海三国和波兰、罗马尼亚等国驻军

目前，北约已在波兰、立陶宛、爱沙尼亚和拉脱维亚共部署 4 个加强营的部队，由美国、德国、英国和加拿大分别承担驻军的领导责任。在罗马尼亚也部署有北约多国部队，早在 2016 年 6 月，北约华沙峰会就决定向罗马尼亚增派军队，以遏制俄罗斯在黑海地区不断加强的军事

---

① “北约将在美国和德国增设司令部”，人民网，2018 年 6 月 8 日。

实力；根据这个决定，2017 年北约向罗马尼亚派遣了一支由 10 国组成的约 3000 人的多国部队，以支援目前已部署在该国的大约 900 人的美国部队，并同时监控俄罗斯在黑海日益活跃的行动①。

2018 年 8 月 15 日，波兰总统杜达在波兰武装部队阅兵式上呼吁美国在波兰永久性驻军，9 月 18 日杜达访问美国时重提要美国在波兰设立永久军事基地一事。2018 年 5 月底，波兰媒体公开的一份国防部文件显示，为让美军在波兰建设永久性军事基地，波兰方面有意最高拿出 20 亿美元，为美军建设永久性军事基地并命名“特朗普堡”。2018 年 8 月 30 日，德国空军的多架战机进驻爱沙尼亚，接替之前的法国空军飞机执行保卫波罗的海沿岸地区安全的任务。除此之外，北约还准备在挪威驻扎军队，以期从北欧、中东欧和黑海三个方向完成对俄的“战略合围”。这相当于把枪顶在了俄罗斯的西北大门上。

3. 在罗马尼亚和波兰等东欧国家部署反导系统

北约针对俄罗斯在东欧地区部署反导系统，计划分“三阶段”实施：第一阶段是在地中海永久性地部署装备海基“宙斯盾”导弹防御系统的军舰，并在土耳其东部部署陆基防空雷达，对以色列的雷达进行补充。第一阶段的任务已经完成。

第二阶段是在罗马尼亚部署陆基“宙斯盾”反导系统。2016 年 5 月 12 日，美国设在罗马尼亚南部德韦塞卢空军基地的价值 8 亿美元的第一个反导系统宣布正式启动，并随时准备与北约在欧洲的反导系统接轨。该系统是“宙斯盾”导弹防御体系的重要组成部分，能够“侦测、追踪、进攻和摧毁飞行于大气层外的弹道导弹”。

第三阶段是在波兰设立陆基“宙斯盾”反导系统。2016 年 5 月 13 日，美国部署在波兰北部城市伦济科沃的第二个导弹防御系统，即陆基

---

① 张敏：“北约扩军直抵俄‘鼻尖’”，《中国国防报》，2017 年 11 月 3 日。

“宙斯盾”反导系统的基础设施建设举行开工仪式，预计于 2018 年底建成。为进一步加强与美关系，波兰 2018 年 3 月与美签署了一项高达 47.5 亿美元的合同，购买美国 2 套“爱国者—3”反导系统。届时，美国 10 年前提出的欧洲导弹防御系统将最终完成，整个系统将从格陵兰岛延伸至亚速尔群岛。美在东欧部署反导防御系统的目的之一是当欧洲爆发战争时，能有足够长时间削弱俄罗斯战略核力量的能力，以便让美国有时间对俄发动打击。

4. 积极促使乌克兰、格鲁吉亚向北约靠拢

作为全球最大军事集团的北约从来就是俄罗斯的死敌。以美国为首的北约近年来不断“东扩”，一步一步蚕食俄罗斯的生存空间，如今还要把乌克兰、格鲁吉亚等国拉进自己的阵营。

北约公开支持乌克兰和格鲁吉亚军队，分别在乌克兰和格鲁吉亚建立训练中心，为乌克兰和格鲁吉亚军队培训军事人员并提供武器装备等。美国通过的旨在帮助乌克兰提高防卫能力计划的总拨款已达 8.5 亿美元。在 2019 财年，美国计划拨款 2.5 亿美元支持乌克兰的安全和情报活动，其中包括5000 万美元的“致命性武器”（狙击步枪和反坦克导弹系统）援助[①]。俄副外长指出，在乌克兰问题上，美国扮演的不再是调停者，而是鼓动战争的帮凶。

2018 年 3 月，乌克兰被列入北约“申请国”名单，这是乌克兰加入北约进程中的“重要一步”。2018 年 9 月 3 日，乌克兰总统波罗申科提交宪法修正案，规定乌克兰加入欧盟和北约的方针，更有乌克兰政客提出在乌正式加入北约前就可直接请求在乌建立北约军事基地的问题。2018 年 9 月 17 日，乌克兰总统波罗申科正式签署命令，终止《乌俄两国友好合作伙伴关系条约》。

---

① “乌克兰：俄罗斯外交的最大‘负资产’”，《世界知识》，2018 年第 20 期。

2018年11月25日，俄罗斯与乌在刻赤海峡发生武装冲突后，北约秘书长斯托尔滕贝格重申支持乌克兰加入北约，北约还向乌克兰军方提供一批“安全的”通信装备，这批装备是北约向乌克兰提供的4000万欧元军事援助的一部分。

5. 在俄周边频繁举行大规模军事演习

北约和俄罗斯的关系剑拔弩张，双方军演规模不断升级。2018年，北约多国部队在俄周边举行的军事演习，规模之大，距俄之近，次数之多前所未有。

一是北约与乌克兰举行代号为“海上微风”的多国联合军事演习。2018年7月9~21日，“海上微风—2018”多国联合军事演习当地时间9日在乌克兰南部港口城市敖德萨等地拉开帷幕。来自19个国家的2000多名官兵、近30艘舰船、约25架飞机和直升机等参加此次演习，演习由美国和乌克兰主导。据乌通社报道透露，此次参演国家多为北约成员国或北约“和平伙伴关系计划”的参与国。

二是北约与格鲁吉亚举行代号为“高贵伙伴”联合军事演习。格鲁吉亚、美国等13个国家2018年8月1~16日在格鲁吉亚首都第比利斯附近的瓦贾尼军事基地举行代号为“高贵伙伴”的年度联合军演。根据格鲁吉亚国防部发表的声明，来自美国、英国、德国、爱沙尼亚、法国、立陶宛、波兰、挪威、土耳其等9个北约成员国以及来自格鲁吉亚、乌克兰、阿塞拜疆、亚美尼亚等4个北约“和平伙伴关系计划”参与国的3000多名军事人员参加此次联合军演。军演内容包括首长司令部演习和实兵演习两部分，旨在提高参演国部队的战斗技能并促进相互协同能力。

三是北约与乌克兰举行代号为“晴朗天空—2018”联合军事演习。2018年10月8~19日，乌克兰和北约的比利时、英国、丹麦、爱沙尼亚、荷兰、波兰、罗马尼亚和美国举行了“晴朗天空—2018”联合军演，演习在乌克兰赫梅利尼茨基州和文尼察州举行。美国第一次联合其他几个北约盟国挥师进驻乌克兰，在距离俄西部边境只有 20～300 公里的地方举行联合军事演习，这是以前从未有过的。俄罗斯也是第一次如此清晰地感受到来自乌克兰方向的军事威胁。

四是北约在靠近俄的挪威及周边举行代号为“三叉戟接点—2018”自冷战结束以来最大规模联合军事演习。2018 年 10 月 25 日至 11 月 7 日，北约在挪威及其周边地区举行为期两周的“三叉戟接点—2018”联合军事演习。此次军演集结了包括北约 29 个成员国以及 2 个伙伴国（芬兰、瑞典）军队在内的庞大军力。参演阵容包括近 5 万名官兵、250 架各型军机、65 艘战舰（包括美军“杜鲁门”号核动力航母、“硫磺岛”号两栖攻击舰）以及 1 万多辆战斗车辆，演习地点包括挪威、芬兰和冰岛，演习持续至 11 月 7 日结束，威慑俄军意味十分明显。

北约强化对俄的军事威慑，其目的就是要遏制和防范俄罗斯。2018 年 3 月美国《新闻周刊》网站发布兰德公司的一份报告称“俄将在东欧战胜北约”，并建议北约必须用“更强有力的姿态”来应对俄罗斯军事实力的增强。早在 2016 年，美国兰德公司发布类似的报告称“俄罗斯能在 36 小时内颠覆波罗的海三国”。从兰德公司的报告看出，北约为赢得对俄的战略优势，未来仍将加大抵近俄罗斯边境的军事部署，北约秘书长斯托尔滕贝格还表示，北约将加快实施“战备行动计划”，在中东欧成立一个指挥控制中心，统一指挥规模将达 4 万人的快速反应部队；一支 5000 人的“先锋部队”将进驻罗马尼亚，以增强在黑海地区的军事存在，进一步加大对俄军事威慑的力度。

二、俄罗斯针对北约的军事威慑采取的主要措施

面对北约不断强化对俄的军事部署，俄深感来自北约的军事压力日

益加重，决心采取针锋相对的综合反制措施，以确保本国的战略利益免受损害。

1. 针对北约在波兰及波罗的海三国驻军情况，俄不断加强西部边境地区的军事力量，以应对来自北约的威胁

对于北约在俄西部边境加强针对性的军事部署，俄罗斯认为这是继北约多轮东扩后跨越的另一雷池。俄总统普京称，北约的“狂暴军事化”正打乱欧洲的军事平衡：“北约在波兰、波罗的海沿岸地区部署快速反应部队，补充进攻性武器库存，这一切都旨在破坏数十年建立起来的军事均势。”俄《国防》杂志主编科罗特琴科曾指出：“随着北约东扩至俄罗斯边境，过去的战略缓冲区已经荡然无存，西部军区部队必须随时处于待命状态，以应对可能出现的冲突。”

面对西部边境的严峻形势，俄军加强第 6 和第 20 诸兵种合成集团军的实力并重新组建了第 1 近卫坦克集团军，西部军区兵力不足的情况得到有效缓解。目前，在与北约相邻的俄西部军区总兵力已达到 33 万，在兵力和常规武器上已对“正面之敌”拥有绝对优势。据俄罗斯媒体透露，俄已在加里宁格勒部署了“伊斯坎德尔”导弹系统。最新型的“伊斯坎德尔”导弹可轻易突破美国反导系统，必要时可对美部署在东欧的反导系统进行打击，瘫痪其反导能力。同时，波罗的海舰队也新增多艘战舰和其他武器装备，其海上作战能力得到大幅提升。

为防止北约不断蚕食俄罗斯在黑海地区的既得利益，俄罗斯已经开始加强在黑海地区的军事建设，目前正在建造可停泊各类海军舰艇的现代化海军基地，预计将有至少 6 艘“基洛”级柴电潜艇进驻。俄罗斯还在克里米亚半岛等敏感区域部署了 S—400 防空反导系统、“铠甲”弹炮结合防空系统等一系列现代化武器装备。

2. 针对美在东欧部署反导系统，俄采取“不对称”手段，发展攻击性能更强的高端武器

俄总统普京2018年3月1日在发表国情咨文时，高调展示了俄罗斯正在研发或测试的多种高科技武器，其中就包括“匕首”高超音速导弹，其飞行速度相当于音速的10倍，可突破一切现有的防空反导系统。俄已成功进行了试验，并在俄南部军区列装。俄空天军副司令谢尔盖·德罗诺夫中将称，从2017年起搭载“匕首”高超音速导弹的飞行大队进行了350多次飞行，从2018年4月起，搭载“匕首”这种导弹的米格—31飞机在战略威慑的框架内在里海上空执行例行战备值班。俄总统普京称，“新武器的研发会让美国领导下的北约导弹防御系统毫无用处”。俄总统普京在2018年发表的国情咨文中还提到“先锋”导弹系统。该导弹能以20倍音速的速度飞行，“它会像陨石、像火球一样飞向目标，其表面温度可达1600至2000摄氏度”，即便如此，“导弹在此温度下仍能可靠制导”①。

普京2018年6月7日在“直播连线”期间表示，“先锋”高超音速武器已开始批量生产，将于2019年装备俄军部队。他强调，“先锋”是先进的“撒手锏”武器，其速度高达20多马赫，“先锋”导弹在15分钟内便可由俄罗斯境内飞抵美国华盛顿。并且在未来几年内其他国家也不太可能研发出这样的武器。另据塔斯社2018年10月29日报道称，俄罗斯国防工业综合体的消息人士向塔斯社透露，俄首个“先锋”导弹团（装备高超音速机动战斗部的导弹）将在2019年年底前加入战斗值班。该团最初至少配备2套导弹系统，随后将增加到规定的6套。现行国家武器计划规定，到2027年要部署两个“先锋”导弹团②。

据美国情报机构报告称，俄罗斯新型“先锋”高超音速武器或将在

① 俄罗斯《晨报》网站2018年10月31日电。

② 俄罗斯卫星通讯社2018年6月7日电。

2020 年具备作战能力。美国战略司令部司令约翰·海滕将军在美参议院军事（常设）委员会说，“我们没有任何防御系统可以抵御针对我们的这一武器”①。

俄罗斯研发的高超音速导弹，可有效突破美国部署的导弹防御系统。俄应对美在东欧部署反导系统的做法是不与美搞军备竞赛，而是采取“不对称”的做法，你发展你的“盾”，我发展我的“矛”，少投入，大回报。俄罗斯的“矛”日益锋利，能轻易刺破北约的“盾”。北约在东欧部署的反导系统将“形同虚设”，是“破了洞的雨伞”。

3. 针对乌克兰、格鲁吉亚欲加入北约的问题，俄运用多种手段迟滞其入约步伐

乌克兰和格鲁吉亚是对俄核心利益生死攸关的国家，北约东扩至乌克兰将进一步改变欧洲战略平衡与稳定，将严重威胁俄的国家安全，俄利用一切手段防止其投入北约的怀抱。

首先，俄分别于 2008 年和 2014 年出兵干预介入格鲁吉亚和乌克兰两国事务，打乱了北约渴望尽快将上述两国变为北约成员国的计划。

其次，通过外交途径向北约和乌克兰、格鲁吉亚发出严厉警告。2018 年 7 月 19 日，俄总统普京在会见俄驻外大使及常驻外国机构的代表时指出，任何希望促成乌克兰、格鲁吉亚这两个国家加入北约的人，都应该考虑到这种不负责任的政策带来的后果。普京认为，如果北约同意接纳乌克兰和格鲁吉亚，俄罗斯便会将此视为对其构成直接威胁的挑衅性行为，并必将作出反应。2018 年 10 月 29 日，俄外交部泛欧合作司司长安德烈·科林表示，如果乌克兰和格鲁吉亚加入北约，必定为俄罗斯带来新的军事和经济问题，俄国将被迫以索契为中心，构筑一条新的针对北约的防御带。

---

① 美国消费者新闻与商业频道网站 2018 年 5 月 15 日电。

最后，支持乌克兰东部分离主义势力。2017 年 2 月 18 日，俄总统普京签署了一份政令，宣布从今开始，乌克兰东部分裂势力盘踞的亲俄组织所颁发的护照将被俄罗斯联邦承认有效。普京的命令涉及区域包括乌克兰东部卢甘斯克和顿涅茨克亲俄、反叛乌克兰基辅政权的地区。除了护照，该政令还显示“上述地区现当下掌权政府所发放的身份证件、学历证明、专业证明、出生或死亡证等均将被俄罗斯联邦认可”[①]。

乌克兰和格鲁吉亚能否加入北约，取决于俄美之间的角力。只要俄罗斯采取毫不妥协的态度，只要北约（美国）没有胆量与俄罗斯公然发生军事冲突，乌克兰和格鲁吉亚加入北约的前景则依然不容乐观。

4. 针对北约在俄周边地区频频开展的联合军演，俄罗斯几乎以同样规模的军演针锋相对

一是 2018 年 8 月 22 ~ 29 日在俄举行代号为“和平使命—2018”的上合组织成员国联合军事演习。参演国包括俄罗斯、哈萨克斯坦、塔吉克斯坦、吉尔吉斯斯坦、中国、印度和巴基斯坦，乌兹别克斯坦派 10 人作为观察员出席。这也是印度和巴基斯坦首次以参演成员身份进行联合军演。本次演习主要以陆军、空军以及新型作战力量为主，总兵力超过 3000 人，各型武器装备近 500 件。中方派出参演兵力 700 余人，包括 1 个陆军装甲坦克战斗群、1 个空军战斗群和 1 个特种作战分队。参演部队编成联合作战集群，把握联军反恐作战特点，分为“侦察、封控、机降、抗击、清剿、追击”6 个阶段实施，全面检验参演各国联合筹划、联合指挥、联合打击、联合保障水平。

二是 2018 年 9 月 11 ~ 17 日，举行代号为“东方—2018”大规模战略演习。2018 年 9 月 11 ~ 17 日，俄军在远东地区以及太平洋远东沿岸海域举行了“东方—2018”大规模战略演习。参加演习的有俄军军事指

---

① 新华社莫斯科 2017 年 2 月 18 日电。

挥机关、中部军区、东部军区，北方舰队、空降兵、远程和军事运输航空兵所属兵团。共有约 30 万名军人参加，动用 1000 余架飞机、直升机和无人机，以及 36000 台（套）坦克、装甲运输车以及其他车辆，另外还有 80 艘舰艇和保障船只。此次战略演习的主要目的是检查军事指挥机关在筹划和组织军队（力量）集群远距离机动、组织陆军集群和海军力量之间的协同，指挥员和指挥机关在指挥部队（力量）准备和实施军事行动时的技能水平①。

三是 2018 年 10 月 11 日，俄举行三军战略核力量军事演习。与以往不同的是，2018 年 10 月 11 日，俄总统普京直接下令俄军举行陆海空三军战略核力量军事演习，俄军在这次战略核力量演练中，海基战略核力量从巴伦支海和鄂霍次克海通过战略导弹核潜艇发射了“圆锤”潜射巡航导弹。空基战略核力量通过图—22M3“逆火”中远程战略轰炸机、图—95MS“熊”式远程战略轰炸机和图—160“白天鹅”远程战略轰炸机发射了 KH—102 等空射制导导弹。经改装后的图—160 战略轰炸机，其航程由原来的 1.1 万公里增加到 1.3 万公里。机载武器射程更远，精度更高，威力更大，还可携带核弹头。俄军方称，即便在敌方防空能力较强的情况下，图—160 也能够突破敌方防空体系，对关键节点实施精确轰炸，这在未来局部战争中将会发挥重大作用。俄罗斯战略火箭兵模拟发射了其现役最先进的“白杨”和“亚尔斯”等陆基洲际导弹，三军导弹齐射的场面相当震撼。俄国防部指出，统一空间系统和地面雷达即时发现监控了所有导弹的发射过程，并称所有军演任务均圆满完成②。

“以核制常”是俄罗斯军事战略的重要组成部分，也是对美实施战略反制的重要“撒手锏”。俄 2018 ~ 2027 年新国家军备计划，其拨款额度初步定为 19 万亿卢布（约合 3150 亿美元），新军备计划仍将重点关

---

① 崔岩：“‘东方—2018’大规模战略演习”，《装备参考》，2018 年 9 月 20 日。

② 俄罗斯卫星通讯社 2018 年 10 月 12 日电。

注战略核力量：空基巡航导弹、潜射弹道导弹和地面洲际载具。例如，2018～2027年，将重点发展新的RS—26“边界”固体燃料战略导弹、“巴尔古津”铁路机动导弹发射系统和RS—28萨尔马特液体燃料导弹等。

四是2018年11月1～3日，俄在挪威海举行为期三天的“导弹演习”。俄军此次演习的时间，地域与北约举行的“三叉戟接点—2018”大规模军演高度重合。此举表明，俄不惧怕北约的军事威慑。更令人惊叹的是，在北约极具挑衅的“三叉戟接点—2018”大规模军演达到高潮之际，2架俄图—160战略轰炸机在巴伦支海和挪威海上空展开了长达10多个小时的核威慑飞行，俄图—160战略轰炸机最远到达了距离挪威海岸只有13.9海里的位置。来势汹汹的俄战略轰炸机，给提供此次北约军演主场地的挪威进行一场实实在在的战略威慑，令挪威毛骨悚然[①]。11月2日，俄又派出两架图—142大型反潜巡逻机低空飞越正在参加演习的北约国家的军舰，令北约军队的官兵措手不及。

从2008年俄格军事冲突，引发俄与北约军事对峙，到2014年俄归并克里米亚，导致北约与俄罗斯的关系降到冷战以来最低点，无不显示出俄与北约关系的复杂性与困境。俄与北约之间的对抗态势20多年来一直未能根本改变，“分歧大于共识、冲突多于合作”成为双方关系的一个显著特征。近年来，俄与北约发生军事冲突的风险在急剧上升，未来俄与北约关系如何发展，能否克服双方长期形成的“历史羁绊”以重建彼此之间消耗殆尽的信任并化解双方在核心战略利益上的冲突，这些问题不仅事关欧洲的安全与稳定，而且对于整个国际关系的发展也将产生重大影响，值得我们进一步审视和关注。

① 俄罗斯卫星网2018年11月1日报道。

习近平周边外交思想与中亚

◎ 赵常庆

在习近平外交思想中，周边外交思想是其重要组成部分。它的核心要义是：着力打造睦邻友好关系；力争建立和平稳定周边环境；经济方面与周边国家互利共赢，共同发展；努力缔造“人类命运共同体”。在这一思想指导下，中国在大发展、大变革、大调整的世界中能够游刃有余地处理好与周边国家的关系，为实现“两个一百年”奋斗目标和中华民族伟大复兴的中国梦创造有利的外部环境。本文强调，习近平周边外交思想并不是以往中国周边外交思想的简单重复，而是在继承的基础上有很大的发展，在中亚的实践充分展示其正确性和有效性，是今后中国对中亚国家外交工作的长期指导方针。

一、习近平周边外交思想的内涵

中共十八大以来，以习近平同志为核心的党中央为中国外交指明了方向，使中国在大发展、大变革、大调整的当代世界中开创了外交新局面，与包括周边国家在内的很多国家建立了良好的伙伴关系，成功应对

赵常庆，国务院发展研究中心欧亚社会发展研究所副所长、研究员。

来自各方的挑战，为国家发展和实现“两个一百年”的奋斗目标与中华民族伟大复兴的中国梦创造了有利的外部环境。中共十九大对中国外交作出新的指引。2018 年 6 月 22 日习近平在中央外事工作会议的讲话，使十九大外交方针政策进一步具体化，形成了完整的习近平外交思想，成为我国对外工作的基本遵循和行动指南。

中共十九大确定的习近平外交思想的基本要义是：“高举和平、发展、合作、共赢的旗帜，恪守维护世界和平、促进共同发展的外交政策宗旨，坚定不移在和平共处五项原则基础上发展同各国的友好合作，推动建设相互尊重、公平正义、合作共赢的新型国际关系”①。另外还强调，世界各国人民要“同心协力，缔造人类命运共同体，建设持久和平、普遍安全、共同繁荣、开放包容、清洁美丽的世界”，将“推动人类命运共同体建设，共同创造人类的美好未来”② 作为外交工作的目标和任务。可以看到，中共十九大确立的外交方向是：维护世界和平，促进各国共同发展繁荣，构建新型大国关系和缔造人类命运共同体。

在 2018 年 6 月 22 日召开的中央外事工作会议上，习近平对十八大以来的外事工作作了系统的梳理和总结，对中国外交政策提出了 10 个“坚持”，将十九大制定的外交方针政策更加系统化、理论化，具有更大的指导意义。习近平主席要求外事工作者要准确把握当前中国外部环境的基本特征，利用“三观”思维，统筹国内外工作两个大局，将外交工作与国内需要联系起来考虑，从维护国家主权、安全和发展利益出发开展对外工作，努力开创中国大国外交新局面。

习近平主席提出的中国外交 10 个“坚持”的主要思想是，必须坚持党对外交工作的统一领导，外交工作要为中华民族实现伟大复兴服

---

① 习近平：《决胜建成全面小康社会，夺取新时代中国特色社会主义伟大胜利》，见《中国共产党第十九次全国代表大会文件汇编》，人民出版社 2017 年版，第 45 页。

② 习近平：《决胜建成全面小康社会，夺取新时代中国特色社会主义伟大胜利》，见《中国共产党第十九次全国代表大会文件汇编》，人民出版社 2017 年版，第 47 页。

务，要将构建人类命运共同体、实现“一带一路”建设、实现世界和平发展、打造全球伙伴关系、引领全球治理体系改革作为自己的使命，强调外交工作要坚持服务于维护国家核心利益、国家主权、安全、发展利益，中国外交要体现自己的特点和风范。习近平在中共十九大报告和2018年6月22日中央外事工作会议上的讲话是新时代中国特色社会主义外交思想的集中体现，确立了新时代习近平外交思想对中国外交工作的指导地位。

习近平周边外交思想是习近平外交思想的重要组成部分。习近平周边外交思想在中共十九大报告、中央外事工作和其他有关讲话中都有所论述，但更集中体现在习近平2013年10月25日在中央召开的研究周边外交工作会议的重要讲话中。习近平在中共十九大报告中明确表示，中国要“按照亲诚惠容理念和与邻为善以邻为伴周边外交方针深化同周边国家的关系”，在中央外事工作会议讲话中多次提到周边外交问题。他说，“要做好周边外交工作，推动周边环境更加友好、更加有利”，“要深化同发展中国家团结合作，推动形成携手共进、共同发展新局面。广大发展中国家是我国在国际事务中的天然同盟军，要坚持正确义利观，做好同发展中国家团结合作的大文章”。须知，中国周边国家除个别国家外基本上都是发展中国家。此外，关于构建人类命运共同体和“一带一路”建设等论述都与周边国家有重要关系。

习近平周边外交思想，以及在此基础上形成的周边外交方针政策可归纳为以下几点。

第一，在坚持和平发展的基础上，与周边国家建立睦邻友好关系。中国有句谚语：“远亲不如近邻。”居家关系是如此，国家关系也是一样。推动周边环境更加友好，可以做到国家安宁、经济发展、人民能够友好往来和提升福祉，对各国都有利。因此，习近平强调“与邻为善、以邻为伴，坚持睦邻、安邻、富邻，突出体现亲诚惠容的理念。发展同周边国家睦邻友好关系是我国周边外交的一贯方针”①。习近平不仅论述了中国周边外交方针政策，还指出了打造睦邻友好关系的方法。他说：“守望相助；讲平等，重感情；常见面，多走动；多做得人心、暖人心的事，使周边国家对我们更友善、更亲近、更认同、更支持，增强亲和力、感召力、影响力。”② 习近平告诉我们，与邻国既要勤交往、多走动，还要有诚意，要心胸坦荡、充满善意，使它们能与我们结为真正的朋友和伙伴。迄今，中国已经与许多周边国家建立战略伙伴关系或全面战略伙伴关系，这是在习近平周边外交思想指导下，取得的周边外交工作的巨大成就。

第二，努力维护周边和平稳定的大局。目前世界处在大发展、大变革、大调整时期，既充满希望，也充满挑战。中国周边国家是世界的一部分，各国形势尽管与世界形势大体相似，但由于它们皆位于21世纪蓬勃发展的亚洲，其形势多少还有些不同。如何看待这些国家的形势，对于中国采取什么样的政策相当重要。习近平乐观评价周边国家的形势及其与中国的关系。他说：“我国周边充满生机活力，有明显发展优势和潜力，我国周边环境总体上是稳定的，睦邻友好、互利合作是周边国家对华关系的主流。”③ 习近平的判断是正确的、实事求是的和符合实际的。这与有些人过于夸大中国周边形势的严峻有很大的不同。实际情况正如习近平所说的，周边国家大多数是与中国友好的，而且随着中国的发展，友好关系会越来越巩固和深化。与此同时，习近平也指出了我国周边并非没有任何问题，亦存在风险和挑战。

对于如何做好同周边国家的工作，习近平强调，“要从战略高度分析和处理问题，提高驾驭全局、统筹谋划、操作实施能力，全面推进周

① 习近平：“在周边国家外交工作座谈会上的讲话”，新华网，2013年10月25日。
② 习近平：“在周边国家外交工作座谈会上的讲话”，新华网，2013年10月25日。
③ 习近平：“在周边国家外交工作座谈会上的讲话”，新华网，2013年10月25日。

边外交”[①]。中共十九大确定了实现“两个一百年”宏伟目标和中华民族伟大复兴的中国梦的任务，这就需要有稳定的国内环境和周边环境加以保证。维护周边和平稳定是实现我党确定的战略目标的需要，自然应该成为中国周边外交的重要任务。

我们知道，中国是世界上周边国家最多的国家之一，也是由于历史和现实原因周边形势较为复杂的国家。在中国周边国家中，有联合国安理会常任理事国俄罗斯，发达国家日本，但更多的是发展中国家。近年来，中国与这些邻国大多保持良好的关系。不过，由于中国邻国中属于世界热点地区和存在热点问题的国家不少，同时存在大国博弈的影子，特别是美国是很多冲突和对峙的直接参与者或者是幕后推手。美国为遏制中国的发展，对中国不断施加威胁与挑衅，包括在中国周边国家和地区活动频频。美国除直接在阿富汗参战以及支持日本等国在钓鱼岛和南海对中国发出武力威胁外，还在中国周边一些国家，例如在中亚国家、柬埔寨等国策动“颜色革命”，因此，中国周边外交除要做好与周边国家的工作外，还要应对美国的挑战。这就使得中国周边外交工作面临艰巨复杂的任务，具有挑战性。

周边国家欲保持和平稳定的局面必须解决好安全问题。安全方面除传统安全威胁外，还存在非传统安全威胁，包括“三股势力”、来自阿富汗和金三角的毒品、不良网络传播、走私、非法移民等。针对这些问题，习近平指出：“我国同周边国家毗邻而居，开展安全合作是共同需要。要坚持互信、互利、平等、协作的新安全观，倡导全面安全、共同安全、合作安全理念，推进同周边国家的安全合作，主动参与区域和次区域安全合作，深化有关合作机制，增进战略互信。”[②] 2014 年 5 月 21 日，习近平在亚洲相互协作与信任措施会议第四次峰会上提出的“亚洲

① 习近平：“在周边国家外交工作座谈会上的讲话”，新华网，2013 年 10 月 25 日。
② 习近平：“在周边国家外交工作座谈会上的讲话”，新华网，2013 年 10 月 25 日。

安全观”，即“共同安全、综合安全、合作安全、可持续安全”，完全适用于中国周边国家，是打造中国与周边国家安全大厦的基石。

第三，推动形成携手共进、共同发展的新局面，是中国周边外交方针的重要方面。习近平指出，“要本着互惠互利的原则同周边国家开展合作，编织更加紧密的共同利益网络，把双方利益融合提升到更高水平，让周边国家得益于我国发展，使我国也从周边国家共同发展中获得裨益和助力”①。中国一贯视与邻国的经济合作是相互帮助，而非单向的。这种合作要有利于互利共赢、共同发展。中国不做以邻为壑的事情，也不像美国特朗普政府那样奉行本国利益第一政策，为了本国利益肆意撕毁国际协议，破坏国际秩序，践踏国际关系准则，置不少国家于困境。中国倡导对待周边国家要有包容性，以更加开放的胸怀和更加积极的态度促进地区合作。这是中国遵循的理念和行为准则。

第四，努力与周边国家缔造“人类命运共同体”。谋求和平安定的生存空间，拥有美好富裕的生活、清洁美丽的家园和环境，是包括中国和周边国家在内的各个国家的共同愿望。中国有实现中华民族伟大复兴的中国梦，周边国家也有本国的发展目标和美好梦想。习近平说：“把中国梦同周边各国人民过上美好生活的愿望、同地区发展前景对接起来，让命运共同体意识在周边国家落地生根。”② 中共十九大把“推动人类命运共同体建设”写入大会报告中，2018 年 6 月 22 日讲话也把“坚持以维护世界和平、促进共同发展为宗旨推动构建人类命运共同体”作为中国外交的重要指导方针和历史使命，这也是习近平周边外交思想的重要组成部分，而且是更为重要的部分。

我们知道，中国周边外交政策提法从“睦邻、安邻、富邻”“与邻为善，以邻为伴”再到习近平提出的“亲诚惠容”的变化，不是中国

① 习近平：“在周边国家外交工作座谈会上的讲话”，新华网，2013 年 10 月 25 日。
② 习近平：“在周边国家外交工作座谈会上的讲话”，新华网，2013 年 10 月 25 日。

周边外交政策的简单重复，而是在继承基础上有很大的发展，赋予了中国周边外交思想新的更加丰富的内涵。

中国周边外交政策前两种提法突出的是“睦”与“善”，而习近平新时代周边外交政策在肯定“睦”与“善”的同时，更加突出“亲”与“诚”。这种变化表明，中国不仅要与邻国友好，善意对待它们，而且要更亲近，更具有诚意，是诚心诚意与邻国和睦相处，所打造的不仅是伙伴关系，而要成为关系更加亲密的“亲戚”关系。在中国，亲戚关系要比伙伴关系更密切，具有血肉相连、血浓于水的关系，也就是真诚要比善意更上一个台阶。

“惠”既代表给对方好处，也表明“互惠”关系。这意味着，中国视与周边国家的经济关系不是单向施舍，而是相互帮助。中国不因对周边国家有所帮助洋洋自得，而同样对周边国家给予中国的帮助时刻铭记在心。

习近平周边外交思想的更大发展表现在更加注重与周边国家共同安全，缔造“人类命运共同体”，以及更加强调包容性。“亲诚惠容”四字方针中的“容”就是指包容。包容意味着不同社会制度的国家可以和平共处，经济发展模式不同的国家可以共存，文化不同的国家可以互鉴。国家不分大小、强弱一律平等。偌大的太平洋能够容下中美两个大国，偌大的亚太地区可以容下包括中国周边国家在内的亚太国家。习近平周边外交思想中的“容”，凝聚了“和平共处五项原则”精神，是集“和平共处五项原则”之大成。包容是与周边国家缔造“人类命运共同体”的必要条件，是中国作为一个大国对待周边邻国必须具有的博大胸怀。

为落实习近平周边外交思想，中国政府制定了一系列政策和措施加以保证。在国际合作方面，通过上海合作组织加强与俄罗斯和中亚国家的关系，通过澜沧江—湄公河合作领导人会议机制深化与相关国家的友好合作，通过中国与东盟的“10＋1”对话机制发展与有关国家的关系等。还有最为重要的合作途径就是推进“一带一路”建设。中国的这项倡议是在哈萨克斯坦和印度尼西亚提出的，也就是在中国周边国家提出的，包括实现“政策沟通、设施联通、贸易畅通、资金融通、民心相通”等内容，通过参与国“共商、共建、共享”，达到互利共赢、共同发展的目的。这项倡议提出后，首先受到周边国家的普遍欢迎，它们都表示要积极参与和推动“一带一路”建设。倡议提出五年来实践已经证明，周边国家是“一带一路”倡议的最为积极的拥护者和参与者，“一带一路”建设的早期成果也最早出现在周边国家，例如，中国—巴基斯坦经济走廊建设，中国经哈萨克斯坦通往欧洲和伊朗的道路联通，中泰和中国印尼高铁项目等。亚洲基础设施投资银行和“丝路基金”的建立都是有助于中国与周边国家加强经济合作的重要举措。中国还通过举办经济博览会和区域论坛等方式加强与周边国家的经济和人文合作。中国与周边国家实现货币互换也是打破美元垄断和发展金融合作的一种有效方式，受到周边国家的欢迎。

中国政府在周边外交实践中，积极和认真地践行习近平新时代中国特色社会主义周边外交思想，例如在下面谈到的与中亚国家的外交实践就充分体现出来。

习近平指出，为做好周边外交工作，“要着力加强对周边国家的宣传工作、公共外交、民间外交、人文交流，巩固和扩大我国同周边国家关系长远发展的社会和民意基础。关系亲不亲，关键在民心。要全方位推进人文交流，深入开展旅游、科教、地方合作等友好交往，广交朋友，广结善缘。要对外介绍好我国的内外方针政策，讲好中国故事，传播好中国声音”①。近年来，中国在与周边国家开展人文合作和民间交流方面不断加大力度，推出新的举措，对周边国家深入了解中国有很大帮助，收到很好的效果，有助于民心相通的形成。

---

① 习近平：“在周边国家外交工作座谈会上的讲话”，新华网，2013 年 10 月 25 日。

二、习近平周边外交在中亚

习近平周边外交思想的正确性和远见卓识，在中亚得到最好的印证。

1. 在政治方面，伙伴关系不断升级，成为全球伙伴关系链条中最为牢固的环节

中国与中亚国家的政治关系的升级基本发生在习近平新时代时期。

继2011年6月13日中哈建立全面战略伙伴关系之后，2013年6月7日习近平访哈期间与哈签署了两国联合宣言，明确表明将全面战略伙伴关系进一步深化，赋予更充实的内涵。

中国与乌兹别克斯坦在2012年建立战略伙伴关系之后，2016年6月22日在习近平访乌时，两国关系升格为全面战略伙伴关系。

中国与塔吉克斯坦于2013年5月建立战略伙伴关系。2017年9月1日升格为全面战略伙伴关系。

中吉在2013年建立战略伙伴关系，2018年6月升格为全面战略伙伴关系。

中土两国于2013年9月3日建立战略伙伴关系。

彼此关系定位的提升，不是彼此关系提法的简单变化，而是标志着彼此关系在政治、经济、安全、人文等领域的互信与合作进一步提升，表明习近平新时代中国特色社会主义周边外交思想所包含的睦邻友好、合作共赢的理念得到中亚国家的认同，使中国与它们的关系朝更加密切和深化的方向发展。

彼此关系发展还表现在领导人经常见面，共商大事，共叙友谊。在中国外交中很少有国家像中国与中亚国家领导人那样频繁会晤。他们每年都会在上海合作组织成员国峰会见面。此外，彼此还在一些重大场合，如参加重大庆典、纪念活动、重大项目竣工、重要国际会议时见面。2013～2018 年习近平主席与纳扎尔巴耶夫总统就会见了 14 次。2017 年，哈、乌、吉三国总统参加了在中国举行的“一带一路”国际高峰论坛，塔吉克斯坦总统参加了在中国举行的金砖国家峰会。2018 年 5 月，中亚有四国总统参加了上海合作组织青岛峰会。

近年来我与中亚国家地方政府、民间团体和个人往来频繁，这同样有助于深化睦邻友好关系，以润物细无声的方式构筑民意基础。

中亚国家对于领导人频繁交往在增进国家睦邻友好方面发挥的作用给予高度评价。哈萨克斯坦总统纳扎尔巴耶夫针对 2013 年 6 月习近平访哈一事就说过，“习近平主席这次访问沿承了两国领导人密切交往的好传统。哈中高度信任、相互支持、真诚合作。哈中关系是睦邻友好的例证”①。

2. 在安全领域，构筑对彼此都有利的和平、安全与稳定的地区环境

习近平周边外交思想的重要内容之一就是通过与周边国家建立睦邻友好关系，共铸和平安全稳定的地区环境。这种环境是彼此都希望和需要的。我国周边国家在共同应对传统安全威胁和非传统安全威胁，应对气候变化和自然灾害等方面存在共同利益，有利于不断加强合作。自中共十八大以来，中国与中亚国家始终将维护地区安全合作作为外交工作的重点。在习近平与中亚国家领导人的会晤中，安全合作是不可缺少的会谈内容。近年来，中国与中亚国家多次举行反恐演习。中国支持中亚国家维护本国安全采取的举措和对阿富汗问题的立场，并在道义和物质上给予支持和帮助。中国还通过上海合作组织反恐机构加强与中亚国家

① “习近平同纳扎尔巴耶夫会谈”，《北京日报》，2013 年 6 月 8 日。

在应对安全威胁方面加强合作。多年来中亚国家已经成为中国周边安全带的重要组成部分。

3. 在经济合作和“丝绸之路经济带”建设方面实现合作共赢、共同发展

2008年世界金融危机给世界很多国家经济带来巨大的冲击，中亚国家也未能幸免，正如哈萨克斯坦总统纳扎尔巴耶夫所说，“2012年，全球还没有摆脱危机，世界各国仍处在水深火热之中，困难重重”①。此后几年，中亚国家经济在缓慢恢复。然而，世界经济不景气带来的大宗商品价格下降，再次给以生产能源和原材料为主的中亚国家经济造成重创。面对这种情况，2013年6月7日习近平在哈萨克斯坦提出的“丝绸之路经济带”倡议成为“帮助它们（中亚国家）摆脱危机的良策”②。中国力所能及地给予中亚国家以帮助，通过投资、优质产能转移等，为中亚国家缓解经济困难、促进经济发展和提升彼此经济合作水平提供了动力。

“丝绸之路经济带”建设是落实习近平周边外交思想的具体实践，符合中亚国家的需求和利益，因此受到中亚国家的普遍欢迎。该倡议倡导的“共商、共建、共享”原则使参与国具有平等感和获得感，可以充分将本国发展规划与倡议对接，更重要的是有利于参与国互利共赢，共同发展。

中亚地区是中国提出的“一带一路”经济走廊建设的必经之地，“丝绸之路经济带”倡议的“五通”主张已经在中亚国家取得早期收获，其中以设施联通最为明显。如今由中国发出通往欧洲和中西亚的货运专列大多都要经过哈萨克斯坦，已经常态化和制度化。道路联通给哈

---

① “哈总统纳扎尔巴耶夫谈中哈经贸合作”，俄罗斯中文网站，2018年2月15日。

② 哈总统纳扎尔巴耶夫语，来源同上。

萨克斯坦带来巨大的红利，仅年过境费即达 50 亿美元。除铁路外，经哈萨克斯坦通往欧洲的“双西公路”、中吉乌国际公路基本建成，有力地促进了跨国运输和物流业在中亚国家的发展，有利于它们实现地区一体化和参与经济全球化进程。

除铁路和公路运输外，还要提到输油输气管道的联通。中哈输油管道 2006 ~ 2018 年已经向中国输油 1.1 亿吨，西起土库曼斯坦东至中国的中亚—中国输气管道共由 A、B、C、D 四条管线组成，分别通过中亚五个国家。土库曼斯坦丰富的天然气，还有乌、哈两国的天然气，可以通过这些管道输送到中国。中亚五国，特别是缺乏天然气的吉尔吉斯斯坦和塔吉克斯坦都可从中受益。

在工业项目建设、金融、物流、电子商务等领域也在开展广泛的合作。例如，在工业项目建设方面，一些示范性的甚至堪称中亚或者是项目所在国之最的大项目，如：乌兹别克斯坦的甘姆奇克隧道、哈萨克斯坦最大的东哈州阿克托盖铜选矿厂、技术先进的奇姆肯特石油炼制厂二期工程等已经建成，这些都是中国与中亚国家“丝绸之路经济带”建设框架下的示范合作项目。2017 年中国与哈萨克斯坦签署的总值达 270 亿美元的 51 个项目中有的已经完成，有的即将启动。中国优质产能项目在中亚国家落地的还有在塔吉克斯坦的发电厂和水泥厂，吉尔吉斯斯坦的天山陶瓷厂等。这些项目不仅满足了塔、吉两国的需求，还有能力出口。在“一带一路”倡议带动下，酝酿多年的中吉乌铁路建设也有望启动。

在金融融通方面也取得很大进展。资金不足是制约中亚国家发展的难题之一，各国都在通过各种办法破解这个难题。除从国际金融机构和一些国家获得贷款外，“丝绸之路经济带”建设发挥的融资功能也对各国有所帮助。中亚国家均加入了亚投行，这不仅反映出中亚国家对中国倡议的支持，也有利于通过该行发展与中国的金融合作。由中国倡导建立的“丝路基金”也在为中国与中亚国家合作项目提供资金支持，受到中亚国家的欢迎。哈萨克斯坦阿斯塔纳国际金融中心在组建和运营中均得到中国的帮助，为中亚国家经济发展和将本国经济发展战略与“丝绸之路经济带”倡议对接助力。人民币国际化在中亚国家得到体现，在哈萨克斯坦的中国银行成为中亚地区人民币清算行，与一些国家开展了货币互换业务。

各国通过深化人文合作为民心相通助力。人们注意到，在“一带一路”倡议提出后，中国与中亚国家间的人文合作在原有合作的基础上迅速扩大和深化。这种合作不仅表现在国家层面，也深入到地方层面。目前中亚国家在华留学生数量成倍增加，仅哈萨克斯坦就有1.4万人，塔吉克斯坦有2000多人，留学生层次也在提高，有不少学生在攻读硕士和博士学位。除教育外，“丝绸之路经济带”建设还推动了中亚国家了解和研究中国的升温，也推动了中国对中亚国家研究的深入。目前中国拥有的中亚研究机构不下10多家，仅哈萨克斯坦研究中心就有5个。中国在中亚国家开办的孔子学院13所和孔子课堂22个。教育、文化、科学、医疗、体育、考古、传媒等部门也在“丝绸之路经济带”建设热潮中纷纷与中亚国家相关部门展开合作，如哈萨克斯坦广播电视总公司与中国中央电视台、哈通社与中国新华社签署了合作协议。

构建“人类命运共同体”是中国重大外交工作之一。应该说，中国与中亚国家在这个问题上具备多个有利条件，这是指：中国与中亚国家有相似的历史记忆和命运；在维护国家独立和主权以及发展经济方面存在广泛共识；很多问题，如应对安全威胁、水资源利用和环境保护等方面需要共同应对；中国与中亚国家经济存在很强的互补性；中国与中亚国家关系很好，互为全面战略伙伴关系或战略伙伴关系，不存在尚未解决的影响彼此关系的重大问题，对地区和国际问题存在相同或相似的立场；中国和四个中亚国家是上海合作组织的成员，土库曼斯坦也经常以客人身份参会，沟通渠道便利；中国与中亚地区国家都有使国家尽快发展的梦想，并将本国发展战略与“丝绸之路经济带”倡议对接；中国与中亚国家都希望本地区成为和平安全与稳定的、有利于发展经济和改善人民福祉的地区，都希望有清洁美丽的生存环境和美丽的家园等。更为重要的是中国国家主席习近平愿与中亚国家领导人一道为“丝绸之路经济带”建设和构建“人类命运共同体”掌舵领航。这一切决定了中国与中亚国家在构建“人类命运共同体”上具备有利条件。也正因为如此，在上海合作组织发表的宣言中将构建“人类命运共同体”作为共同奋斗目标写入其中。中国与中亚国家有理由和有条件结成“人类命运共同体”，或者是“周边命运共同体”，朝所期盼的目标一道努力，而且要先行一步，在国际社会发挥示范作用。

我们在中亚落实习近平周边外交思想时，除看到有利条件和取得的成就外，还要看到仍面临一些挑战。例如，习近平在周边国家外交工作座谈会讲话中要求在经济合作方面尽快建立自贸区，但与中亚国家的商谈中，迄今仍还没有与任何一个国家做到这一点。还有，如何提升国家间的相互认知，真正做到民心相通，仍有很多工作要做。特别是当今世界大变局对中亚国家会产生影响，中亚国家又是一些大国觊觎的对象，它们本身也面临着外交抉择。在这种情况下，即使是对各国都有利的事情也未必能够一步到位，一些合作往往要经过“好事多磨”的过程，最终方能修成正果。好在习近平周边外交思想为中国周边外交指明了方向，为中国与中亚国家合作廓清了路径，在中国与中亚国家共同努力下，合作道路会不断加宽，越走越顺，构建“人类命运共同体”的目标在可预见的将来，在中国与中亚国家共同努力下定会逐渐实现。

“丝绸之路经济带”倡议在中亚五周年：成就与问题

◎ 许 涛

2018 年是习近平主席在哈萨克斯坦提出建设“丝绸之路经济带”倡议五周年。作为推动这一倡议落实的境外首要区域，中亚地区在这五年中发生了许多显著变化。这些变化有些是源于中亚各国社会发展进入深化转型阶段的内生性动力提升，有些则直接因为中国领导人提出构建“丝绸之路经济带”倡议引起的积极反应。本文借此系统总结中亚各国参与“丝绸之路经济带”框架下政治、经济、人文合作的主要成果，分析阻碍这一倡议落实的各类问题和困难，以有助于继续推动中国与中亚地区各国更加全面、深入、有效合作。

2013 年 9 月，习近平主席在哈萨克斯坦首都阿斯塔纳纳扎尔巴耶夫大学演讲时提出了共建“丝绸之路经济带”的重大倡议。众所周知，中国国家领导人之所以选择在中亚地区领土大国哈萨克斯坦访问时提出此项重要倡议，这本身足以说明这一地处中国西邻的地区对促进和实现“丝绸之路经济带”建设的不可替代意义。从“丝绸之路经济带”提出

许涛，中国现代国际关系研究院研究员，国务院发展研究中心欧亚社会发展研究所上合组织研究室主任、研究员。

至今五年来，在中亚地区不仅持续出现对这一倡议的热烈反响，而且各国领导层、政府、学界以及大型企业也正在采取越来越理性、务实的行动，努力将本国的经济规划和发展战略与中国领导人提出的“丝绸之路经济带”倡议结合起来。一系列与各国经济发展关键环节意义重大的标志性项目的实施与完成，更加增添了实现这一共同愿景的信心。在这五年期间，中亚各国度过了独立建国 25 周年的重要节点。经过四分之一世纪的国家转型探索，所有中亚国家业已基本完成了主权巩固、政权结构、国民经济、对外政策等主要功能的构建。尤其是多数中亚国家经历了由“后苏联政治”向独立民族国家权力体制的过渡，在这一艰难过程中逐渐确立了各自的国家政治类型和社会文化认同，社会稳定系数与国家发展路径的清晰度大大提高。中亚各国独立民族国家构建的深化与成熟，无疑成为在这一关键地区推动“丝绸之路经济带”建设和一系列相关项目落实的重要政治保障。

一、国家层面达成基本政治共识和政策对接

中亚地区地处欧亚大陆的中心，历史上各民族文明形态发展受到地缘环境严重制约，导致中亚本土社会发展内力相对不足。而同时中亚地区占据欧亚非三大地理板块和中国、印度、巴比伦三大文明之间的重要地理位置，文化交融十字路口的地位带来了一种历史上多次重复的宿命：每当在中亚周边出现一个足够强大的政治、经济、文化中心时，它们几乎无一例外地将自己的影响力向中亚地区释放、渗透、覆盖。尽管这种影响是多原因、多方式和多方向的，但基本都以中亚民族被动承受为主要形式，而且几乎每次都伴随着征服、战争甚至屠杀。这样的域外强权影响一次次造成中亚文明发展进程的中断、变异、改道，一次次改写中亚民族的文化基因，同时也在客观上推动了中亚社会的进步。中亚

各国获得独立后，域外强权再也不可能施加以往的影响，但新生的中亚民族国家借助外部影响克服亘古不变地缘封闭困境的需求依然强烈。于是，中亚各国独立25周年来均采取一种向域外大国开放的多边平衡政策，以一种开放性的姿态营造发展的大环境。然而随着冷战后出现的一次次国际政治、经济不规则运动带来的冲击，尤其是近十年全球化快速发展引起的财富不均衡和战略力量失衡，域外影响力给中亚地区带来的不确定性和风险也在逐年上升。在这样一个重要节点时期，中国领导人提出的共建"丝绸之路经济带"倡议让中亚各国政治精英看到了更多的可能性和更安全的发展机会。

经过一段时间的观望和权衡，首先作出积极反应的是中国的近邻哈萨克斯坦。2014年5月，哈萨克斯坦总统纳扎尔巴耶夫访华时，与习近平主席共同签署联合宣言，表示哈方将积极参与"丝绸之路经济带"框架内的经贸、运输、投资、金融和文化项目①。在纳扎尔巴耶夫总统于这一年11月的国情咨文中提出了"光明之路"新经济政策后，2015年4月新任哈萨克斯坦驻中国大使努雷舍夫在北京举行的记者见面会上透露，哈方提出的"光明之路"经济发展政策与中国领导人提出的"丝绸之路经济带"建议非常契合，哈中应加强合作，实现共同目标②。同年5月，在莫斯科参加反法西斯战争胜利70周年庆典时，纳扎尔巴耶夫总统当面向习近平主席表示，哈方支持中方提出的"丝绸之路经济带"倡议，而且愿意做好"丝绸之路经济带"建设与"光明之路"经济发展战略的对接③。在当月的阿斯塔纳经济论坛上，纳扎尔巴耶夫在倡议建立"欧亚洲际走廊"时强调，"中国领导人在阿斯塔纳首次提出

---

① "中哈签署联合宣言和一系列合作协议"，中华人民共和国驻哈萨克斯坦共和国大使馆经济商务参赞处网站，2014年4月23日，http://kz.mofcom.gov.cn/article/jmxw/201405/20140500598519.shtml。

② "哈萨克斯坦驻华大使：'光明之路'计划与丝绸之路经济带建设契合互补"，新华社，2015年4月16日，http://news.xinhuanet.com/world/2015-04/16/c_1114996805.htm。

③ "出席俄纪念卫国战争胜利70周年庆典并访俄哈白，习近平主席同哈萨克斯坦总统纳扎尔巴耶夫举行会谈'丝绸之路'与'光明之路'对接"，《解放日报》，2015年5月6日。

的‘丝绸之路经济带’倡议具有特别重大的意义”[①]。同时，哈学界也开始就“丝绸之路经济带”建设与中亚各国经济关系的积极互动展开讨论[②]。2016 年 9 月，哈中签署政府间《关于“丝绸之路经济带”建设与“光明之路”新经济政策对接合作规划》[③]。2017 年 5 月，纳扎尔巴耶夫总统在“一带一路”国际合作高峰论坛上进一步强调：“一带一路”项目的付诸实施，将使中亚地区获得新的发展模式，并为世界发展提供良好机遇[④]。2018 年是“丝绸之路经济带”倡议提出的五周年，纳扎尔巴耶夫总统提出举办一系列纪念活动的建议，并又一次强调了“光明之路”国家规划与“丝绸之路经济带”对接的现实意义[⑤]。纳扎尔巴耶夫总统在 2018 年国情咨文和第四届阿斯塔纳俱乐部上的讲话指出，作为中国方案的“一带一路”倡议为两国合作带来新动力[⑥]。

乌兹别克斯坦地处中亚地区的中心位置，向来自诩为“丝路民族”。中国领导人构建“丝绸之路经济带”倡议提出后，在这个中亚文明古国也引起了强烈回应。2014 年 5 月，乌兹别克斯坦总统卡里莫夫在上海参加亚信会议与习近平主席会谈时表示，乌方愿意积极参与建设“丝绸之路经济带”，把乌兹别克斯坦的发展同中国的繁荣更紧密联系在一起[⑦]。2015 年 6 月，中乌政府间合作委员会第三次会议在山东日照举行，中国

---

① “哈萨克斯坦总统提出建立欧亚洲际走廊”，中华人民共和国驻哈萨克斯坦共和国大使馆经济商务参赞处网站，2015 年 5 月 21 日，http：//kz. mofcom. gov. cn/article/jmxw/201505/20150500987431. shtml。

② Каковы интересы стран Центральной Азии в китайском проекте《Экономического пояса Шелкового пути》? – политолог，17. 11. 2015. http：//www. ca – news. org/news：1170009.

③ “发改委：中哈签署《‘丝绸之路经济带’建设与‘光明之路’新经济政策对接合作规划》”，央视网，2016 年 9 月 5 日，http：//news. cctv. com/2016/09/05/ARTIXK60lKS89EpkTIcL6zNV160905. shtml。

④ “习近平会见纳扎尔巴耶夫：愿同哈方一起推进‘一带一路’建设”，中国新闻社，2017 年 5 月 14 日，http：//www. chinanews. com/gn/2017/05 – 14/8223566. shtml。

⑤ “纳扎尔巴耶夫总统谈‘一带一路’”，哈萨克斯坦国家通讯社，2018 年 2 月 16 日，https：//www. inform. kz/cn/article_ a3156184。

⑥ 张霄：“中哈脚踏实地共建一带一路（大使随笔）”，《人民日报》，2018 年 11 月 21 日，第 21 版，http：//paper. people. com. cn/rmrb/html/2018 – 11/21/nw. D110000renmrb_ 20181121_ 2 – 21. htm。

⑦ “习近平会见乌兹别克斯坦总统卡里莫夫”，新华社，2014 年 5 月 20 日，http：//news. xinhuanet. com/world/2014 – 05/20/c_ 1110772608. htm。

商务部部长钟山与乌兹别克斯坦对外经济关系、投资与贸易部部长加尼耶夫共同签署了《关于在落实建设“丝绸之路经济带”倡议框架下扩大互利经贸合作的议定书》，决定深化贸易、投资、金融和交通通信等领域的合作，打造“丝绸之路经济带”在中亚的早期试验田[①]。2016 年年底，乌兹别克斯坦最高领导层实现了平稳交接，力推开放政策的新任总统米尔济约耶夫继续执行前总统卡里莫夫的积极方针。他在 2017 年 5 月参加“一带一路”国际高峰论坛时指出，“丝绸之路经济带”倡议对带动中亚地区及欧亚大陆的交通、贸易、能源、金融发展有着强大潜力，乌兹别克斯坦必将在其中扮演重要角色[②]。2018 年 6 月，米尔济约耶夫总统赴中国青岛参加上海合作组织国家元首理事会时，向习近平主席介绍了乌以“一带一路”建设为契机，正在深化与中国经贸、投资、产能、基础设施、水利等领域合作以及和地方、人文交流，努力推动两国发展战略的对接[③]。不仅如此，乌方一些智库学者还在积极探讨“丝绸之路经济带”与韩国“新北方政策”、欧盟改善欧亚关系新战略相对接的可能性[④]。

吉尔吉斯斯坦和塔吉克斯坦均属于中亚地区资源相对贫乏的国家。2013 年 1 月，吉尔吉斯斯坦政府通过了《2013～2017 年国家可持续发展战略》，其中确立的农业、交通运输、能源、采掘业、旅游业五个重要发展领域，都对国际贸易和跨国交通高度依赖。时任比什凯克市市长库拉马托夫曾表示，“丝绸之路经济带”将会推动吉尔吉斯斯坦未来的发展。因为吉尔吉斯斯坦处于“丝绸之路经济带”重要位置，与中国和

---

① “中国与乌兹别克斯坦签署共建‘丝绸之路经济带’合作文件”，中华人民共和国政府网，2015 年 6 月 17 日，http：//www. gov. cn/xinwen/2015－06/17/content_ 2880628. htm。

② Шавкат Мирзиёев выступил за наполнение《Пояса и пути》конкретными проектами, Газета. UZ，15 мая 2017. https：//www. gazeta. uz/ru/2017/05/15/belt－road/.

③ “习近平会见乌兹别克斯坦总统米尔济约耶夫”，新华社，2018 年 6 月 9 日，http：//china. eastday. com/c/20180609/u1a13974398. html。

④ “乌提出对接中国‘一带一路’倡议与韩欧战略”，中华人民共和国驻乌兹别克斯坦经商参处，2018 年 11 月 9 日，http：//uz. mofcom. gov. cn/article/jmxw/201811/20181102804743. shtml。

俄罗斯这两个重要邻国都有密切关系，是古代“丝绸之路”不可分割的一部分[①]。时任总统阿坦巴耶夫也表示，吉加入欧亚经济联盟绝对不会对吉中的合作关系造成负面影响，吉将全力支持中国提出的共建“丝绸之路经济带”倡议[②]。2018 年 6 月，参加上海合作组织青岛峰会的吉尔吉斯斯坦新任总统热恩别科夫表示，吉将一如既往地支持“一带一路”倡议，发展一系列经济和基础设施项目[③]。“丝绸之路经济带”倡议一经提出，塔吉克斯坦政府和领导人就明确表示积极参与的态度。拉赫蒙总统认为，积极参与“丝绸之路经济带”建设能够发挥塔中两国优势互补效应[④]。2016 年 6 月，赴乌兹别克斯坦参加上海合作组织峰会的拉赫蒙总统与习近平主席会晤时，已经将参与“丝绸之路经济带”的热情和关注具体定位在基础设施、电力开发、农业、地方、人文、安全等领域。2018 年 6 月，拉赫蒙总统参加上海合作组织青岛峰会时进一步明确表示，愿将《塔吉克斯坦 2030 年前国家发展战略》与“丝绸之路经济带”倡议对接[⑤]。

二、主要领域支点性、示范性项目正在有序展开

哈萨克斯坦总统纳扎尔巴耶夫在 2018 年 11 月的“阿斯塔纳俱乐

---

① “吉尔吉斯斯坦首都比什凯克市市长专访：‘丝绸之路经济带将推动吉尔吉斯的发展’”，人民网，2014 年 12 月 27 日，http：//bbs1. people. com. cn/post/129/1/2/142341421. html。

② “吉尔吉斯斯坦总统表示全力支持丝绸之路经济带建设”，新华社每日电讯，2014 年 12 月 27 日，http：//news. xinhuanet. com/world/2014 -12/27/c_ 1113799545. htm。

③ “吉尔吉斯斯坦总统称：加快实施中吉乌铁路对吉十分重要”，中华人民共和国驻吉尔吉斯斯坦经商参处，2018 年 6 月 11 日，http：//kg. mofcom. gov. cn/article/qyhz/201806/20180602754240. shtml。

④ “‘一带一路’打造世界最长经济走廊”，新华社，2015 年 1 月 6 日，http：//www. xinhuanet. com//world/2015 -01/06/c_ 1113900511. htm。

⑤ “习近平会见塔吉克斯坦总统拉赫蒙”，《人民日报》，2018 年 06 月 10 日第 2 版，http：//paper. people. com. cn/rmrb/html/2018 -06/10/nw. D110000renmrb_ 20180610_ 3 -02. htm。

部"上发表的讲话中指出，"一带一路"给包括哈萨克斯坦在内的中亚国家带来的最大利益，是改变了这个地区的地缘经济格局，使它们能够加入世界经济的全球化运动之中①。"丝绸之路经济带"倡议提出五年来，中亚各国积极参与包括基础设施、能源开发、交通网络等领域的合作项目。尤其是在引进中国的资金、技术和管理等方面，高效的互利合作取得一系列重大成就，大大改善了中亚国家原有的不利地缘经济结构，为各国及地区的长远发展和建成连接欧亚的互联互通网络奠定了重要基础。在建设"丝绸之路经济带"框架下的中国与中亚国家的具体合作领域，五年间主要体现在以下几个方面。

1. 在交通运输网络基础设施建设中取得重大成就

截至2018年8月下旬，中欧班列开通量已经超过10000列②。其中，由新欧亚大陆桥经哈萨克斯坦的就超过5000列③。尤其在近几年，经过哈萨克斯坦的中欧班列增长迅速，仅在2018年1~8月过境哈萨克斯坦的集装箱班列就达到2711列，比2017年同期增加了40%④。2016年2月，中铁集团承建的乌兹别克斯坦安格连—帕普铁路隧道贯通，用时不到3年（2013年9月开工）。当年6月，赴乌兹别克斯坦参加上海合作组织元首理事会的习近平主席与卡里莫夫总统共同出席在塔什干举行的安格连—帕普铁路隧道通车视频连线活动⑤。这一工程项目的完成

① Назарбаев：Мы не чувствуем никакого нажима со стороны Китая，Zakon. KZ，13 ноября 2018. http：//www. zakon. kz/4945829 - nazarbaev - my - ne - chuvstvuem - nikakogo. html.

② "中欧班列开行数量突破10000列"，新华社，2018年8月26日，http：//m. xinhuanet. com/hb/2018 - 08/26/c_ 1123331134. htm。

③ "中欧班列累计开行数量达10000列"，哈萨克斯坦国家通讯社，2018年8月28日，http：//lenta. inform. kz/cn/10000_ a3371148。

④ "1—8月过境哈萨克斯坦的中欧班列大幅增长"，中华人民共和国驻哈萨克斯坦经商参处，2018年9月6日，http：//kz. mofcom. gov. cn/article/jmxw/201809/20180902783777. shtml。

⑤ "习近平同乌兹别克斯坦总统卡里莫夫共同出席'安格连—帕普'铁路隧道通车视频连线活动"，新华社，2016年6月23日，http：//www. xinhuanet. com/world/2016 - 06/23/c_ 129083108. htm。

使乌国内铁路交通便利化程度大大提高，结束了从安格连到安集延必须经过塔吉克斯坦北方领土和胡詹德市（又译为“苦盏”）的历史。从推动“丝绸之路经济带”互联互通基础设施建设的角度看，安格连—帕普铁路隧道建成的意义还在于中国工程技术和施工工艺在中亚得到进一步的展示和认可。由于这段隧道所处地段的复杂地理环境和地质构造，工程遇到的困难和风险是意想不到的。据乌兹别克斯坦专家和媒体介绍，在苏联时期曾经立项勘察过这一施工地段，苏联专家估计需要用 20 年的时间才能完成。经过乌政府和媒体的配合宣传，安格连—帕普铁路隧道项目成为样板工程，中国工程在乌及中亚各国的正面形象被确立和认可。

2. 在中亚能源、矿产等优势领域中取得突出成果

中亚五国均为能源、矿产、水力等资源丰富国家，在苏联解体带来的原有经济体系断裂的灾难性冲击下，优先发展能源成为各国摆脱经济困境的基本策略和主要路径。然而，要实现这一发展战略目标，建立多元化的能源出口通道是重要前提。“丝绸之路经济带”的互联互通建设，使中亚各国独立以来努力推动的能源运输网络工程大大提速。2013 年 9 月，习近平主席在哈萨克斯坦提出共建“丝绸之路经济带”倡议的当天，即与纳扎尔巴耶夫总统共同出席了哈天然气南线工程第一阶段的开通仪式。这一工程的完成，连通了天然气资源丰富的哈西部与人口众多的哈南部，结束了哈萨克斯坦近半数人口无天然气可用而只能烧煤的历史。同时也打通了中国—中亚天然气资源输送的第二通道，对确保中哈共同的能源安全意义重大①。2018 年 8 月，中国石油天然气集团公司中油国际中亚公司哈萨克斯坦奇姆肯特炼油厂二期改造工程投料试车顺利

① “中哈能源合作：互利共赢的典范”，国家能源局官网，2017 年 5 月 9 日，http：//www. nea. gov. cn/2017 -05/09/c_ 136268132. htm。

完成。这个从2014年开工的项目成功试车投产，将彻底改变哈身为产油国却要大量进口成品油的状况①。中国与土库曼斯坦、乌兹别克斯坦、哈萨克斯坦共同建设的中亚天然气管道从2009年A线完工起，至今已经形成A、B、C三线并行的输气格局，到2017年底已向中国市场输送了2000亿立方米天然气②。截至2018年6月30日，累计监管进口天然气15937.2万吨。每年从中亚国家输送到中国的天然气，约占全中国同期天然气消费总量的15%以上，为中国清洁能源战略和各地政府“蓝天工程”做出不可替代的贡献③。塔吉克斯坦水力资源丰富，但受制于季节性水量差，年水电产能极不均衡。据塔吉克斯坦驻华大使拉夫拉特佐达介绍，近年有大量中国企业进入塔电力市场，如中国电力建设集团参与了格拉芙纳亚水电站的技改项目、特变电工股份有限公司在杜尚别新建了两座热电厂等，有效缓解了塔季节性电荒的问题④。2018年6月青岛上合峰会期间，习近平主席会见塔吉克斯坦总统拉赫蒙时，就扩大能源领域合作，尤其对启动600万千瓦“Fon - Yagnob”热电项目建设表示了积极参与态度。10月，李克强总理首访塔吉克斯坦，塔方建议成立塔中政府间“能源合作委员会”，得到中方积极回应⑤。

① “中哈油气合作再结硕果——奇姆肯特炼厂二期改造工程开工成功”，中国经济网，2018年8月16日，http：//sh. qihoo. com/pc/9daaf0c499654024f？cota = 1&refer_ scene = so_ 1&sign = 360_ e39369d1。

② “中亚天然气管道累计向国内输气2000亿方”，中国石油新闻中心，2017年12月1日，http：//news. cnpc. com. cn/system/2017/12/01/001670577. shtml。

③ “上半年中亚天然气管道向中国输气量达1635万吨”，《中国能源报》，2018年7月20日，http：//www. cnenergy. org/yq/trq/201807/t20180720_ 664545. html。

④ “中塔两国电力合作前景广阔——专访塔吉克斯坦驻华大使拉夫拉特佐达”，《中国能源报》，2018年11月12日，第11版，http：//paper. people. com. cn/zgnyb/html/2018 - 11/19/content_ 1894007. htm。

⑤ “李克强首访塔吉克斯坦是一次‘开创之旅’”，中国政府网，2018年10月14日，http：//www. gov. cn/guowuyuan/2018 - 10/14/content_ 5330688. htm。

3. 从全面和长远发展考虑，非资源领域的合作正在快速推进

中亚各国在努力重建各自国民经济体系时，一方面积极借重于资源优势，另一方面也在极力避免对资源经济的过度依赖。因而，中亚各国在国际合作中一向重视非资源领域项目的可能性。2014 年 12 月，中国总理李克强访问哈萨克斯坦，两国政府签署总额达 140 亿美元的 30 多项合作协议。与此同时，哈萨克斯坦国民经济部和中国发改委签署《关于共同推进丝绸之路经济带建设的谅解备忘录》，并就价值 180 亿美元的哈中合作框架协议达成共识，两国初步确定 16 个早期收获项目和 63 个前景项目清单，涉及水泥、钢铁、平板玻璃、矿业、化工、能源、电力等领域①。2015 年 3 月，时任哈萨克斯坦总理马西莫夫访华，又签署了中哈两国加强产能与投资合作备忘录，并签署钢铁、炼油、水电、汽车、有色金属、平板玻璃等总金额为 236 亿美元的产能合作协议②。2015 年 8 月 31 日，哈总统纳扎尔巴耶夫访华期间，哈中两国元首签署《哈萨克斯坦共和国和中华人民共和国关于全面战略伙伴关系新阶段的联合宣言》和《加强产能与投资合作政府间框架协议》，确定了 51 个合作项目，并签订了总金额 230 亿美元的 25 项协议，其中包括汽车组装、聚丙烯生产等项目。阿斯塔纳市轻轨项目也已开工，钢铁、冶炼、水泥等领域十余个项目同时启动③。2018 年 8 月，赴乌兹别克斯坦访问的中国纺织联合会副会长徐迎新表示，中乌两国要继续加强纺织业经贸往来，充分利用各自产品优势，满足两个市场高品质需求，不断推进两

---

① “姚培生：‘一带一路’建设不能离开中亚”，光明网－经济频道，2016 年 11 月 2 日，http：//economy. gmw. cn/2016－11/02/content_ 22790765. htm。

② “李克强同哈萨克斯坦总理马西莫夫举行会谈决定全面开展产能合作并推动取得重要成果”，中国政府网，2015 年 3 月 27 日，http：//www. gov. cn/guowuyuan/2015－03/27/content_ 2839495. htm。

③ “中华人民共和国和哈萨克斯坦共和国关于全面战略伙伴关系新阶段的联合宣言”，新华社，2015 年 8 月 31 日，http：//www. xinhuanet. com//politics/2015－08/31/c_ 1116430408. htm。

国纺织服装领域产能合作，选建标志性项目，共同推进产业发展[①]。从2015年起，塔吉克斯坦开始向邻国出口水泥，当年的出口量仅为500吨。2018年塔对乌兹别克斯坦、吉尔吉斯斯坦、阿富汗的水泥出口量达到117万吨（对上述三国的出口量依次为67万吨、8万吨、42.3万吨），同比增加30%。这一巨大变化得益于"丝绸之路经济带"建设框架下的中塔产能合作，中国资金与技术为塔建材业提供了强大动力。中材莫伊尔水泥有限公司、华新亚湾水泥有限公司、华新索格特水泥有限公司等中塔合资企业在塔的13家水泥企业，占据了全国总产量的90%[②]。

上述成就是"丝绸之路经济带"建设的早期成果。这一系列合作项目的展开不仅已使中国和中亚各国经济发展受惠，而且也为日后继续推动共商、共建、共享模式下更加广泛的合作提升信心。

三、现阶段中亚各国存在的主要问题与障碍

近两年来，受经济全球化失衡发展影响，世界力量对比正在发生深刻变化，原有国际关系格局面临着冲击。全球治理体系在完成调整和重组前，世界经济、政治运动规则部分失效，一些国家主体在重新定位中出现自我认知紊乱。尤其是在全球力量对比的变化和调整中对不确定前景带来的风险出现不自信，这些一向主导游戏规则制定和全球化进程的发达经济体也受到民粹主义、孤立主义、单边主义影响，放弃曾经承诺的职责和义务，使全球治理体系空转甚至面临崩盘。大国的不规则互动

① "中乌纺织业广阔合作前景，共享丝路新机遇"，《中国纺织报》，2018年8月22日，第1版，http://paper.ctn1986.com/fzb/html/2018-08/22/node_2.htm。

② "塔吉克斯坦水泥出口猛增，中资企业做重要贡献！"，水泥网，2018年12月1日，http://www.ccement.com/news/content/43664759268027.html。

产生的影响波及中亚地区，国际社会进入新的关系磨合期也导致中亚各国在一定程度上重新定位各自的发展方向和对外政策。这一系列将出现在中亚地区的变化，会产生出不确定的影响矢量，对“丝绸之路经济带”在中亚地区的构建产生复杂作用力。

1. 国际大变局的影响

世界正面临百年未遇之大变局，其广泛和深刻程度可能至今人们并没有充分估计到。2018 年 7 月，习近平主席在南非约翰内斯堡金砖国家工商论坛上指出，“未来 10 年，将是世界经济新旧动能转换的关键 10 年”，“将是国际格局和力量对比加速演变的 10 年”，“将是全球治理体系深刻重塑的 10 年”[①]。经济发展动能的转变将带动财富和权力中心在全球范围内重新布局，这也就意味着国家关系格局和国际社会秩序的重组。中亚各国之间经济关系协调能力正在逐步加强，与世界经济体系的关系也在日益紧密。尤其是相关大国关系的变化，对长期持多边平衡战略的中亚国家对外政策未来定位势必引起担忧和调整[②]。国际大环境变化的不确定性，将影响中亚各国政策的调整，进而给“丝绸之路经济带”带来同样不确定性的影响。

2. 局部安全环境恶化

中亚地缘政治环境决定了本土民族文化发展路径的曲折和影响因素的多元特征，因而也为中亚历史上每次社会转型时期产生极端主义思潮提供了温床。世纪之交在中亚地区出现的以“乌兹别克斯坦伊斯兰运动”为代表的极端主义势力，对草创建国初期的中亚各国制度构建和社

---

① “习近平在金砖国家工商论坛上的讲话”（全文），新华社，2018 年 7 月 26 日，http：//www. xinhuanet. com/world/2018 - 07/26/c_ 1123177214. htm。

② О растущей угрозе военной конфронтации высказался Назарбаев，365Info. KZ，13 ноября 2018. https：//365info. kz/2018/11/o - rastushhej - ugroze - voennoj - konfrontatsii - vyskazalsya - nazarbaev/.

会发展造成严重冲击。而随着"阿拉伯之春"和"伊斯兰国"在中亚兴起，在中亚各国社会层面都出现程度不同的反应，甚至有成规模的中亚国家公民赴中东参加"圣战"。尽管目前各国和国际社会对这些参加中东"伊斯兰国"的中亚公民有着不同看法，但至今这批人员的数量和去向却仍是影响中亚各国安全的公认要素之一[①]。2018 年阿富汗安全形势的持续恶化和塔吉克斯坦发生的暴狱事件[②]，更加剧了人们对中亚安全状况的担忧。

3. 中亚各国关系调整

由于 20 世纪二三十年代构建苏联的历史，中亚各国独立时面临大量相互关系中的问题难以解决。尤其在主要的共有战略资源领域，如水源、土地、交通等方面长期难以交割清楚。由于公平分配的难度和政治上的敏感性，这些问题长期拖延得不到解决，而且严重影响各国间关系。在中亚各民族国家进程经历了四分之一世纪的发展而渐渐走向成熟后，国家主权、经济体系、社会管理、民族文化等要件均基本搭建起来。由此带来了对相互关系中棘手问题的全新视角：一方面，对共有资源寸利必得的心态放松下来；另一方面，逐渐意识到这些阻碍共同发展的问题不解决对谁都没有好处。特别是处于中亚地缘中心的乌兹别克斯坦在总统权力交接后推出了与周边中亚邻国修好的政策，经 2017 年的走近、适应、调整，2018 年 3 月在阿斯塔纳举行了首届中亚国家领导人工作协商会晤（简称"中亚峰会"），各国领导人首次在没有大国参与

---

① Полемика о будущем экстремизма в Центральной Азии，ИНОСМИ. РУ，22，02，2018. https：//inosmi. ru/politic/20180213/241437563. html.

② Бунт в таджикской колонии был спровоцирован "Исламским государством" и может быть повторен во множестве других тюрем. Что должно насторожить местных силовиков и повлиять на принципы работы ОДКБ，Sputniknews. ru，09，11，2018. https：//tj. sputniknews. ru/analytics/20181109/1027374190/dzhihad – tyurma – bunt – igil – khujand – tajikistan. html.

的情况下闭门商讨本地区各国之间的问题[①]。峰会对水源、边界、领土、交通、安全等问题的解决达成了共识，并提出原则性方案。中亚各国间原有矛盾和对立程度下降。这一变化对“丝绸之路经济带”构架下的合作深化固然是好事，而且中亚峰会还难以形成超国家组织和机构，也不具备有效意义上的区域一体化主要条件，但随着中亚五国协调能力加强和独立性提升，对以往的与华合作从性质、方式到领域、规模均难免会重新审视。

4. 社会认同面临困境

积极参与“丝绸之路经济带”建设的态度与行动，在中亚各国领导层和精英层基本达成了普遍共识。然而，在地方、企业、社会层面仍然存在着较大的阻力。历史上遗留下来的对华隔阂感，在沙俄统治时期和中苏对抗时期被系统化、理论化、意识形态化为现代版的“中国威胁论”。这种负能量的文化遗存在中亚各国社会层面时时因地区环境和国家关系的变化而不断演绎出不同脚本，随着“丝绸之路经济带”建设在中亚的深入和某些域外大国出于地缘政治目标的炒作，以怀疑、戒备甚至抵制“丝绸之路经济带”建设与合作为标志的新版“中国威胁论”正在中亚各国社会泛起[②]。诸如让中亚国家落入“债务陷阱”、落后产能向中亚转移、用劣质商品占领中亚市场、掠夺中亚资源等等已经充斥于西方媒体的陈旧观点，近年正在几乎原原本本地被中亚各国媒体“拷贝”下来[③]。虽然与 2017 年底和 2018 年初以来某些大国的政府白皮书等文件的口径相比并无甚新意，但却足以代表着一种社会情绪正在中亚

---

① В Астане стартовала встреча глав государств Центральной Азии, 24. KZ, 15, 03, 2018. https: //24. kz/ru/news/top - news/item/227354 - v - astane - startovala - vstrecha - glav - gosudarstv - tsentralnoj - azii.

② От возможности к угрозе: как менялось мнение о китайском проекте《Один пояс, один путь》, InoZpress. KG, 10, 12, 2018. http: //inozpress. kg/news/view/id/53600.

③ 《Долговые ловушки》 - политика Китая по завоеванию Центральной Азии, Ca - times. org, 10, 12, 2018. https: //ca - times. org/politika/2835 - dolgovye - lovushki - politika - kitaya - po - zavoevaniyu - centralnoy - azii. html.

地区悄然形成。

5. 地区市场容量受限

中亚五国领土面积约合400万平方公里，人口经过独立后的快速增长，今天也仅为7127万左右。由于这一地区人类生存与活动的空间主要局限在无数个互不相连的绿洲上，耕地、水源、交通等主要条件限制了与世界乃至周边经济区市场的互动与融通。尽管各国在独立后积极吸引外来投资打造自己的产业优势，但由于市场容量狭小和竞争力羸弱而使这种选择与探索还在继续进行中。例如纺织、水泥、机械制造等，当来自中国的合作者资金、技术、管理到位后，产品很快就在这个国家饱和，甚至在整个地区滞销。这一局面的出现难免动摇投资者的信心，甚至影响"丝绸之路经济带"长远发展。

四、结语

盘点"丝绸之路经济带"提出五年后中亚地区在这一重大倡议下的合作水平、发展进程、面临问题，可以得出这样几点简单的结论。一是基于地区政治文化特点而在各国高层形成了相当高水平的政策互动与战略对接，这将是在"丝绸之路经济带"框架下继续推动与中亚各国在诸多领域合作的重要政治保障，这种条件和环境是"一带一路"建设在其他地区不易遇到的。二是由于历史传统、民族文化、国家体制、价值观念等社会意识形态领域存在的极大差异，为推动"丝绸之路经济带"建设而需要营造的人文氛围还需要在中亚地区进行一系列精雕细琢的工作。三是对已经建成的项目和即将启动的项目需要进行专业化的绩效评估，以共商、共建、共享原则选准在中亚各国受欢迎、接地气、有前景的项目，促进"丝绸之路经济带"建设的早期成果产生示范效应。

世界大变局中的中亚五国

◎ 赵常庆

2018 年中亚国家政治形势基本稳定，尽管哈、吉等国有未遂恐怖事件出现，但安全形势总体可控。各国经济都在发展，只是发展情况不同，哈、乌等国较好，吉较差。中亚国家关系在进一步朝一体化方向发展。各国仍在执行全方位外交，与俄罗斯的关系在走近。各国与中国的关系都很好，支持"一带一路"倡议，反对贸易保护主义和单边主义，支持经济全球化。

2018 年世界处于大变局之中，各国都受到影响，位于亚洲腹地的中亚五国也难于独善其身。面对阿富汗战争和"伊斯兰国"溃兵反流、世界经济秩序混乱和增长乏力、与其关系密切的俄罗斯在大国博弈中屡遭制裁等不利因素，中亚国家的大局尚可，基本是在攻坚克难和相对平稳中度过。

一、在复杂内外局势中，政局和安全形势基本稳定

2018 年中亚国家政治形势基本稳定。哈萨克斯坦总统纳扎尔巴耶

赵常庆，国务院发展研究中心欧亚社会发展研究所研究员。

夫7月当选为国家安全委员会终身主席。根据该国法律，该委员会的决定全国必须无条件执行，这一新的任命进一步强化了纳扎尔巴耶夫在哈的执政地位。纳扎尔巴耶夫总统在12月28日回答哈电视台问时，否认了哈提前举行总统大选的传闻。哈在岁末对哈政府机构做出部分调整，将投资发展部重组为工业和基础设施发展部，更换了几位部长包括外交部长。乌兹别克斯坦总统米尔济约耶夫为巩固政权和推行新政，继续对中央和地方官员进行调整，地位进一步巩固。吉尔吉斯斯坦新政府组成，国内并没有因总统选举和组建新政府发生骚动，不过现政权执政能力仍有待加强。塔、土政情如故，总统大权在握，仍很稳定。

安全形势大体稳定，但也有少量恐袭事件发生。哈萨克斯坦破获几起未遂恐怖事件；吉尔吉斯斯坦境内有500人因实施恐怖主义和极端主义成被告，200人被监禁；塔吉克斯坦发生袭击外国旅游者事件，造成伤亡，但这些多属个案和未遂案件，没有大规模安全与群体事件发生，安全形势总体可控。多数国家国内治安秩序良好。美国盖洛普咨询公司对世界142个国家国内安全状况问卷调查，乌兹别克斯坦以91分被列为最为安全国家的第五位。应该说，在邻国阿富汗恐怖事件不断、被击溃的IS国中的中亚成员反流以及国内面临不少困难的情况下，取得这样的成绩实属不易。

二、在世界经济不景气情况下，各国都在促经济增长，关注民生

2018年世界经济形势总体不佳，美国单边主义、贸易保护主义和逆全球化政策给世界经济造成巨大冲击，全球经济增长乏力。国际货币基金组织2018年10月对世界经济形势评估报告称，2018年世界经济增长预计为3.7%。对中亚国家的预测是，土库曼斯坦增长6.2%，哈萨

克斯坦增长3.7%，吉尔吉斯斯坦增长2.8%，乌、塔两国均增长5%[①]。这与中亚国家自己公布的数据有一定差距。中亚国家自己公布的数据是：哈增长4.1%，乌增长5.1%，塔增长7.3%，土增长6.2%，吉增长3.5%。欧亚发展银行对2018年包括中亚国家在内的欧亚国家经济的评价是："经济形势向好，各国经济均保持增长，通胀降至历史最低水平，双边贸易活跃"[②]。目前各国都在调整经济结构，哈对能源和原材料行业的依赖有所减轻，对加工业投资大幅度增加（同比增长41.8%）。加工业和农业产值在国内生产总值中的占比上升，外贸出口加工产品增加了四五十种。由于大力发展汽车工业，哈国产轻型车已经在国内销售市场占半壁江山。乌重点发展进口替代和能够出口的产业。2018年土库曼斯坦有3家以天然气为原料的大型石化工企业投产，其产品主要出口。与中国关系密切的哈石油产量9030万吨，天然气548亿立方米，而哈对铀矿限量开采，可能导致在2018年价格上涨30%的基础上再次涨价。各国都重视发展农业，2018年哈对农业拨款为500亿坚戈（约1.3亿美元），拨款建设大型"数字农场"，资助农业企业出口等。本年度哈产粮2280万吨，收成不错，其出口1160万吨，牛奶和奶油基本实现进口替代，出口牛肉1.8万吨。乌产棉450万吨，土产棉109万吨，土粮食基本实现自给。各国都在加大固定资产投资。2018年哈全年将完成总额39亿美元的54个投资项目，同时启动投资达68亿美元的63个新项目[③]。乌直接投资由40亿美元增加到43亿美元。投资重点是建设进口替代和具有出口潜力的项目。各国都制定了发展数字经济的计划，哈为实施"数字哈萨克斯坦"计划，采取了包括投资4亿美元，建立数字化委员会，在5个国家部委设立专事数字化工作的副部长职位，在有关国家机构、地方政府设立数字化项目办公室等措施。哈还

① 俄罗斯中文网2018年10月12日。
② 俄罗斯中文网2018年12月28日。
③ 俄罗斯中文网2018年7月5日。

大力发展互联网，推动“创业中心”和“电商中心”建设。乌在信息技术发展与通信部下设立了四个从事数字经济工作的总局。目前，哈、乌、土等国都在建设互联网和物流中心，哈建议中亚国家构建物联网。金融方面，哈阿斯塔纳国际金融中心2018年年初正式运营，该中心定位：“立足本国，辐射中亚”，在“丝绸之路经济带”框架下为地区各国提供融资服务。

在发展经济的同时，各国都在改善民生。哈2018年总统国情咨文核心内容“五大社会举措”都是关于民生工作的，乌经济改制也有利于居民就业和经营自由，哈、乌等国为教育、医务等部门职工提高工资，也提高了全国的养老金。

中亚国家经济和社会转型困难不少，资金短缺即为其一。各国都将吸引外资和举债作为弥补资金缺口的手段，例如，哈、乌等国都规定包括外交部在内的驻外机构的最重要任务是吸引外资和促进外贸。这一年各国外债都有所增加。例如，至2018年第三季度末，哈外债为1615亿美元，为GDP的94%①。为解决资金不足和应对国营企业的困境，各国都在大力推进私有化进程。哈已经在2016～2017年出售企业367家，私有化收入1640亿坚戈（约合4.8亿美元），2018年继续这一进程。哈大型国企如阿斯塔纳航空、哈国家原子能工业、哈电信、哈铁路公司、哈油气公司、萨姆鲁克能源、哈邮政等都包括在私有化之列。土、乌等国也在出售国企。乌兹别克斯坦将闲置国有资产以1苏姆出售，要求购买者必须履行投资和社会责任。2018年7月，土库曼斯坦举行国有企业拍卖会，涉及交通、农业等部门企业21家。该国制定的《2019～2025年国家社会经济发展规划草案》，就包含推动国有资产私有化和发展私营经济的内容。

应该看到，中亚国家经济仍很脆弱，受外部环境变化影响较大，本

① 中国驻哈经商产业网站2019年1月8日。

币贬值即为表现之一。2018 年哈坚戈对美元汇率缩水 15.7%。各国通货膨胀也很严重，尤其是乌兹别克斯坦。根据国际货币基金组织报告，各国通胀率为：土 6.2%，哈 6.4%，吉 4.9%，乌 19.2%，塔 5.8%[①]。中亚国家平均工资也不高，2018 年上半年月平均工资：吉为 226.5 美元，哈为 440.8 美元，乌为 119.5 美元，塔为 131.5 美元[②]。2018 年塔人均国内生产总值只有 802 美元。乌 2018 年第一季度人均国内生产总值也只有 246 美元。这种经济实力很难靠本国自有资金发展，依赖外国难以避免。

中亚国家支持以 WTO 规则为基础的多边贸易体制，反对任何形式单边主义和贸易保护主义，为进一步构建开放型经济，各国都致力于与世界各国开展合作。

三、中亚国家积极参与“丝绸之路经济带”建设，获益匪浅

2018 年是“丝绸之路经济带”倡议提出五周年，中亚国家积极参与“丝路经济带”建设，获益匪浅。倡议给中亚国家带来如下变化。

第一，通过互利合作，使中亚国家与中国的友好关系得到进一步提升，中吉两国是在 2018 年 6 月成为全面战略伙伴关系，迄今中亚国家中已经有四国与中国成为全面战略伙伴关系，一国成为战略伙伴关系，这意味着中国与中亚国家关系得到进一步深化。如今不仅高层互访频繁，基层和民间往来也呈现前所未有的活跃。

第二，基础设施联通有利于中亚国家走向世界。至 2018 年经过哈萨克斯坦的中欧班列已经常态化和制度化，另外还有中国经哈、土两国

① 俄罗斯中文网 2018 年 10 月 12 日。
② 中国驻吉经商参处网站 2018 年 8 月 22 日。

通往伊朗的直达货运专列以及中国开往乌兹别克斯坦的专列。据哈有关方面透露，2018 年 1 ~ 8 月，通过哈的中欧班列 1056 列，返程 784 列，同比增长 40% 和 80%①。由于哈阿克套库里克多式联通枢纽建成，中国专列可以跨里海直达外高加索国家。

中国经哈萨克斯坦通往欧洲的“双西公路”已经建成。2018 年 9 月哈“光明之路”公路口岸和“双西公路”交通物流中心建成并投入使用后，已经与中国公路联通。另一条由中国新疆伊尔克什坦经吉尔吉斯斯坦南部重镇奥什抵达乌兹别克斯坦首都塔什干全长 959 公里的中吉乌国际公路于 2018 年年底建成。上述两条公路是“丝绸之路经济带”建设的重要组成部分。

道路联通使中亚国家获益匪浅。哈从联通铁路每年可获得 50 亿美元过境费，哈 65% 的出口商品经联通铁路运往俄罗斯、中国和欧洲。铁路和公路联通不仅为中国所用，同时也为包括中亚国家在内的其他国家所用，将本国货物运往欧洲或经中国港口漂洋过海，远销世界各地。

除铁路公路外，输油输气管道的联通也引人注目。中哈输油管道从 2006 年开始运营到 2018 年已经向中国输油 1.1 亿吨。中亚—中国天然气管道更是源源不断将土、乌、哈三国的天然气输往中国。据报道，至 2018 年初，中亚输送到中国的天然气已经达到 2000 亿立方米。

这一年，中国与中亚国家在互联网和物流中心建设合作也在进行。参与合作的有哈萨克斯坦铁路公司所属快运公司，中国有中国远洋运输集团公司、聚贸集团等。大型国际物流中心的建立，推动了经济全球化的进展，极大地方便了各国企业和民众。

第三，优质产能转移有助于中亚国家经济结构多元化。近年来，中亚国家都将本国的中长期发展战略与“一带一路”倡议对接。针对中亚国家的需要，中国将一些优质产能提供给它们，帮助它们改造经济结

---

① 哈通社中文网 2018 年 9 月 6 日。

构，实现“再工业化”。例如，在哈建成项目有：东哈州阿克托盖铜选矿厂、巴甫洛达尔电解铝厂、阿克套里海沥青厂、阿特劳和奇姆肯特两大石油炼厂升级改造项目主体工程、亚洲大口径钢管厂、克孜勒奥尔达州特种水泥厂、混合动力汽车和江淮（JHC）电动车组装厂、克孜勒奥尔达玻璃厂、阿拉木图州肉类联合加工厂和阿拉木图马铃薯研究示范基地等。上述竣工或在建项目，有的就是中哈两国商定的 51 个项目的组成部分。

中乌合作项目有：德赫卡拉巴德钾肥厂、昆格勒碱厂、安格连自由经济区内的轮胎厂、纳沃伊化工综合体以及在吉扎克自由经济区内的一些项目等。一座连接乌东西部的长达 19 公里的甘姆奇克铁路隧道已经竣工，这是中亚地区最大的铁路隧道。

在塔吉克斯坦建设的杜尚别二号电站、输变电项目、公路项目以及多个水泥厂，缓解了该国对电力和交通运输的需求，水泥还能出口。在吉建设有公路项目以及天山陶瓷厂等，陶瓷产品除本国用外，还出口到俄罗斯和其他中亚国家。

中国优质产能转移对中亚国家实现经济多元化作出了一定的贡献。

第四，金融融通有助于中亚国家缓解本国自有资金不足。例如，2018 年 6 月由中国倡导和出资建立的“丝路基金”出资 20 亿美元建立中哈产能合作基金，重点支持中哈产能合作和其他项目建设。中国驻哈使馆经济商务参赞王建撰文称，至 2018 年 9 月，中国对哈投资存量超过 290 亿美元，累计签订工程承包合同 300 亿美元，中国多家金融机构向哈提供各类贷款 500 亿美元[①]。中国工商银行、中国银行、中国国家开发银行等机构在中亚国家参与融资服务。2018 年哈萨克斯坦阿斯塔纳国际金融中心开业，这是中亚地区最大的金融企业，组建和运营过程中都得到中国的帮助。

---

① 中国驻哈经商处网站 2018 年 9 月 19 日。

第五，在民心相通和构建"人类命运共同体"方面取得进展。2018年6月，习近平主席在北京与哈总统纳扎尔巴耶夫会谈时指出，中国愿同哈萨克斯坦在构建"人类命运共同体"道路上先行一步，为开创人类更加光明的未来凝聚智慧和力量，并愿意与哈总统一道为中哈友好事业这艘巨轮掌舵领航①。两国领导人的引领是构建"中哈命运共同体"的有力保证。构建"中哈命运共同体"也得到哈专家的高度肯定。哈战略研究所所长扎列玛·沙乌克诺娃在2018年9月7日举行的哈中智库人文交流论坛上说，随着哈"光明之路"新经济政策与"一带一路"倡议深入对接，哈中贸易额不断增长，民间交往持续升温，两国关系也达到历史最高水平，"我们已经成为不可分割的命运共同体"②。由中国与俄罗斯、中亚国家等八国组成的上海合作组织在2018年青岛峰会宣言中，继2017年峰会后，再次将构建"人类命运共同体"写入文件，作为奋斗目标。

四、中亚国家在朝一体化方向前行

乌兹别克斯坦走出自我封闭盘活了中亚国家之间的关系。2018年3月15日，中亚国家举行中断很久的峰会，这是彼此关系向好的举措，世界舆论都给予积极评价。

在2017年乌哈、乌吉领导人实现互访基础上，2018年中亚国家领导人继续互访进程。特别是乌吉、乌塔两国领导人互访期间签订了多项合作协议，使很多过去停顿多年的合作领域，如交通、电力、天然气、口岸等在逐渐恢复，经济合作提速，民间来往较前活跃。塔乌两国恢复

① 参见人民网2018年9月7日中国驻哈大使张霄文章："中哈两国全方位推动'一带一路'"。
② 哈驻华使馆网站2018年9月10日。

全部边境口岸。乌吉两国就领土互换达成协议，使困扰两国关系的领土争议得到解决。乌哈两国在发展和深化全面伙伴关系方面采取一系列具体措施，包括加强地方合作，开展多领域经济合作。中亚国家民间友好往来升温，各国对发展旅游业都很重视。哈建议独联体国家需要建立如欧盟申根区一样的签证制度，乌哈两国表示将率先实行。9 月哈总统纳扎尔巴耶夫建议哈乌两国在哈突厥斯坦州建立“国际经济合作区”和像中哈霍尔果斯边境合作中心一样的哈乌边境合作中心。9 月 27 日，乌总统米尔济约耶夫建议成立“中亚国家交通运输理事会”，用于协调基础设施建设和运输合作事宜。

五、继续执行全方位外交，积极参与地区和国际事务治理

2018 年，中亚国家与俄罗斯的关系明显走近。10 月 5 日，哈总统纳扎尔巴耶夫在《国情咨文》中称哈俄之间的合作关系“已成为国家之间关系的典范”，认为欧亚经济联盟在一体化和经济关系方面已经取得“有效成果”。4 月 20 日乌俄总统通电话，乌总统说，坎德姆天然气加工综合体项目是乌俄战略伙伴关系和联盟关系得到加强的一个有力佐证。乌拟请俄公司为其修建核电站。乌总统邀请普京访乌，普京接受邀请，并于 10 月 19 日访乌。土与俄建立战略伙伴关系。俄罗斯作为中亚国家侨汇重要来源国，凸显俄罗斯对中亚国家的重要性。2018 年第一季度中亚各国的侨汇收入：乌 7. 26 亿美元，同比增长 17%；塔 4. 87 亿美元，同比增长 15%；吉 4. 34 亿美元，同比增长 9%；哈 0. 43 亿美元，土 20 万美元[①]。9 月 28 日在杜尚别召开的包括俄总统普京和中亚国家元首或代表参加的独联体国家元首峰会达成包括《2019～2023 年联合打

① 中国驻吉使馆经商参处网站 2018 年 6 月 30 日。

击犯罪问题国家间方案》等在内的13项协议。

拉近与美欧关系。年初，哈总统纳扎尔巴耶夫访美并会见特朗普，两国达成了“21世纪扩大战略合作伙伴关系协议”，要在贸易和投资领域加强合作。纳扎尔巴耶夫总统在2019年新年贺词中，在他很多出访国中唯一提到的就是美国。5月15～17日乌总统米尔济约耶夫访美，两次与特朗普会谈。乌总统表示，乌美友好关系不变。10月乌总统访法，与法签订十多项合作协议。欧盟与中亚五国外长举行会议，就彼此关系对表，更多关注的是经济合作。哈美还在哈举行小规模军演。

乌与土耳其关系进一步走近值得关注。土耳其总统埃尔多安4月29日访乌期间，乌土两国建立战略伙伴最高委员会，用于指导两国合作事宜。乌参加了2018年8月在吉尔吉斯斯坦举行的突厥语国家合作委员会会议。哈总统在《国情咨文》中也提到与土“双边互利关系得到有效发展”。

2018年4月24日，乌总统表示，乌将参加土、阿、巴、印四国天然气项目，这对乌有利，也有助于阿富汗重建和与土库曼斯坦开展大规模合作。土、阿、巴、印天然气管道阿富汗段于2018年开始动工。乌想通过参与该项目拉近与南亚国家的关系。

值得注意的是，乌对参与世界事务持积极立场。2017年乌重启加入世贸组织谈判进程，2018年继续这项工作，提交了相关文件。乌参加国际移民组织。还参与了上合组织和俄罗斯主办的多项军事演习，这在以往罕见。10月12日乌总统在会见参加独联体国家防长会议的各国防长时说，乌对独联体事务的参与进入新阶段，“乌兹别克斯坦目前与独联体国家的协商合作此前从未有过”①。

中亚国家领导人除土库曼斯坦外都出席了上合组织青岛峰会，各国均参加独联体国家元首峰会。

---

① 乌国新观察网2018年10月14日。

《里海法律地位公约》于 2018 年 8 月 12 日签署。该文件解决了沿岸国长达 22 年的争议，有助于地区和平、安全和经济合作。“拯救咸海基金国家”峰会在停顿几年后在土库曼斯坦召开，这是为治理地区生态环境作出的努力。

中亚国家与中国的关系进一步深化。2018 年 6 月中吉建立全面战略伙伴关系即为证明。如上述，中国倡议的“丝绸之路经济带”建设为合作共赢作出表率。2018 年中国与中亚国家外贸额进一步提升。10 月 5 日哈总统纳扎尔巴耶夫在《国情咨文》谈到中国时肯定“两国全面战略伙伴关系不断加强”，“‘一带一路’倡议为两国合作关系的发展带来了新的动力”。在上合组织成员国青岛峰会和杜尚别政府总理理事会会议上，中亚国家都表示愿与中国发展更密切的关系，参与“一带一路”建设。

六、2018 年中亚国家形势中几点值得关注的方面

一是中亚国家安全形势基本可控，但不可忽视一些国家存在安全隐患，这是指各国经济发展态势变化、本土极端势力的存在，以及毗邻的阿富汗恐怖势力和毒品的进入、被击溃的 IS 中的中亚国家残余分子的回归、极端宗教势力活跃等。特别是美国欲从阿富汗部分撤军的消息盛传，已经在巴基斯坦、伊朗等引起不安，同样也会对中亚国家安全构成威胁和挑战。对中亚地区安全形势应该进行客观分析和作出令人信服的结论，为“一带一路”建设提供智力支持。

二是中亚国家都在致力于本国经济和社会发展，但经济实力不强和资金短缺是短板。迄今各国不得不靠举债过日子。我国是中亚国家最大的债权国之一。因此，在与中亚国家开展经济合作和“丝绸之路经济带”建设中，不可忽视投资风险问题。

三是在与中亚国家经济合作中应注意投资它们最需要的领域。例如，哈希望更多向非资源领域投资，包括：信息通信技术、旅游、金融、电子商务、IT 服务、风险创业、添加剂技术、人工智能等，这些领域列入哈行业发展规划，国家给予支持。农业也是有前景的合作领域，特别是与哈萨克斯坦。哈对我国需要的大豆、小麦等粮食品种存在很大的生产和出口空间，可使我国粮食、豆类引进多元化。其他中亚国家也有最需要的引资领域清单，应向国内欲走出去的企业推介。

四是在发展数字经济方面力争实现与中亚国家一体化。中亚国家目前更多考虑与俄罗斯协调。在这方面可以利用我国的优势，特别是互联网、电子商务和物流中心建设的经验，与中亚国家发展数字经济方面加强合作。

五是美国的货币政策以及美欧对俄罗斯的制裁，对与俄罗斯关系密切的中亚国家影响较大，等于中亚国家间接地受到制裁，引起中亚国家汇率动荡和阻碍了经济的正常运行，从而引起中亚国家的不满。10 月哈国民经济部长苏莱曼诺夫访美期间表达了哈政府希望美政策减少对哈的影响，美只答应继续沟通，没有作出具体承诺。对俄制裁客观上推动了中亚国家加强与俄罗斯的合作，助力欧亚经济联盟的发展，也使中亚国家在寻找摆脱“美元羁绊”的方法，为人民币进一步扩大在中亚国家的使用提供了契机。

2018 年中亚国家各方面形势尚可，受世界总的形势变化的影响，2019 年困难可能会多一些。政治形势变化不会太大，经济增长会出现不同程度的减速。2018 年岁末石油价格的大跳水，对以出口能源和原材料支撑经济的中亚国家来说并非是利好。俄罗斯削减雇佣外国劳工数量 19%，会直接冲击中亚国家。美国从阿富汗撤军可能增加中亚国家维护国家安全与稳定的难度。相信中亚国家能在世界大变局中面对挑战，在 2019 年取得新进展。

锐利的武器　有效的保障

——《上海合作组织反极端主义公约》研究

◎邱　进

2017年6月9日，上合组织阿斯塔纳峰会签署了《上海合作组织反极端主义公约》。签署该公约是习近平主席提出的，是从治本角度进一步完善了上海合作组织与“三股势力”斗争的法律体系，为成员国间加强合作、维护国家安全和人民群众生命财产安全提供了锐利的法律武器和有效保障。笔者认为，在上合组织各成员国内，“三股势力”既有着更具特征的突出表现，又相互交织，形成一体。而极端主义更具基础性，是滋生后两者的温床。从这个意义上讲，铲除极端主义在打击“三股势力”的斗争中，更具治本的意义。公约签署以来，上合组织在应对“三股势力”挑战、维护地区安全和人民群众生命财产安全方面取得了长足的进展。我们应该为确保地区国家的安全和发展利益，为“一带一路”建设和构建人类命运共同体，为实现中华民族伟大复兴的宏伟目标而不懈努力。

2017年6月9日，在哈萨克斯坦首都阿斯塔纳召开的上海合作组织成员国元首理事会第十七次会议上，各国元首签署了《上海合作组织反极端主义公约》（以下简称《反极端主义公约》）。这是一份历史性的法

邱进，中国法学会理事。

律文件，使成员国间打击“三股势力”的国际合作法律体系更加完备，为成员国间加强合作、维护国家安全和人民群众生命财产安全提供了锐利的法律武器和有效保障。

制定《反极端主义公约》是习近平主席2014年在塔吉克斯坦首都杜尚别举行的上海合作组织成员国元首理事会第十四次会议上提出的重要倡议。各成员国元首很快就此达成高度共识，并于2015年在俄罗斯乌法举行的上海合作组织成员国元首理事会第十五次会议上批准制定一部国际法文件。此后在我国政府的大力推动协调下，经各成员国共同努力，历时两年最终形成了国际上政府间第一个专门针对极端主义的重要法律文件。

《反极端主义公约》是在上海合作组织打击“三股势力”一系列法制建设基础上发展而来的，也从治本的角度进一步完善了上海合作组织与“三股势力”斗争的法律体系。2001年6月15日，上海合作组织刚刚成立，各国元首就签署了《打击恐怖主义、分裂主义和极端主义上海公约》，为上合组织各成员国合作开展反“三股势力”斗争奠定了法律基础。2005年7月5日，各国元首在阿斯塔纳举行的上海合作组织成员国元首理事会第五次会议上又签署了《上海合作组织成员国合作打击恐怖主义、分裂主义和极端主义构想》。构想是制定在上海合作组织框架内打击“三股势力”的共同实践和措施体系的基础，比较系统全面地确定了上合组织成员国合作打击“三股势力”的主要宗旨、任务、原则、方向、形式及其落实机制。2009年6月16日，各国元首在俄罗斯叶卡捷琳堡举行的上海合作组织成员国元首理事会第九次会议上签署了《上海合作组织反恐怖主义公约》。该公约针对当时十分突出的恐怖主义活动制订了一系列专门措施，加大了打击恐怖主义的力度。随后2015年7月10日，各国元首在俄罗斯乌法峰会上又签署了《上海合作组织成员国打击恐怖主义、分裂主义和极端主义2016年至2018年合作纲要》，就如何落实反“三股势力”斗争提出了具体实施要求。《反极端主义公约》与上述相关法律文件共同形成了一个完整的体系，为上海合作组织成员国共同打击“三股势力”提供了坚实的法律基础。

在上海合作组织各成员国内，极端主义、恐怖主义和分裂主义既有着各具特征的突出表现，又相互交织，形成一体。而极端主义更具基础性，是滋生后两者的温床。从这个意义上讲，铲除极端主义在打击“三股势力”的斗争中，更具治本的意义。同时，对极端主义的斗争在国际上有着不同的认识和争议，影响着斗争的开展。联合国经过十几年的努力，仍未就此形成国际认可的专门法律文件。《反极端主义公约》从打击“三股势力”的迫切需要出发，根据成员国和国际社会的现实情况，在统一认识的基础上，有针对性地制定了一系列新的专门有效措施，将成员国间的合作推向了一个新的高度。

《反极端主义公约》共 35 条，主要形成了 7 个方面新的重要举措。

一是进一步完善明确了极端主义及反极端主义的内涵和范围。公约指出，极端主义包括了“使用暴力和其他违法活动作为解决政治、社会、种族、民族和宗教冲突的主要手段的意识形态和实际活动”。从意识形态和实际活动两个方面，科学界定了“极端主义”的内涵。同时，公约对“极端主义行为”“资助极端主义”“极端主义材料”“极端主义组织”以及“反极端主义”等内容也都做出具体明确系统的表述，为确定反极端主义斗争内容，有效开展反极端主义斗争奠定了坚实基础，也清除了某些国家片面鼓吹“言论自由”，模糊极端主义违法犯罪活动界线造成的某种程度的思想混乱和实际斗争中的负面影响。

二是进一步强调了开展反极端主义国际合作中必须严格遵守的原则要求。公约规定：“根据本公约行使权利和履行义务时，各方应当遵循国家主权平等、领土完整和互不干涉内政的原则。”这一规定十分重要。这是开展国际合作的前提。开展国际合作，必然涉及许多权利、责任和义务。特别是鉴于当今世界国际合作过程中，某些国家经常以反恐为旗号，干涉别国内政，推行霸权主义和强权政治，公约还在序言部分专门列出一款“特别强调尊重国家主权与平等，防止滋生恐怖主义和极端主义成为实现政治或地缘政治目的的工具”。只有严格遵守“主权平等、领土完整和互不干涉内政”这一原则，合作才能深入持久健康发展，也才能有效抵制某些国家借反恐干涉别国内政，推行霸权主义的恶劣行径。

三是对极端主义非法犯罪活动的司法管辖权做了明确规定。公约要求，对“犯罪发生在该方境内”“犯罪发生在悬挂该方国旗的船舶上，或者是发生在根据该方法律注册的航空器上”“犯罪由该方公民实施”的有关方也即该方应当采取必要措施，确定司法管辖权。而针对该方公民、境外财产、该方境内常驻无国籍人员以及发生在该方经营的船舶或航空器上的犯罪等，各方可确定各自的司法管辖权。当管辖权出现争议时，“有关方可视情协商解决”。这样，公约既明确了签约各方在合作共同打击非法犯罪活动时的责任权利，也明确了司法管辖权出现争议时的解决办法。这是开展国际合作的基础。它既有利于责任落实，又能够及时处置合作过程中出现的意见分歧，提高合作效率，是公约一大突出亮点。

四是提出了签约国对极端主义非法犯罪活动全面追责的明确要求，使国际法与各国国内立法有效衔接。公约明确要求签约国应当采取必要的国内立法措施，对“极端主义行为”“资助极端主义”等八个方面极端主义违法犯罪活动“追究民事、行政和刑事责任”。值得指出的是，公约还特别规定“各方应当根据本国法律原则采取必要的立法及其他措施，禁止本国境内的法人参与本公约所涵盖的任何违法犯罪活动”。对参与者，“可以追究法人的民事责任、行政责任或者刑事责任”，并且，“确定法人责任时，不应当免除参与法人实施本公约所涵盖犯罪自然人的刑事责任”。这样规定很有针对性，很有力度，并且使国际法与签约国国内法形成一个完整的整体。

五是明确提出了可适用引渡、移管和司法协助措施的要求，为打击处置极端主义非法犯罪活动提供了有效的手段。公约明确“各方将本公约所涵盖且依据本国法律应追究刑事责任的犯罪视为可适用引渡、移管和司法协助的犯罪”。“如果一方以条约作为引渡和（或）司法协助条件，在收到未与其签订引渡条约的其他方的引渡和（或）司法协助请求后，被请求方应当视本公约为开展涉及本公约所涵盖犯罪的引渡和（或）司法协助的法律依据。”引渡、移管和司法协助不是简单事务性措施，涉及国家主权、司法主权，有着高度的政治敏锐性。公约明确了自身的地位，并且突出重点，突破了难点，为各签约国合作共同打击极端主义非法犯罪活动提供了有力支持。

六是明确了情报合作授权和要求，有力保障了签约国情报合作的深入开展。开展情报合作是国际合作深化的标志，也是共同打击极端主义、掌握斗争主动权的需要。情报合作事关各国国家安全利益，只有授权才能进行。公约明确规定“为打击极端主义，各方主管机关可主动或者根据请求相互提供涉及本公约有关问题的情报”。同时，公约还规定：“提供情报时要考虑到国内法关于保护个人信息的要求”，“除非请求方主管机关与相关方另有约定，各方主管机关不得泄露请求事宜及其内容，且只能用于执行请求；各方主管机关应对被请求方转交的资料保密，只能在调查、法庭审理或者执行请求规定的程序范围内使用。”有了公约的规定，各签约国间情报合作不但有了法律依据，而且有了工作规范。深化情报合作，斗争就能掌握主动权。

七是根据斗争要求，明确了“请求”的内涵和要求，对提高合作效率，提供了有力的法律措施。公约明确规定“针对实施本公约所出现的任何问题和情形提出的请求，各方主管机关应予执行”。这既给“请求”确定了明确的内涵，又对其执行做出了有力度的保证。同时，因“请求”涉及的面很广，既包括对犯罪嫌疑人的协查、协办，也包括对罪犯财产、资金的冻结、查封、处置，特别是明确了在合作开展侦查过程中“经被请求方主管机关同意，可以派人进入被请求方境内参加对涉嫌或被指控实施犯罪人的侦查”的内容。因此，公约进一步规定“执行请求应当遵守本公约和被请求方的法律”，“如被请求方与请求方法律没有不同规定，在执行请求时可以适用请求方的法律。适用请求方的法律不应当损害被请求方的主权和国家安全”等一系列要求，使“请求”的执行规范可行。

《反极端主义公约》签署以来，上合组织各成员国间合作力度进一步加深，打击“三股势力”斗争成果进一步扩大，在应对“三股势力”挑战、维护地区国家安全和人民群众生命财产安全方面取得了长足的进展。实践证明，在打击“三股势力”的斗争中加大对极端主义斗争的力度，是完全必要的。当前从总体上看，国际恐怖主义活动形势依然严峻，“三股势力”活动依然猖獗，标本兼治打击“三股势力”斗争任重道远。特别是我们在推动“一带一路”倡议落实的过程中，反“三股势力”的斗争十分艰巨。我们一定要有效发挥上合组织所形成的各项特有的国际法威力，在推动《反极端主义公约》各签约国尽快全部完成相应后续法定程序的同时，继续依法深化打击“三股势力”的斗争，为确保地区国家的安全和发展利益，为人类命运共同体的建设，为实现中华民族伟大复兴的宏伟目标而不懈努力。

从青岛峰会看上海合作组织未来发展

◎ 邓 浩

青岛峰会是在国际和地区形势发生重大变化的关键时刻召开的一次上合组织元首会议，对迈入新时期的上合组织具有领航定向的重要意义。青岛峰会通过的《青岛宣言》等重要文件规定了未来上合组织的大方向和总目标，是上合组织发展历程中具有里程碑意义的事件，对上合组织发展发挥了战略引领作用。青岛峰会确立的战略目标虽然面临一定的挑战，但机遇更大更多，前景看好。未来上合组织应秉持先进理念，深化务实合作，积极参与全球治理，推动上合组织命运共同体建设不断前行。

2018 年 6 月 9 ~ 10 日，上海合作组织在我国青岛成功举行了第十八次元首峰会。这是我国第四次作为轮值主席国主办上合组织元首峰会，也是 2017 年上合组织接纳印度、巴基斯坦为新成员后举行的首次峰会，在上合组织发展史上占有重要地位。峰会通过的《上海合作组织元首理事会青岛宣言》等重要文件，为未来上合组织发展指明了前进方向和奋斗目标，同时，习近平主席在峰会上发表重要讲话，提出了推动上合组织发展的中国思路和中国方案，为未来上合组织贡献了中国智慧。青岛

邓浩，中国上海合作组织研究中心秘书长，中国国际问题研究院研究员。

峰会堪称上合组织发展进程中的一个里程碑事件，对上合组织的未来具有领航定向作用。

一、青岛峰会对新时期上合组织发展的重要意义

青岛峰会是在上合组织处于一个承上启下、继往开来的关键时刻举行的，多种因素的相互交织赋予此次峰会具有非同寻常的重要意义。

一是首次扩员使上合组织面临新的机遇和挑战。印度、巴基斯坦加入上合组织标志着上合组织首次扩员圆满完成，开启中亚、南亚两大区域融合发展的新征程，上合组织由此发展成为一个由 8 个成员国、4 个观察员国、6 个对话伙伴共 18 个国家组成的大家庭。印、巴加入无疑彰显了上合组织旺盛的生命力和强大的吸引力，大大提升了上合组织在全球和地区治理中的分量，上合组织面临再出发、再起航的大好时机。但同时也要看到，扩员也给上合组织的固有运行模式带来不小的冲击，使上合组织面临诸如新老成员磨合、协调难度加大、机制制度调整等新问题和新挑战。如何放大印巴加入的正面效应，充分释放扩员潜力，如何缓解扩员压力，有效化解难题，上合组织必须作出及时而有效的应对。

二是中国开启新时代中国特色大国外交使上合组织迎来重要发展时机。作为上合组织的发祥地和总部所在地，中国一直把上合组织作为本国外交优先方向之一，并通过上合组织这一平台积极推广和实施外交新主张、新理念，从而发挥了应有的战略引领作用，确保上合组织始终沿着正确的轨迹前行。2017 年，中国成功召开党的十九大，确立了习近平新时代中国特色社会主义思想，开启新时代中国特色大国外交新历程。如何根据新形势、新要求，将新时代中国特色大国外交与上合组织有机地融为一体，如何发挥主场外交优势引领新时期上合组织开启新的征程，作为上合组织峰会轮值主席国，中国必须作出兼顾自身和上合组

织长远利益的回答。

三是美国因素凸显使上合组织发展的内外环境面临严峻考验。从全球范围看，2017 年 12 月 18 日，特朗普出台任内第一份《国家安全战略》，明确将中国和俄罗斯定性为“修正主义国家”和战略竞争对手，并采取一系列严厉手段加大对中俄战略打压，对中俄维护和保障上合组织地区战略稳定构成严重挑战。从地区层面看，美国出台阿富汗新战略，对印、巴一打一拉，同时，推行“印太战略”，退出伊核协议并重启对伊制裁，力图将阿富汗拉进“C5 + 1”机制，导致地区局势变数和风险陡然加大。如何应对美国对上合组织中俄双引擎的同时打压，如何化解美国对上合组织成员实施的分化战略，上合组织必须作出积极稳妥的回应。

二、青岛峰会对新时期上合组织的战略引领

青岛峰会是上合组织第十八次元首会议，来自上合组织成员国、观察员国 12 个国家领导人、10 个国际组织或机构负责人参加会议。会议通过了《上海合作组织成员国元首理事会青岛宣言》《〈上合组织成员国睦邻友好合作条约〉实施纲要（2018 ~ 2022）》《〈打击恐怖主义、分裂主义和极端主义上海公约〉合作纲要（2018 ~ 2020）》等 23 个合作文件[①]，彰显了上合组织大家庭团结互信的力量，擘画了上合组织的合作蓝图，对未来上合组织的发展发挥了重要的战略引领作用。

一是突出了“上海精神”，进一步奠定了其核心价值地位。青岛峰会通过的《青岛宣言》明确指出：“上合组织遵循‘互信、互利、平等、协商、尊重多样文明、谋求共同发展’的‘上海精神’，经受住国

① 王毅：“青岛峰会开启上海合作组织组织新征程”，载《求是》2018 年第 13 期。

际风云变幻的严峻考验，不断加强政治、安全、经济、人文等领域合作，成为当代国际关系体系中极具影响力的参与者。”[①] 习近平主席在青岛峰会上发表了题为《弘扬“上海精神”，构建命运共同体》的重要讲话，强调上合组织始终保持旺盛生命力、强劲合作动力，根本原因在于创造性地提出并始终践行“上海精神”，开创性地提出上合组织未来发展应秉持的五大理念，即创新、协调、绿色、开放、共享的发展观，共同、综合、合作、可持续的安全观，开放、融通、互利、共赢的合作观，平等、互鉴、对话、包容的文明观，共商共建共享的全球治理观[②]。这五大理念系统概括总结了上合组织十七年发展的成功经验，是新时代中国特色大国外交与上合组织实践相结合、相融合的产物，为“上海精神”注入了新的时代内涵，提供了新时期上合组织的理论指导和理念指引。

二是强调命运共同体意识，确立了人类命运共同体的共同理念。《青岛宣言》庄严宣布，上合组织要推动建立相互尊重、公平正义、合作共赢的新型国际关系，确立构建人类命运共同体的共同理念。这为上合组织指明了前进方向和奋斗目标，鲜明地回答了上合组织向何处去这一时代之问。构建人类命运共同体是新时代中国特色大国外交的一面旗帜，而构建新型国际关系是实现人类命运共同体目标的必要前提，共同构成新时代中国特色大国外交的两大支柱。这是中国为上合组织未来发展贡献的“中国方案”和“中国智慧”，为上合组织注入新的强大活力和强劲动力，开启建设上合组织命运共同体的新纪元。

三是提出全球治理的上合主张，引领上合组织积极主动参与全球治理。《青岛宣言》强调，上合组织将以平等、共同、综合、合作、可持

① “上海合作组织成员国元首理事会青岛宣言”（全文）（1），https：//baijiahao. baidu. com/s？id=1602897929589197268&wfr=spider&for=pc。

② “习近平在上海合作组织成员国元首理事会第十八次会议上的讲话”，新闻报道—人民网，http：//cpc. people. com. cn/n1/2018/0611/c64094-30048672. html。

续安全为基础，推动国际秩序更加公正、平衡。这是成员国基于共同需要达成的政治共识，为完善全球治理贡献了上合智慧。习近平主席在青岛峰会讲话中明确提出，上合组织要坚持共商共建共享的全球治理观，不断改革完善全球治理体系，推动各国携手建设人类命运共同体。这为上合组织参与全球治理指明了方向和路径。面对单边主义、保护主义在全球泛起，青岛峰会专门就贸易便利化问题发表联合声明，发出了积极参与全球治理的上合强音，成为上合组织参与全球治理的标志性事件。

四是规划未来一个时期合作蓝图，确立了清晰的行动路线图。青岛峰会通过了《上合组织成员国睦邻友好合作条约》未来五年实施纲要、打击“三股势力”未来三年合作纲要、未来五年禁毒战略及其落实行动计划等一系列合作规划，为未来一个时期上合组织的合作提供了行动指南。习近平主席从构建上合组织命运共同体的高度提出了“五大建议”，从政治、安全、经济、人文、对外合作五大方面系统全面规划了上合组织的合作蓝图，是中国为如何建设上合组织命运共同体提出的“中国方案”，为推动上合组织合作平添强劲助力。

三、青岛峰会战略目标的实现前景

青岛峰会是对新时期上合组织发展具有重要战略引领作用的一次盛会，其确立的构建人类命运共同体的共同理念指明了上合组织的发展方向。从未来一个时期看，上合组织地区具备诸多有利条件有助于实现青岛峰会确立的战略目标。

首先，上合组织地区在可预见的未来有望保持基本稳定局面，为实现青岛峰会确立的战略目标提供了有利的安全环境。上合组织成员国领导人基本都能保持对本国政权的有效掌控，执政地位比较稳固。普京总统再度成功连任总统，开启新的六年任期，使俄罗斯有望延续稳定局面。印度莫迪总理继续保持强势地位，巴基斯坦顺利实现新旧政权交接，为印巴政局稳定提供了基本保障。乌兹别克斯坦米尔济约耶夫接任总统以来大力推行改革开放，受到国内外赞誉，乌有望进入中兴时期。哈萨克斯坦总统纳扎尔巴耶夫和塔吉克斯坦总统拉赫蒙均是开国元勋，德高望重，地位稳固。吉尔吉斯斯坦总统杰恩别科夫当选总统后逐渐站稳脚跟，正在大力整肃朝纲，励精图治。与此同时，地区各国政权对各种内外威胁都能保持高度警惕，严阵以待，严加防范，不给国内反对派和国际伊斯兰极端恐怖势力以可乘之机，加之上合组织框架内的安全合作机制和制度日臻完善，合作效率不断提升，从而为上合组织地区的基本稳定提供了可靠保障，也为推动实现上合组织的战略目标创造了有利前提。

其次，上合组织地区内的区域合作有望逐渐向前推进，为建设上合组织利益、责任、命运共同体创造了必不可少的有利条件。作为上合组织的双引擎，中俄在“一带一盟”框架下的对接合作稳步推进，2018年5月，中国与欧亚经济联盟签署了经贸合作协定，标志着“一带一盟”对接合作迈入制度对接新境界，为中俄共同推动上合组织区域合作提供了制度性范本。中俄决定共建欧亚经济伙伴关系也为上合组织区域合作平添新的助力。与此同时，中亚地区各国积极改善关系，2018年3月，五国领导人罕见聚首，影响各国关系的边界、水资源等“老大难”问题开始解冻，地区一体化重获动能，加之里海沿岸国家达成历史性的里海公约，区域合作和互联互通出现曙光。当前，地区经济缓慢复苏，各国纷纷推出并实施中长期发展战略，显示出对未来经济社会发展的强烈信心和期待。各国发展战略相近，有利于彼此对接合作。面对经济社会的共同挑战，各国合作意愿日益强烈。上合组织本身在推进区域合作上也取得重要进展，各方签署《上海合作组织政府间国际道路便利化协定》，标志着上合组织区域合作制度化建设迈出重要步伐。成员国正在积极商谈关于贸易便利化、服务贸易等多边协议。这一切都为进一步推进上合组织区域合作创造了良好前提和氛围。

最后，大国博弈在上合组织地区走向完全对抗的概率不大，为上合组织构建以合作共赢为核心的新型国际关系提供了可能。上合组织是中俄开展地区和多边合作的重点，是双方战略协作伙伴关系的延伸和扩大，合作始终是中俄在上合组织地区的主旋律和主导面，在美国将中俄同时定性为战略竞争对手并实施战略打压背景下，中俄在上合组织地区的合作将会进一步加强和走高。以印度加入上合组织为契机，中俄印在中俄印三边机制、金砖机制和20国集团机制的基础上增加了新的互动合作平台。在上合组织框架下，中俄印具有广泛的共同利益和需求，合作空间和潜力巨大，三方完全有可能形成良性互动，化解分歧和矛盾，从而形成合力共同推进构建上合组织命运共同体。美国等西方国家与俄一直在上合组织地区激烈角逐，但双方各有优劣，谁都很难完全战胜对方，竞争合作共处可能是未来双方不得不面临的选择，地区各国也希望大国形成良性竞争而不是剧烈对抗。中国积极推动合作性、包容性的“一带一路”建设，上合组织始终坚持不结盟、不对抗、不针对第三方及对外开放原则在很大程度上亦有利于大国在上合组织区域内走向合作而不是对抗。

从挑战方面看，要实现青岛峰会确定的战略目标还存在不少问题和困难。外部挑战主要来自两个方面。一是美国等西方国家的分化西化。美国等西方国家不少人士从冷战思维出发一直对上合组织存有偏见，如将上合组织称为“东方华约”“威权主义神圣同盟”，将“上海精神”称为“威权主义范式”[①]。同时，渲染夸大上合组织内部的差异和不同，唱衰上合组织[②]。为此，美国等西方国家一直都在不遗余力地推行自己

① 参见戚振宏主编、邓浩执行主编：《上海合作组织：回眸与前瞻（2001—2018）》，世界知识出版社2018年版，第157页。

② 参见戚振宏主编、邓浩执行主编：《上海合作组织：回眸与前瞻（2001—2018）》，世界知识出版社2018年版，第157页。

带有浓厚意识形态色彩和地缘政治目的的地区发展战略，力图与上合组织一争高下。二是国际伊斯兰极端势力的威胁。上合组织的缘起即与打击“三股势力”密切相关。迄今，阿富汗问题久拖不决、“三股势力”阴魂不散、“伊斯兰国”回流生乱等仍是上合组织安全稳定面临的现实威胁。从内部来看，最大的问题是多样性和差异性凸显，很难协调一致行动。中俄之间、中俄印之间、中俄与中亚成员国之间、中亚成员国之间、印巴与中亚国家之间以及印巴之间的关系错综复杂，利益相互交织，对上合组织顺畅有效运行构成严峻挑战。对上合组织来说，内部问题将是未来实现青岛峰会目标的主要障碍所在，焦点在于成员国对上合组织诉求各异，利己主义和机会主义不时发作，彼此之间尚未建立起高度的互信，合作共赢的共同体意识亟待加强。

总体而言，在实现青岛峰会目标上，上合组织面临的机遇仍大于挑战，有利于上合组织稳定发展的因素明显大于动荡不利因素，上合组织青岛峰会确立的目标和任务是有希望实现的。

四、上合组织未来发展的基本路径

确立构建人类命运共同体的共同理念是青岛峰会达成的重要政治共识，这对上合组织来说是一个全新的任务，规定了上合组织发展的大方向和总目标。为实现这一宏大设想，未来上合组织必须进行科学的战略设计，制定中长期发展战略，确保上合组织命运共同体建设稳步推进，不断前行。未来5~10年是上合组织成员国国家发展振兴的关键期和机遇期[①]，也是建设上合组织命运共同体的一个关键期和机遇期。上合组织必须立足当下，着眼长远，统筹规划，精心施策，确保达成青岛峰会

① 王毅：“青岛峰会开启上海合作组织组织新征程”，载《求是》2018年第13期。

设定的目标和任务。

一是不忘初心，牢记使命，确保始终坚持先进理念。上合组织成立之初即推出了作为组织灵魂的“上海精神”，同时提出了不结盟、不对抗、不针对第三方的原则，从而形成了结伴而不结盟、合作而不对抗的合作模式。应当毫不动摇地继续坚持初衷，确保组织底色不变。同时，也要与时俱进，不断引进适合组织发展的新理念、新智慧、新方案，始终保持组织理念的先进性。应依据青岛峰会精神，将得到成员国广泛认同的构建新型国家关系和构建人类命运共同体思想融入新时期上合组织的核心价值体系，同时，逐渐将日益得到成员国支持的新安全观、发展观、合作观、文明观、全球治理观等“五观”理念充实到“上海精神”中，使之永葆活力，始终成为上合组织的指路明灯。

二是加强沟通，增进互信，确保始终保持凝聚力。充分尊重成员国多样性、差异性现实和各自选择的发展道路，坚持大小国家一律平等、成员国协商一致原则，绝不以大欺小，倚强凌弱。加强相互之间的战略沟通和彼此之间的战略对接，不断增信释疑，增进了解和信任。求同存异，兼顾各自核心利益和重大关切，寻求合作最大公约数。

三是加大协调，相互支持，确保在全球治理中发挥更大作用。坚定支持联合国在全球治理体系中的核心地位，进一步加强与联合国等国际和地区组织交流合作，积极参与全球治理体系改革和建设。加强在重大国际和地区问题的立场协调，加大相互支持，积极推动国际秩序朝着民主、公正、合理的方向发展。

四是综合施策，标本兼治，确保地区安全稳定大局。贯彻新安全观，打造安全利益共同体。内外联动，形成对“三股势力”高压态势，建立隔绝国际伊斯兰极端势力防火墙；支持各国维稳，构筑防止“颜色革命”渗透隔离带；综合施策，提高保障在各自境内的其他成员国人员企业生命财产安全能力。

五是聚焦发展，加大联通，确保区域合作不断前行。坚持合作共赢，实现区域融合发展。推动合作规则制度从软约束向硬约束升级，建立起以规则为基础的区域合作平台；引导项目合作逐渐从政府主导向市场主导转变，带动“一带一路”合作模式转型升级；促进融资方式向多元、多边方向演进，建立务实高效投融资体系；发挥各国比较优势，实现中亚南亚融合性发展。

六是互学互鉴，相互包容，确保实现“民心相通”。加大民间交流力度，加速人员往来便利化进程；加强教育合作，推动上合组织大学走向实体化、专业化；密切媒体、青年交流，深化相互了解和信任；开展环保、科技合作，不断打造新的人文合作增长点。

2018 年乌克兰的政治、经济与外交：回顾与前瞻

◎ 赵会荣

2018 年乌克兰进入选前年，政治力量格局继续呈现碎片化状态，各派围绕总统选举竞争激烈，民调显示主要候选人的支持率差距不大，预计亲西方派继续执政的概率非常高。经济处于危机后的恢复阶段，继续保持低速增长。乌克兰继续切割与俄罗斯的联系，双边关系持续恶化，刻赤海峡冲突是双方矛盾上升的结果。短期内俄乌关系恶化趋势难以扭转。乌克兰继续推进加入欧盟和北约的进程，前途曲折而漫长。

2018 年的乌克兰仍不平静，政治上虽未爆发危机，但总统波罗申科的支持率很低，政局仍然维持脆弱的稳定状态。2019 年总统选举和议会选举将非常激烈，谁能当选总统存在很大不确定性，亲西方政治力量继续执政的可能性较大。经济继续缓慢复苏，预计 2018 年增长 3% ~ 4% 左右。因经济发展将持续受到东部冲突、经济结构、外部条件等因素影响，预计未来 3 年经济很可能继续保持低速增长。外交方面，乌克兰与俄罗斯的关系持续恶化，刻赤海峡冲突表明双方的对抗已经蔓延到

赵会荣，中国社会科学院俄罗斯东欧中亚研究所乌克兰室主任、研究员。

亚速海。在俄罗斯与北约对峙持续加剧的背景下，乌俄关系恶化的趋势难以扭转。乌克兰在抗俄过程中持续得到美欧的支持，但加入欧盟和北约的进程将是漫长和曲折的。

一、政治

广场革命以后，乌克兰的政治制度从总统—议会制转变成议会—总统制，总统的权力有所弱化，总理和议会的权力有所增强。议会内部力量格局呈现碎片化状态，政党力量分散，政见分歧严重，执政联盟的稳定性较弱。2014年5月，波罗申科凭借寡头菲尔塔什的支持与打击党领导人克里奇科联手组建波罗申科联盟才勉强赢得选举。他当选总统后，与总理亚采纽克权斗不止。在议会内，波罗申科领导的波罗申科联盟占138席，亚采纽克领导的人民阵线占81席，反对派联盟占43席，自助党占25席，复兴党占26席，奥列格·利亚什科领导的激进党占20席，季莫申科领导的祖国党占20席，人民意志党占18席。2016年2月祖国党和自助党退出执政联盟导致联盟破裂，亚采纽克被迫辞职，总理更换为波罗申科的政治盟友格罗伊斯曼，政府重组，波罗申科联盟在政府内实力上升，人民阵线的实力下降，这使得波罗申科的权力得以稳固，政局趋于稳定。

2019年3月31日乌克兰将举行总统选举，10月27日将举行议会选举。2018年12月31日至2019年2月9日为总统选举候选人登记时间。波罗申科当选以后的民意支持率始终不高，要赢得总统选举不容易。基辅国际社会学研究所、拉祖姆科夫中心和Rating三家机构于2018年11月13日共同发布的民调结果显示，季莫申科的支持率上升为21%，继续蝉联首位。节目主持人泽连斯基的支持率攀升很快，抢占第二位，为11%。波罗申科的支持率首次升到10%。持反俄立场的前国防部长阿纳托利·格里岑科为10%。反对派联盟领导人、前燃料能源部部长尤里·博伊科的支持率为9%。他被认为与寡头菲尔塔什关系密切，对俄相对友好。持反俄立场的激进党领导人奥列格·利亚什科支持率为8%。其他机构举行的民调也显示上述候选人领先，只是每位候选人的支持率有所差异，季莫申科基本排在第一位，第二位是波罗申科或者泽连斯基。

刻赤海峡冲突发生后，波罗申科提议在全国实施为期60天的戒严，在议会遭到季莫申科等反对派的抵制，最终议会决定在靠近俄罗斯的10个州以及黑海和亚速海内水实施为期30天的战时状态。这说明波罗申科在议会内的反对者不少，没有能力主导议会的投票。30天战时状态终止后，波罗申科没有谋求延长战时状态，原因是美国的乌克兰问题特别代表沃尔科明确表示不同意。欧盟也不同意波罗申科延长战时状态。美欧都要求乌当局如期举行总统选举。目前，乌克兰政府治理仍然较弱，政出多门，相互倾轧，民众对政府信任度极低，政治风险仍然很高。寡头在政治生活中仍扮演着重要角色，很大程度上决定着选举结果。季莫申科在议会反对总统提议的戒严令时“大打经济和民生牌”，这是她长期获得最高民意支持率的法宝，也是波罗申科的软肋。如果波罗申科继续扩大与俄罗斯的军事对抗，那么俄罗斯可能对乌经济和人文领域采取更严厉的制裁措施，对乌经济和民生必然产生负面影响，也有可能招致选民的不满。10月国际货币基金组织同意发放35亿美元贷款有利于波罗申科维持财政稳定，但接受贷款的条件是提高天然气价格（自11月起价格提升23%），这不利于波罗申科赢取民心。波罗申科并非完全没有赢得总统选举的可能。在2018年12月26日举行的13个省级行政区地方选举中，波罗申科与季莫申科互有胜负。选举前夕波罗申科有可能动用行政资源通过提高工资和社会福利等办法争取选民，也有可能对其他候选人采取或联合或打压措施。截至2018年11月仅波罗申科和季莫申科宣布将参加此次总统选举，距离大选还有一段时间，谁能赢得总统选举形势尚不明朗。波罗申科和季莫申科胜选的可能性较大，但两人都很难在第一轮获得半数以上选票，投票很可能需要进入第二轮才能决出胜负。预计总统选举前乌克兰不大可能会发生政治动荡，但政治斗争将非常激烈。由于现有候选人中只有博伊科对俄相对友好，所以亲西方派赢得选举并继续占领权力顶层的可能性极大。

二、经济

2014 年爆发的危机给乌克兰经济和社会发展造成严重破坏。从经济指标看，目前乌克兰经济已走出谷底，处于缓慢复苏中。2016 年经济增长 2.3%，2017 年增长 2.1%。根据乌克兰国家银行、乌克兰政府、国际货币基金组织和世界银行的预测数据，2018 年经济增长率将在 3.2% ~3.5%。世界银行估计，2018 ~2020 年乌克兰经济年增长率为 3.5% ~4%。2016 年乌克兰 GDP 为 932.7 亿美元，相当于 2013 年 GDP 的一半，接近 2006 年 GDP 水平，比 1989 年 GDP 高 12.7%。2016 年人均 GDP 为 2148 美元，约为 2013 年的一半。预计 2018 年国际收支赤字占 GDP 比例为 3.1%，通货膨胀率为 9.4%。2018 年 12 月乌克兰国家银行发布的数据称，乌克兰居民实际收入为 2013 年的 82%，约 1400 万人生活在最低生活保障线以下①。

乌克兰经济发展面临很多障碍：一是东部地区战争拖累经济，成为烧钱的黑洞。2018 年乌克兰国防预算增加 37%，占到 GDP 的 5.2%（2004 ~2014 年年均占 1%）。二是腐败成为侵蚀经济健康发展的病菌。乌克兰媒体公布的民调结果显示，44% 的受访者认为腐败是国家面临的

① “乌克兰居民收入仍未恢复到 2013 年水平”，中华人民共和国驻乌克兰大使馆经济商务参赞处官方网站，2018 年 12 月 19 日。

主要问题[①]。国际货币基金组织驻乌代表约斯特·留恩科曼认为，如果乌克兰能够克服腐败，经济增长率可能达到每年5%。三是政局起伏不定严重打击外国投资者的信心。2019年乌克兰政治力量围绕总统和议会选举的斗争将加剧，政治斗争将继续消耗经济。四是经济结构单一，乌克兰40%以上的石油和天然气依赖进口，价格和数量受到供应方制约。2014年危机以后，乌克兰从斯洛伐克、匈牙利、波兰等国反向进口俄罗斯的天然气，支出大幅增加。出口产品竞争力弱，以原材料和低附加值产品居多，这些产品的出口数量和价格受国际市场影响大。五是外汇储备少，国家债务负担重，投资依赖外部资金，改革难以落实将影响欧盟和国际金融组织资金的及时流入。六是专业人才和劳动力大量流失。

值得肯定的是，格罗伊斯曼政府为吸引投资采取了一系列措施：成立投资促进局，制定促进投资的战略，简化程序法令，通过工业园区法[②]。非集中化改革（地方从中央分权改革）、警察改革和海关改革取得一定成效，腐败程度有所下降。在透明国际公布的2017年清廉指数国家排名中，乌克兰升至第130位。根据世界银行全球营商环境报告，乌克兰的排名从2013年的第112位提升至2017年的第76位[③]。然而，2017年12月欧洲商业协会表示，乌克兰投资吸引力指数在近几年内首次出现下降，从3.15降到3.03（满分5分），一半的受访企业对乌商业环境表示不满，包括腐败、宏观经济因素和改革进程放缓。表示满意的比重从上半年13%降到11%[④]。很多在乌华商表示，合作方违约、利润

---

① Социологи: Коррупция – главная проблема Украины, https: //1fin. biz/sotsiologi – korruptsiya – glavnaya – problema – ukrainyi, 2018/4/6.

② 乌克兰驻华大使奥列格·焦明："期待中国投资成为经济繁荣的引擎"，《中国投资（丝路版）》，2018年3月。

③ 世界银行发布的《营商环境报告2018》指出，外资企业在乌克兰办理破产、获得电力、跨境贸易和执行合同等方面仍面临较多困难，在获得信贷、办理施工许可证件、纳税等方面比以往更加便利。

④ "乌克兰投资吸引力指数几年内首次下降"，http: //ua. mofcom. gov. cn/article/jmxw/201712/20171202687933. shtml，2018/4/6。

汇出困难、政策和法律频繁变化、腐败、官僚主义、基础设施落后、税重、汇率不稳、人力资源成本上涨等问题阻碍了投资经营。

三、外交

1. 俄乌关系

2018 年乌克兰继续切割与俄罗斯的联系，双方关系继续恶化。1 月 18 日，乌克兰议会通过关于“顿巴斯重新一体化”的法案，赋予乌总统为保障国家安全和对抗俄罗斯侵略采取行动的决策权[①]。2018 年 4 月 12 日，波罗申科宣布乌克兰将退出独联体，并将关闭其位于白俄罗斯首都明斯克的驻独联体总部各相应机构的代表处。这是其继 2014 年宣布退出后的又一次表态。无论基辅还是独联体执行委员会，都没有发布有关乌克兰退出的正式文件。此外，乌克兰成为伦敦前特工中毒案“外交战”中驱逐俄外交人员第三多的国家（13 人），仅次于美英两国。乌克兰还阻止俄罗斯公民在乌参加俄总统大选投票。9 月 17 日，波罗申科签署总统令，正式终止《乌俄两国友好合作伙伴关系条约》。12 月 15 日，乌克兰东正教会表决通过，正式脱离俄罗斯东正教会。

2018 年俄乌关系中最引人注目的事件是刻赤海峡冲突。11 月 25 日，乌克兰海军 3 艘舰船在穿越刻赤海峡时与俄罗斯边防局海上警卫队爆发冲突，乌方舰船和船员被俄方扣留，其中 6 名船员受伤。乌克兰国防部随即宣布进入全面战备状态。这是继克里米亚事件、乌东部冲突以后俄乌矛盾的再次升级。

在实力相差悬殊、事先也知道俄方在刻赤海峡大桥有军事部署的情

① Верховная рада приняла закон о реинтеграции Донбасса 18. 01. 2018，http：//nk. org. ua/politika/verhovnaya – rada – prinyala – zakon – o – reintegratsii – donbassa – 18012018 – 129339，2018 – 04 – 06。

况下，为什么乌克兰仍要铤而走险派军舰穿越刻赤海峡呢？

其一，乌克兰从法律角度要捍卫本国船只在刻赤海峡和亚速海的自由通行权。沙俄与奥斯曼土耳其征战200多年获得黑海出海口和克里米亚，苏联解体后克里米亚成为独立国家乌克兰领土的一部分，俄乌之间在克里米亚、黑海舰队、刻赤海峡地位以及亚速海航行等问题上分歧严重。2003年俄罗斯在刻赤海峡修建堤坝导致俄乌关系紧张。当年12月俄乌双方签署《俄乌合作利用亚速海和刻赤海峡条约》，规定刻赤海峡和亚速海是两国内水，两国商船和军舰以及第三方商船均可自由航行（前提是悬挂国旗），双方将通过和平协商解决海域边界划分问题。2012年3月双方签署《俄乌关于保障亚速海和刻赤海峡航海安全的政府间协议》，规定俄乌相互承认对方给符合航行安全和海洋环保要求的船只及船员发放的许可证，双方有权检查对方船只是否拥有许可证。乌克兰认为，克里米亚主权在乌，按照已有双边条约规定，本国船只在刻赤海峡和亚速海有自由通行权。俄罗斯则认为，克里米亚主权在俄，俄领土附近水域为俄领海，乌方船只擅自闯入本国国界，在此前提下俄方开火、撞击和扣船无责。

其二，乌政府要对俄罗斯强行占有克里米亚和刻赤海峡有所反应，要通过重申并放大俄罗斯威胁争取国内外的同情和支持，促进克里米亚、刻赤海峡和东部冲突问题的解决，推进加入欧盟和北约的进程。

克里米亚公投以后，形势发展对乌克兰愈加不利。乌克兰政府切断了对克里米亚的物资供应，宣布对于持俄罗斯签证进入克里米亚的外国公民将采取惩罚措施。俄罗斯在完成克里米亚和塞瓦斯托波尔入俄法律手续后，大力扶持当地经济发展，加强对克里米亚的管理。自2018年3月25日乌克兰边防人员拘留了持俄罗斯护照克里米亚渔船船长后，俄罗斯开始对经过亚速海的乌克兰船只加强检查。2018年5月俄罗斯修建的连接克里米亚和克拉斯诺达尔边疆区的跨刻赤海峡大桥通车，俄罗斯进一步加强对亚速海的管控，乌俄之间的矛盾也从克里米亚蔓延到亚速海和黑海。乌克兰交通运输部长称，乌克兰位于亚速海的两个港口受到克里米亚大桥高度限制，克里米亚大桥的建成和通车每年将给乌克兰带来 5 亿格里夫纳的直接经济损失和数十亿格里夫纳的间接经济损失，并向俄方提出赔偿要求。俄罗斯对此置之不理，并对刻赤海峡大桥重装守护，防止乌方破坏大桥。目前，诺曼底四方会谈机制和乌克兰问题三方联络小组均未把克里米亚问题列入议程，克里米亚似乎被国际社会逐渐淡忘，乌克兰收回克里米亚的目标变得遥遥无期。

对于乌当局而言，乌东部地区分离主义问题也不乐观。东部地区冲突自发生后即陷入所谓的冻结状态，虽然烈度基本没有上升，但接触线两侧零星交火不断，战火每天都在吞噬乌克兰人的生命和国家并不宽裕的财政。2018 年 8 月 19 日是第 10 个世界人道主义日，联合国驻乌克兰代表处在这一天发布消息称，乌克兰东部地区已经有超过 3000 平民死亡，超过 9000 人受伤，超过 340 万人缺少食品和饮用水，而且居无定所，无法获取医疗服务和接受教育。代表处呼吁采取紧急行动保护乌克兰东部饱受战火之苦的数百万乌克兰平民[①]。2018 年 8 月 31 日，“顿涅茨克人民共和国”领导人扎哈尔琴科遇害。11 月 11 日，顿巴斯地区不顾乌克兰政府反对举行地方领导人和议会选举，普希林和帕谢奇尼克分别当选顿涅茨克和卢甘斯克领导人，俄罗斯对二人当选表示祝贺。总之，乌东部地区的分离状态逐渐固化。

尽管有关各方都敦促俄罗斯和乌克兰落实明斯克协议，但实际上乌东部冲突无法指望通过落实明斯克协议获得解决，因为明斯克协议的先天缺陷是没有规定乌俄双方谁应率先履行协议中规定的义务，这导致俄罗斯与乌克兰打嘴仗，相互指责。到目前为止，明斯克协议仅部分条款

① http://www.un.org.ua/en/information-centre/news/4406-on-world-humanitarian-day-united-nations-calls-for-the-protection-of-civilians-in-eastern-ukraine，2018 年 11 月 11 日。

得到有限落实，例如冲突双方部分执行了撤出重型武器和交换战俘的义务。因此，协议本身在避免冲突进一步扩大和升级方面发挥了有限的作用，但不是结束冲突和解决分离主义问题的钥匙。

在此情况下，美国宣布 G20 峰会期间俄美两国总统将举行会晤，进一步加剧了乌方的焦虑。乌方担心，俄美双方达成损害乌克兰利益的交易。后来的实践表明，乌方虽然付出了一定代价，但实现了阻止美俄元首会晤、争取西方更多支持和欧盟延长制裁俄罗斯期限等目标。

当前，乌俄再次发生冲突的风险仍很高。未来至少五年内俄乌关系持续恶化的趋势基本不大可能逆转。除了乌东部地区，刻赤海峡和亚速海也将成为冲突风险较高地区。刻赤海峡冲突后，东部地区冲突有所加剧，但保持在一定限度内。原因是，乌方希望借此引起西方的注意。但冲突烈度的控制权更多掌握在俄方和顿巴斯地方武装手里。俄罗斯不希望与乌克兰政府军发生更大规模的冲突，以免给波罗申科留下俄罗斯侵略的口实。

对于乌当局可能发起的攻势，俄方已经做好充分准备。一旦乌方舰艇再次通过刻赤海峡或者在亚速海或其他边境地区挑起冲突，俄方将予以有力还击，届时类似俄格冲突的一幕可能再次上演。即便发生冲突，俄罗斯也不希望冲突的规模和期限扩大从而招致西方更大规模的制裁，很可能选择闪电式打击，以教训为主，尽快结束战斗。乌克兰在军力上无法与俄罗斯抗衡，若再次挑起冲突，美国和北约不大可能直接参与，届时乌方很可能遭受更大损失。未来，考虑到乌克兰即将进入选举年，选举前波罗申科再次挑起与俄罗斯的冲突可能性不大，当局可能选择只制造声势，但不采取实际军事行动。

2. 乌克兰与美欧的关系

乌克兰当局把加入欧盟和北约作为内外政策的主要方向，不断推进加盟入约的进程。2016 年以来乌克兰与欧盟签署的自由贸易区协定和联系国协定相继生效，欧盟给予乌克兰公民有条件免签政策。2018 年 2 月 28 日，波罗申科向议会提交法案，改革国防和安全部门，目的是向北约和欧盟标准靠近。尽管乌克兰一心向欧，但欧盟回应似乎并不积极。欧盟委员会主席容克曾明确表示，乌克兰在未来 20 ~ 25 年内不能成为欧盟和北约成员国。很多欧洲人表示不认可乌克兰是欧洲国家，乌克兰不加入欧盟对欧盟更有利。此外，欧盟实行一票否决制，而目前成员国对于乌克兰加入欧盟态度不一。而且，英国宣布脱欧后，欧盟受到难民问题、民粹主义和离心倾向等问题困扰，短期内也不适宜扩员。

美国和北约不断加强对乌克兰的支持，为乌克兰提供进攻性武器和人员培训，双方还连续举行大规模以俄罗斯为假想敌的联合军演。2018 年 3 月 10 日，乌克兰议会副议长格拉先科表示，乌克兰的入盟“申请国”地位得到了北约的认可，北约官网也同时确认了这一消息。北约宣布给予乌克兰“申请国”地位。美欧是否会绕过“处于战争状态和存在领土纠纷的国家无权提出入约申请”的硬性规定给乌克兰开绿灯还有疑问。9 月 3 日，波罗申科总统提交了宪法修正案，规定了乌克兰加入欧盟和北约的方针。一旦美国推动北约吸收乌克兰，那么北约将与俄罗斯面对面对峙，俄罗斯有可能接收乌克兰东部或者促其独立，因此迈出这一步对于美国来说风险非常大。乌克兰能否加盟入约主要取决于美欧，从美欧的态度看短期内无法实现。

乌克兰民意对于加盟入约分歧仍然严重，虽左右不了国家政策，但也对加盟入约进程产生一定影响。基辅国际社会学所 2018 年 5 月公布的对除克里米亚和东部民间武装占领区以外的乌克兰各州公民进行的调查结果显示，2004 名受访者中 45. 9% 赞成加入欧盟，31. 6% 赞成既不加入欧盟也不加入关税同盟，8. 9% 赞成加入关税同盟，41. 4% 赞成加入北约。37. 8% 反对加入北约。

值得关注的是，2018 年 10 月 20 日美国宣布退出《中导条约》可能加剧黑海和波罗的海的军事对峙和军备竞赛。乌克兰作为美俄对抗的前哨，可能继续被美国和北约武装并深度卷入新一轮的俄美对抗中。

3. 中乌关系

中乌两国不存在历史遗留问题，也不存在地缘政治冲突。中国始终坚定支持乌克兰独立、主权和领土完整，支持乌克兰作为无核武器国家加入《不扩散核武器条约》，承诺无条件不对作为无核武器国家的乌克兰使用或威胁使用核武器，并在乌克兰遭到使用核武器的侵略或受到此种侵略威胁的情况下，向乌克兰提供相应安全保证[①]。乌方高度赞赏中方的上述立场。2011 年中乌两国建立战略伙伴关系。2013 年 12 月乌克兰总统亚努科维奇访华，两国元首共同签署《友好合作条约》和《关于进一步深化战略伙伴关系的联合声明》。双方批准《中乌战略伙伴关系发展规划（2014～2018 年）》。亚努科维奇表示，赞赏并支持中方提出的打造“丝绸之路经济带”的倡议，愿积极参与相关基础设施建设。

乌克兰危机发生后，中乌在“丝绸之路经济带”框架下的合作进入一段“空挡滑行”期，很多合作计划和项目被迫搁置。2017 年 1 月 17 日，中乌两国元首在达沃斯举行会晤。这是乌克兰“广场革命”以后中乌两国元首之间的首次会晤，标志着两国关系翻开崭新的一页。同年 12 月 5 日，迟滞两年的中乌政府间合作委员会第三次会议在基辅召开，中乌关系迎来新的发展契机。双方签署了《实施“一带一路”倡议的行动计划》和《农工综合体投资合作计划》。波罗申科总统在会见到访的马凯副总理时表示，乌方对“一带一路”倡议感兴趣，优先方向是在交通基础设施领域吸引中国的技术和投资。中乌合作的潜力很大，但乌克

---

① 《中国政府关于向乌克兰提供安全保证的声明》，载中华人民共和国国务院公报 1994 年 12 月 12 日第 29 号（总号：778）；《中华人民共和国和乌克兰关于进一步深化战略伙伴关系的联合声明》，2013 年 12 月 5 日。

兰对中国和“一带一路”倡议都不太了解。截至 2018 年 12 月，乌克兰尚未参加亚洲基础设施投资银行，也未与中国签署战略对接文件、基础设施合作协议和产能合作协议。预计乌克兰总统选举后，双方将继续推动两国元首实现互访，巩固中乌战略伙伴关系。乌克兰对华相对友好，高度欢迎“一带一路”倡议。未来，双方在科技、军工、交通基础设施、能源、通信、农业等领域还有相当大的合作潜力。

2018年哈萨克斯坦形势

◎ 张　宁

2018年哈萨克斯坦形势总体稳定，政治领域根据之前提出的“五项改革”继续稳步推进，经济领域已由之前的反危机进入提升民众福利通道，安全领域的重任依然是防范中东暴恐分子回流，外交领域始终活跃，成为地区合作的积极推动者。未来的工作仍是落实《2050年战略》，发展经济和改善民生，探求新的增长模式。

2018年哈萨克斯坦形势总体稳定，政治改革的重点是为将来政权交接铺路；经济已走出谷底，进入缓慢爬升阶段；治安形势总体可控，未发生重大暴恐事件；对外政策不断发力，成为地区合作的积极推动者。未来的工作仍是落实《2050年战略》和“五项改革”，落实《百步计划》，把握“第三次现代化”机遇，努力探求新的增长模式，确保哈国竞争力，为实现“进入世界前30强”打基础。

一、为政权交接铺路

哈萨克斯坦宪法规定总统任期为5年，每人不得连续担任总统超过

张宁，中国社会科学院俄罗斯东欧中亚研究所中亚研究室主任、研究员。

2 届（首任总统除外）。现任总统纳扎尔巴耶夫自 2015 年赢得提前总统选举后，本届总统任期应至 2020 年底。但外界一直传闻他可能在 2019 年宣布提前总统选举，产生新总统，完成权力交接。由此，本来已平静多年的关于总统接班人话题在 2018 年又重新热络起来。从一系列法律、人事和行政区划变化看，纳扎尔巴耶夫总统已着手安排接班事宜并非空穴来风。主要表现在以下两个方面。

第一，通过《哈萨克斯坦安全委员会法》。该法案 2018 年 5 月议会通过，7 月 5 日纳扎尔巴耶夫总统签署批准，7 月 12 日在官方媒体发布文本并于当日（公布之日）生效。“安全委员会”原本是总统直属的办事机构之一，成员主要来自强力部门负责人，负责统筹协调所有涉及国家安全的事务。该机构由总统直接领导（总统担任委员会主席），日常工作由总统助理兼安全会议秘书负责。从行政体制上看，安全委员会名义上虽然列入总统办公厅序列，但实际上并不隶属于总统办公厅主任，而是直接向总统汇报工作（仅对总统负责）、由总统直接领导的独立部门。在哈国的外事礼宾顺序中，总统助理兼安全会议秘书相当于副总理级别，位列国家领导人排名前 15 位。

大部分媒体都认为，该法是确保纳扎尔巴耶夫卸任总统后，能够依旧掌控国家权力，发挥领袖作用的法律依据。理由是：①该法属于宪法性法律文件，这意味着安全委员会是正式的国家行政机关，已不属于总统下属的办事机构（不能以自己的名义发布效力遍及全国的行政文件），而是与议会、政府、总统办公厅、宪法委员会、最高法院、央行等机构并列的中央国家机关，有自己的预算、编制和行政职能，可以自己的名义发布行政命令。②该法规定，鉴于纳扎尔巴耶夫总统的首任总统和民族领袖地位，他将终身担任安全委员会主席。这意味着，未来名义上退居二线的纳扎尔巴耶夫总统会退而不休，继续以“民族领袖”（国父）的名义掌握实际权力。此举将为政权平稳过渡提供坚实的法律基础，避免未来新总统因无法承接纳扎尔巴耶夫总统退出后形成的威望和影响力真空而出现政局不稳。这也说明哈未来总统权力交接将实行“两步走”的渐进式过渡。

《哈萨克斯坦安全委员会法》通过后，哈随即进行系列高层人士调整：①8 月 8 日，总统助理兼安全会议秘书伊尔梅克巴耶夫改任国防部长；9 月 19 日，对外情报局局长拜加诺夫出任总统助理兼安全会议秘书。②9 月 11 日，总统办公厅主任贾瑟别科夫到龄退休后，由阿斯塔纳市长伊谢克舍夫接任。很多媒体猜测，接下来纳扎尔巴耶夫很可能会解散政府或提前举行总统选举，组建新政府内阁，由未来的总统接班人出任新政府总理，为其接班铺路。

第二，调整行政区划。2018 年 6 月 9 日批准国家行政区划改革方案，将人口规模达到 100 万的奇姆肯特市升格为中央直辖市，同时将南哈萨克斯坦州更名为“突厥斯坦州”，州行政机关由奇姆肯特市迁移至突厥斯坦市。奇姆肯特是继阿拉木图和阿斯塔纳后的第三个百万人大城市，也是哈独立后继阿斯塔纳之后形成的第二座百万级人口城市，升格为直辖市后，其政治地位和经济资源随即获得极大提升。

早在 2014 年国情咨文《哈萨克斯坦之路——2050：共同的目标、共同的利益、共同的未来》中，纳扎尔巴耶夫就指出未来应优先发展的七大领域，其中第四项便是“发展城市群”，“阿斯塔纳和阿拉木图作为哈萨克斯坦最大的两座城市，将成为首批现代化的都市中心。随后是奇姆肯特和阿克托别，同样应成为可吸引投资和人口、可提供高质量的教育、医疗及社会文化服务的科学中心”。

发展城市群是解决国家发展面临的人口低密度和国土广袤难题的重要举措之一。哈萨克斯坦大城市很多，但大部分都是人口几十万，且分散在国内各地，比如卡拉干达、阿克套、乌斯季—卡缅诺戈尔斯克、巴甫洛达尔、克孜勒奥尔达等。之所以选择阿拉木图、奇姆肯特、阿克托别和阿斯塔纳这四座城市作为未来大城市群的依托（相当于在国内的东南西北城市中各选一个代表），是因为阿斯塔纳是首都，阿拉木图被称作南都，奇姆肯特和阿克托别则拥有丰富的自然资源、市场和劳动力资源，具有相对更好的人口、资源、市场、交通、地缘等优势。

二、经济增长预期良好

受油价上涨和经济增长等因素影响，2018 年哈萨克斯坦经济形势继续好转，出口和财政收入有所增长。据哈国家统计委员会数据，1～6 月，GDP 增长率为 4.2%，1～10 月通胀率为 4.7%，国际储备截至 9 月底为 864 亿美元（其中外汇储备 300 亿美元，国家基金 564 亿美元）。信贷和消费日趋活跃。1～9 月新增贷款余额 2 万亿坚戈，同比增长 25.8%，贷款利率由年初的 13.2% 降至 9 月份的 12.2%。为满足市场的货币需求，同时控制信贷规模，哈央行自 10 月 15 日起将基准利率由 9% 上调至 9.25%。国际评级机构穆迪 2018 年 10 月确认哈萨克斯坦主权信用评级为“Baa3”，展望为“稳定”。

与此同时，物价上涨和本币贬值压力仍然较大。经济回暖推高通胀水平，虽然仍在预期目标范围内，但处于目标阀值上端。同期的坚戈兑美元汇率呈持续贬值态势，1～9 月贬值幅度约 15%。哈央行认为，坚戈贬值不是本国经济政策的问题，主要由美元升值、西方对俄制裁，以及大国经济体间的贸易战导致国际市场前景不明等外部因素引发，民众希望购买美元资产保值，从而造成美元需求增加，本币贬值。为稳定国内货币市场，阻止坚戈贬值趋势，哈央行于 9 月 5～7 日实施了年内首次外汇干预，三天内共向市场投放 5.206 亿美元。

受经济增长鼓舞，哈萨克斯坦总统纳扎尔巴耶夫 10 月 5 日发布 2019 年度国情咨文《提升哈萨克斯坦公民福祉：提高收入和生活质量》，提出未来工作重点是努力提高居民收入和改善生活环境。哈议会下院于 10 月 31 日通过《2019～2021 年国家预算案》，假定国际油价 60

美元/桶，坚戈兑美元汇率 350∶1，预计 GDP 增速 2019 年为 3.9%（64.1 万亿坚戈），2021 年达到 4.6%（86.9 万亿坚戈）；同期通胀率 2019 年为 4%～6%，到 2020～2021 年控制在 3%～4% 区间；国家预算收入 2019 年为 6.8 万亿坚戈，2020 年 7.3 万亿坚戈，2021 年 8 万亿坚戈；赤字规模控制在 GDP 总量的 1.5%～1.3%。

据中国海关统计，1～8 月中哈贸易额为 125.9 亿美元，同比增长 18.5%。其中对哈出口 74.2 亿美元，同比增长 5.2%；自哈进口 51.7 亿美元，同比增长 44.8%。中方贸易顺差 22.5 亿美元，同比下降 35.4%。但据哈方海关统计，1～8 月两国贸易额为 72.5 亿美元，同比增长 11.2%。其中对哈出口 35 亿美元，同比增长 17.8%；自哈进口 37.5 亿美元，同比增长 5.6%；哈方贸易顺差为 2.5 亿美元，同比下降 60%。

三、治安形势总体可控

哈萨克斯坦治安形势近年趋于“严峻”。尽管犯罪案件以及死亡人数总体减少，但极其严重犯罪和严重刑事犯罪案件增多。据哈总检察院数据，2018 年 1～9 月，哈全国共登记 22.5434 万件刑事违法案件，较 2017 年同期下降 8.4%，其中刑事案件 20.2203 万件（同比减少 7.7%），嫌犯 2.3231 万人（同比下降 13.7%）[①]。与此同时，杀人案增加 6.2%（计 724 件），其中故意杀人案增长 28.6%（计 90 件），敲诈勒索犯罪增长 7.2%（计 417 件），诈骗犯罪增长 5.8%（计 2.2528 万件），而盗窃、抢劫、流氓等犯罪同比减少 3.4%～10.3%。伤害致死

① Комитет по правовой статистике и специальным учетам Генеральной прокуратуры Республики Казахстан，《Справка *по уголовным правонарушениямза* 9 *месяцев* 2018 *года*》，http：//pravstat. prokuror. gov. kz/node/91553.

人数下降 12.9%（由 394 人降至 343 人）。另外，街头等公共场所犯罪案件数量下降 3.6%。严重刑事案件的破案率达到 72%。在全部立案中，96.7% 的案件属于内务部调查，1.2% 属于金融警察管辖，1% 归属反贪机构查处，0.6% 归检察院系统，0.3%（计 749 件）属于国家安全委员会侦查（通常涉及国家安全、边境管理和恐怖活动的案件）。

在反恐反极端主义方面，哈政府继续保持高压态势，未发生严重暴恐事件。但极端主义活动仍屡禁不绝。哈萨克斯坦法院 2018 年 10 月 12 日判处达瓦宣讲团在哈的分支机构“唯信真主”（Йакын Инкар）为极端组织，禁止其在哈境内活动。该组织在吉尔吉斯斯坦同样也被列入极端组织名单。“唯信真主”属于苏菲派，认为除了真主以外，任何人无权支配和管理个人的生活，希望返璞归真到伊斯兰教初创时期，建立哈里发国家。其成员经常利用传媒工具，散发和宣传带有宗教极端主义内容的传单、材料、网络文章和视频等①。很多成员蓄须和穿阿拉伯袍，生活简朴。

2018 年 3 月 13 日，哈萨克斯坦法院判处“民主选择”党为极端组织。该组织由躲避到欧洲的 BTA 银行前总裁阿布利亚佐夫组建并资助，“经常通过大众传媒等各类渠道，歪曲事实，宣传政府负面形象，鼓动社会仇恨情绪，其根本目的在于颠覆国家政权和破坏社会秩序”。这是哈萨克斯坦宣布的第一个政治极端组织。根据哈《反对极端主义法》，极端主义分为政治极端主义、民族极端主义和宗教极端主义等三大类型，目标都是颠覆政权，只是手段不同。此前发布的恐怖和极端组织，都是带有宗教性质的组织。将“民主选择”党判定为极端组织，说明哈当局已不再将其视作一般的政治反对派，而是刑事犯罪组织，适用《反对极端主义法》惩处。

---

① 《В Казахстане признали экстремистской организацию〈Йакын Инкар〉》，12 Октября，kz https：//www. inform. kz/ru/v – kazahstane – priznali – ekstremistskoy – organizaciyu – yakyn – inkar_ a3419746.

四、国际影响力继续提高

从总统讲话、国情咨文和外交部发布的信息等材料文件中可知，哈萨克斯坦近年的对外政策依旧奉行实用主义，根据变化了的外部世界环境而主动调整实施。近年，哈外交特别强调大国关系和周边关系，以及落实哈自己提出的国际倡议，包括[①]：①与俄罗斯的关系要成为国际关系的典范，双方将继续加强欧亚经济联盟框架内的合作。②与中国的全面战略伙伴关系要不断巩固和加强，双方将继续落实“一带一路”和“光明大道”对接项目。③与美国的“扩大的面向 21 世纪的战略伙伴关系”要积极落实。④与欧洲关系要稳定。欧洲是哈萨克斯坦最大的贸易和投资伙伴。⑤与周边和世界其他国家（独联体国家、土耳其、伊朗、中东国家、亚洲国家等）的“互惠”合作关系要继续发展，还要努力落实有关解决叙利亚问题的“阿斯塔纳进程”谈判。

总体上，2018 年哈外交工作的亮点主要有三。

一是 2018 年 1 月 16 ~ 18 日纳扎尔巴耶夫总统访美。此次访问系受特朗普 2017 年 9 月发出的邀请，是哈总统自 2006 年起相隔 12 年后的正式访美，也是特朗普就任总统后首次接待的中亚地区国家领导人。访问成果涉及政治对话（继续保持战略伙伴关系）、经贸合作（签署有关能源、数字经济、农业、宇航、制药、卫生、铁路、核能等 20 多个总价值 75 亿美元的商业合同）、地区安全（军事合作第四个“五年计划”、网络安全、中亚和阿富汗稳定、核不扩散等）、人力资源（留学、英语

① 《Полный текст Послания Президента Нурсултана Назарбаева народу Казахстана》, 5 Октября 2018，https：//www. inform. kz/ru/polnyy – tekst – poslaniya – prezidenta – nursultana – nazarbaeva – narodu – kazahstana_ a3411484.

推广、旅游等）等诸多领域[①]。舆论认为，此次访问有助于巩固哈美双边战略伙伴关系、提升哈在中亚和欧亚地区影响力、发挥哈在协调美俄、中美等大国关系方面的中介作用、促进纳扎尔巴耶夫未来辞任总统后的哈国内稳定、建立领导人间的私人友谊等。

二是继续推动“阿斯塔纳进程”。该倡议是国际社会解决叙利亚问题的和平机制之一，最早由俄罗斯总统普京于 2016 年 12 月提出，哈萨克斯坦作为主办方提供谈判场地，2017 年共举行 8 轮会谈，取得了诸多积极成果。2018 年谈判共举行 2 轮（5 月中旬和 11 月底）。2018 年度和谈的特点有二：①美国未派代表参加。参加和谈的代表有交战的叙利亚政府和武装反对派代表，作为停火担保国的俄罗斯、土耳其和伊朗三国代表和国际组织的联合国叙利亚问题特使。作为观察员的美国和约旦两国中，只有约旦派代表参会。此前，尽管美政府未派正式代表团，但指定美驻哈萨克斯坦大使为和谈观察员参会。现在美国连观察员代表都不出席会议，大部分舆论认为此举说明美已难以在该机制中甚至在掌控叙利亚局势方面发挥主导作用了。②会谈的内容依然是交换战俘和被劫持人员以及死者遗体、限制冲突升级、难民返乡、人道主义援助等老话题。尽管“阿斯塔纳进程”不是解决叙利亚问题的唯一平台，多轮和谈也未能取得实质性突破（即达成和平协议），但毕竟有助于各方管控分歧，避免局势激化。可以说，哈萨克斯坦积极推动“阿斯塔纳进程”是落实纳扎尔巴耶夫总统的和平思想的重要举措之一，也是对国际社会安全稳定的贡献。

三是里海沿岸国家于 2018 年 8 月最终签署《里海法律地位公约》。该公约的意义在于：①有关跨里海的领土争端已原则上解决，早先影响里海水底油气资源开发（争议水域）和外送（铺设海底管道）的领土

---

① 《Совещание по итогам официального визита в Соединенные Штаты Америки》, 22 января 2018, http://www.akorda.kz/ru/events/akorda_news/meetings_and_sittings/soveshchanie-po-itogam-oficialnogo-vizita-v-soedinennye-shtaty-ameriki.

因素已不存在，能源开发面临新机遇。讨论多年的从哈萨克斯坦的阿克套至阿塞拜疆的巴库的跨里海管道项目有望重启，哈西部的丰富能源有望获得新的出口通道和市场。②该公约明确规定不得允许非里海沿岸国家的军事力量存在。此举可能限制哈萨克斯坦与美国的军事合作。美军多年来始终寻求通过阿克套港向阿富汗运送军事物资。尽管关于“军事物资”和“军事力量”的内容界定仍待完善，但美国想借助发展北方供应线在哈萨克斯坦加强军事存在的计划肯定会受到较大影响。

中白工业园的进展、问题和前景

◎ 赵会荣

中白工业园是"一带一路"建设的标志性工程，也是中白双方互利合作的典范，以及中白两国构建人类命运共同体的示范。工业园自动工建设以来取得显著进展。同时，工业园的发展仍面临很多困难和问题，需要政府、企业、智库、媒体和教育机构等各行各业给予支持，加强双方的政治、经济和人文合作。

自1997年起，中国政府开始鼓励企业"走出去"，在境外建造生产和贸易基地，并逐渐将其发展成为多功能的综合性园区，从而创造了中国境外经贸合作区经营模式。自2006年起，中国商务部开始为企业到境外建设投资平台创造条件，提供支持，给予国别引导和产业指导，并制定了包括享受合作区发展资金支持等一系列具体的政策措施①。2013年中国国家主席习近平提出"一带一路"倡议以后，五年内中国企业在"一带一路"沿线国家共建设境外经贸合作区82个。其中，中白工业园是迄今为止面积最大、投资额（预估）最多的境外经贸合作区。

赵会荣，国务院发展研究中心欧亚社会发展研究所研究员，中国社会科学院俄罗斯东欧中亚研究所乌克兰室主任、研究员。

① 《中国政府对境外经贸合作区的支持政策措施》，2010－04－15，http：//www. mofcom. gov. cn/article/zt_ jwjjmyhzq/subjectn/201004/20100406869369. shtml。

中白工业园被白俄罗斯总统卢卡申科命名为巨石工业园，寓意奠定中白合作的友好基石。工业园位于白俄罗斯明斯克州斯莫列维奇区，距离首都明斯克市约 25 公里，毗邻明斯克国际机场。园区总面积 112.5 平方公里，几乎相当于明斯克市的三分之一。不过，减去机场周边不可利用区域，剩余面积 91.5 平方公里，再减去沃尔缅斯基国家生物保护区、灯塔地方保护区和受保护村落，剩余可开发利用面积约 50 平方公里。预计工业园基础设施七通一平建成需 20~30 年，投资额需 50 亿~60 亿美元。

2015 年习近平主席视察园区时提出要把中白工业园打造成丝绸之路经济带的明珠和中白双方互利合作的典范①。白俄罗斯总统卢卡申科表示，白俄罗斯愿成为“一带一路”的重要支柱。中白工业园是目前中白合作的最重要项目，也是“一带一路”建设的标志性工程。

一、中白工业园的进展

中国的境外经贸合作区主要可以分为两类。一类是中国企业走出去以后在境外的业务发展比较顺利，出于扩大经营规模、获得优惠政策、抱团取暖等因素，考虑向双方政府提出建立园区并获得认可。另一类是两国政府考虑到双边政治关系良好等因素为加强双边经贸合作签署建立园区的政府间协议，然后鼓励双方企业从事园区建设和招商引资。中白工业园属于第二类。

中白工业园最早是卢卡申科总统提出的。2010 年 3 月时任国家副主席习近平访问白俄罗斯时，卢卡申科总统向中方提议在白境内建设中白

① 2015 年 5 月习近平主席访问白俄罗斯时就建设中白利益共同体和命运共同体提出四点建议，其中第二点提到要把中白工业园建设作为合作重点，发挥政府间协调机制作用，谋划好园区未来发展，将园区项目打造成丝绸之路经济带上的明珠和双方互利合作的典范。

工业园，并得到中方的积极回应。2011 年 9 月 18 日，时任人大常委会委员长吴邦国访白期间，两国签署了《中华人民共和国政府和白俄罗斯共和国政府关于中白工业园的协定》，正式将该项目纳入两国政府间合作项目。2012 年 1 月，两国各自批准该文件。然而，由于中白工业园项目规模庞大、投资任务艰巨以及双方对于工业园的定位等问题需要沟通等因素，工业园并没有立即动工建设。2015 年 5 月 12 日，习近平主席在卢卡申科总统陪同下视察中白工业园，站在临时搭建的帐篷内面对工业园的沙盘作出“工业园建设要两年见成效”的重要指示，工业园开始筹划。2016 年 3 月，工业园开始动工建设。

恰如园区入口处标语“时间就是金钱，效率就是生命”所示，在中白双方的共同努力下，工业园建设快速推进，成绩斐然，充分展示了中国实力、中国技术和中国效率。截至目前，园区一期开发区中起步区 3.5 平方公里七通一平基础设施于 2016 年底完工，具备了招商引资条件。一期全部 8.5 平方公里七通一平基础设施建设 2018 年底完成，全部配套完成花费 1.88 亿美元。

在中白双方的共同推动下，白俄罗斯针对中白工业园建设发展需求先后出台三个总统令，大幅提升了园区招商引资的吸引力。这从一个侧面反映出，中国企业深度参与了白俄罗斯的经济社会发展进程，并为白俄罗斯的稳定和可持续发展作出了自己的贡献。目前，园区产业定位扩展为：电子和通信、生物技术、精细化工、新材料、机械制造、仓储物流、电子商务、大数据储存和处理、社会文化产业、科研、设计试验和工艺试验。

园区税收政策的优惠幅度大幅提升：园区居民企业（居民企业为白方特定说法，可理解为入驻园区企业，以区别于白国内一般企业）[①] 利润税自利润产生的首个税务年开始 10 年内免收，10 年后至 2062 年 6 月

① 根据中白工业园官网公布法律文件的中文译本译作居民企业。

5 日前减半征收。2062 年 6 月 5 日以前免收不动产税、土地税以及建设所需进口设备和材料关税及增值税（前提是满足白俄罗斯的国际义务，海关监管期最长不超过 5 年）。园区居民企业员工的个人所得税在 2027 年 1 月 1 日前仅征收 9%、白俄罗斯籍员工以本国平均工资为基数缴纳社保，外国籍员工免缴社保，免除环境补偿，免缴劳动许可办理费用。

目前，园区共建设道路 11 公里，其中园区 4 号路连接 M1 洲际公路和明斯克国际机场。两条贯穿园区的主路分别称为明斯克大街和北京大街。园区供水系统、污水处理厂、110 千伏变电站、中白商贸物流园一期 10 万平方米设施、1.25 万平方米综合办公楼、1 号至 3 号标准厂房已建成，4 号标准厂房已开工建设。

截至 2018 年 12 月，共有 39 家企业签订入驻协议，成为园区居民企业，协议投资总额超过 11 亿美元。入驻企业中，22 家为中国（控股）企业，包括招商局商贸物流园、成都新筑超级电容器、中国一拖研发中心、中联重科工程设备、马兹潍柴有限公司、中兴通讯、华为公司、弘福工贸散热器、中信阿姆智能装备有限责任公司、中航工业无人机、中新智擎智能汽车研发中心、中白联合设计院、国泰安（明斯克）数据技术有限公司、亚一国际照明、沣宬灯具、超频三光电、宝莲华地热新能源、中电科、中甘国际高新科技有限公司、建谊数字城市有限公司、斯凯科技等。11 家白俄罗斯企业包括哈斯雷伊特大数据、阿可欧医疗设备、列万达空调设备、纳米果胶、瑞希福高精密机械、库沃数控设备、阿西斯有限公司、NUVO 标准有限公司、多欧医疗设备、农作物基金科研生产中心有限责任公司、光电蓝宝石。6 家其他国家企业包括美国激光设备、德中白复合材料、德国医疗器械、奥地利电子印刷设备、立陶宛环保包装和以色列光伏太阳能。据中白工业园官网介绍，2018 年招商局集团中白商贸物流园、中电科、黎凡特集团公司和马兹潍柴已建成并投产。作为中白工业园区开发股份有限公司的主要股东，招商局集团和中工国际在工业园的建设和招商引资方面发挥了重要作用。

二、中白工业园面临的问题

1. 融资问题

中白工业园无论对白俄罗斯政府而言，还是对中国政府而言都是前所未有的巨大工程，融资压力非常大。第166号总统令规定，园区法人承诺的投资金额不少于500万美元等值货币，在实施研发项目投资时不少于50万美元。如果在与园区管委会签订关于在园区活动条件的合同之日起三年内全额投入，拟注册成为园区居民企业承诺的投资金额（研发项目除外）应不少于50万美元等值货币。

截至目前，已公布的中白工业园法律文件尚无有关工业园基础设施的融资规划，仅指出中白工业园管委会和中白工业园区开发股份有限公司负责招商引资。预计，中白工业园基础设施建设至少需要50亿美元，而中白工业园开发股份有限公司注册资本仅8750万美元，融资任务相当艰巨。中白工业园管委会主任雅罗申科指出，中白工业园基础设施融资主要有3个来源，目前白俄罗斯国家财政负担3.8%，其他资金来自管理公司和中国的经济技术援助[①]。因此双方需要共同努力，为工业园融资提供便利，放宽融资条件，降低融资门槛。

据中白工业园招商引资部提供的信息，目前中国国家开发银行、中国进出口银行等中国金融机构对入园中国企业项目提供“有市场竞争力”的融资支持。白俄罗斯本地银行、欧洲复兴开发银行和国际金融公司等国际金融机构以及欧亚基金、中白产业基金向入园企业项目提供专项融资支持。

---

① Александр Ярошенко Резиденты парка“Великий камень”начнут строиться активнее после возведения инфраструктуры，31. 05. 2016，http：//www. belta. by/interview/view/rezidenty – parka – velikij – kamen – nachnut – stroitsja – aktivnee – posle – vozvedenija – infrastruktury – 4859.

2. 市场问题

中白工业园在地理上临近两大市场——欧盟市场和欧亚经济联盟市场。企业进入中白工业园并不等于获得了两大市场的入场券，仍然需要自己找市场。中白两国政府要尽可能为园区居民企业进入相关市场创造条件，需要与欧盟和欧亚经济联盟就市场问题继续谈判。这还涉及“一带一路”与欧亚经济联盟建设的对接。从以往的实践来看，无论是欧亚经济联盟国家还是联盟以外国家进入两大市场都不容易。白俄罗斯作为欧亚经济联盟成员国与俄罗斯在市场的问题上分歧很大，摩擦频繁，原因是俄罗斯不愿意跟白俄罗斯分享本国市场，更何况是欧亚经济联盟以外的国家。白俄罗斯与欧盟尚未实现关系正常化，通过白俄罗斯实现进入欧盟市场目前可以确认的优势主要是地理上的便利。2018 年 5 月中国与欧亚经济联盟签署经贸合作协定并生效。下一步中白双方需要就推动中国与欧亚经济联盟相互开放市场做出努力。如果中白工业园入驻企业的市场问题能够解决，那么将极大增加园区对企业的吸引力。

上面说的是消费市场，除此之外还有两个市场同样重要，就是企业生产所需的原材料市场和劳动力市场。园区处于初创阶段，产业配套比较困难，跨领域复合型人才匮乏。白方要求园区居民企业从白国内或者欧亚经济联盟市场采购零部件和雇用当地员工，而实践中白俄罗斯市场和欧亚经济联盟市场可以提供的零部件选择度非常有限，有的商品性价比不如中国国内商品，而且企业也无法快速获得零部件的采购信息，如此一来企业的生产成本必然上升，项目的竣工日期也难以保障。因此，园区制定发展目标需要考虑到不同阶段的实际情况，在建设初期可适当放宽对居民企业在原料、零部件采购以及劳动力使用等方面的条件，在产业配套条件逐渐完善时再做调整。

3. 投资贸易便利化问题

白俄罗斯的投资环境怎么样？世界银行2018年的营商环境报告指出，白俄罗斯排在第38位。其中，对白俄罗斯评价相对较低的项目包括纳税（第96位），获得信贷（第90位），办理破产（第68位）。其他指标相对还好，获得电力（第25位），跨境贸易（第30位），执行合同（第24位），办理施工许可证（第22位）。世界银行的报告依据其选取的参考指标和权重进行排名，具有一定参考价值，但不能说明全部情况。

白俄罗斯作为“一带一路”节点，其最大优势在于区位优势，实际上白俄罗斯要成为欧亚大陆的交通物流枢纽，还有很多方面需要努力，包括提高相关交通线路竞争力。这包括硬件和软件两方面。在硬件方面，包括道路联通、陆路与海运联通、能源与通信管网的建设等。在交通物流体系方面，园区应该成为欧亚大陆交通物流的节点，这就牵涉到园区交通与区域交通衔接的问题。目前，亚洲与欧洲之间的货物运输方面，海运占到95%左右，欧亚大陆陆路交通的问题很多，需要充分协调和利用好中欧班列的运输能力，提升中欧班列的竞争力。白俄罗斯商品至今还没有充分利用中欧班列的回程潜力。中欧班列目前经过布列斯特，未来需要建设经过园区的铁路，与中欧班列网络实现畅通连接，并通到匈牙利克莱佩达港，实现陆海有效连接。

在软件方面，包括规划、政策和制度对接，国际贸易商品检验检疫互认，法律法规对接，知识和信息分享，标准对接和平台信息对接。目前，白俄罗斯的物流绩效水平不算高，世界银行关于白俄罗斯2016年的数据是2.40，低于世界平均水平（2.88），也低于中国、波罗的海三国以及俄罗斯、乌克兰和哈萨克斯坦。

另外，法律法规对接和标准互认问题需要两国相关机构加强沟通与合作。2014年6月30日白俄罗斯发布的第326号总统令指出，在中白工业园范围内，中白工业园规划方案的设计、园区项目设计文件的制定和协商、施工和验收可以按照中华人民共和国和其他国家的技术规范标准进行，前提是：规划和设计文件通过了白俄罗斯共和国的国家鉴定，且园区项目设计文件的国家鉴定的内容为评估其是否在机械强度和牢固性、消防安全、劳动条件安全和环境保护方面与白俄罗斯共和国法律强制性要求相符合。如果设计文件具有根据国际条约在白俄罗斯共和国境内得到承认的按其技术规范标准进行设计的国家的相关单位的国家鉴定的肯定性结论，则该设计文件除进行国家生态鉴定之外不需要通过白俄罗斯共和国的其他国家鉴定。

2017 年 5 月 12 日批准的第 166 号总统令规定，园区范围内园区城建方案的制作，设计文件的制作、协商、批准、施工、验收和运营可按照欧盟或中华人民共和国现行的同类技术规范（规范准则）进行，无须按照白俄罗斯共和国现行的标准进行转换，前提是城建和设计文件通过了白俄罗斯共和国国家鉴定（包括国家生态鉴定）。因此，园区居民企业的规划设计方案必须要通过白俄罗斯国家鉴定，无论白俄罗斯国家标准是否与中国或其他标准一致。施工过程中，企业也要严格按照设计方案进行，任何更改都可能造成项目在验收时不能通过。一旦不能验收通过，企业或者接受惩罚，或者重新建设，从而给自身带来巨大损失。

第 166 号总统令还规定，除供电、供热、供气、给排水和水利工程设施之外的园区设施的技术操作规范和标准，在项目验收之前由园区管委会根据业主的建议确定。

标准对接涉及很多方面，包括建筑设计标准，也包括生产许可标准。建筑设计标准，白俄罗斯国家鉴定包括结构（坚固度）、劳动保护、环保和消防等方面。生产许可标准涉及不同的产业，有的产业，如人工智能方面在白俄罗斯还属于空白，因此对于白俄罗斯来说创新产业如何在当地获得生产许可还没有解决。另外，获得白俄罗斯国家鉴定一般需要半年时间，直接影响到工业园建设进度和入驻居民企业的生产活动。

为此，两国的政府相关部门需要建立标准合作机制与平台，以国际标准为基础，促进标准的相互认可。双方可建立联合设计院，相互颁发标准认证的资质，促进标准的技术转换，为企业提供认证便利。可与世界贸易组织《贸易便利化协定》接轨，加强与现有区域机制的对接，包括上合组织、“一带一盟”对接、欧亚全面伙伴关系，促进运输、海关、贸易便利化合作。加强智库合作，促进政策规划和信息的沟通，增进互信，提供智力支撑。为企业提供专业的法律咨询和与技术标准相关的培训。

4. 招商问题

在改善投资环境、基础设施建设与互联互通的问题解决以后，下一步关键是要提升园区内产业发展能力和国际竞争力。工业园能否成功很大程度上取决于能否找到有竞争力的企业入驻园区，朝着建立产业链条和形成产业集聚效应方向努力，进而融入国际分工和全球价值链。有竞争力的企业指的是企业自身有能力适应当地的环境条件，组织生产，找到市场，实现盈利。现在园区居民企业增长到 39 家，就目前的情况看居民企业数量增长比较快，园区聚拢人气和基本运转应该问题不大，未来可能需要更多关注如何吸引有竞争力的企业和相关度较高的企业，进而形成产业链优势。

5. 发展的外部环境问题

园区发展条件充满不确定性。一方面是白俄罗斯自身经济社会发展面临一些困难，另一方面是周边环境存在不利因素。2017 年白俄罗斯经济开始复苏，但步伐不够强劲，仅增长 2.4%。2018 年 1～7 月经济状况略有改善，GDP 约 667 亿白卢布，增长 4.4%[①]。白俄罗斯经济部预测，全年经济增长可达到 3.9% ~4.1%。国际货币基金组织预测，2018 年白俄罗斯实际 GDP 将增长 1.8%。白俄罗斯面临的最迫切问题是财政困难，债务高企。2018 年上半年财政赤字升至 26.976 亿白卢布，是上年同期的两倍多。截至 2018 年 8 月 1 日，白俄罗斯债务总额达到 421.487 亿美元，占 GDP 的 36.3%，其中外债 165.478 亿美元[②]。2019 年和 2020 年是白俄罗斯偿债高峰年。奥尔沙事件后，卢卡申科任命金融专家鲁·马斯担任总理，改革派代表人物克鲁托伊担任经济部长，希望他们能够针对目前的经济症状开出良方。然而，白俄罗斯经济的内生动力有限，原有的科技优势和工业底子在激烈的国际竞争中已经势弱，国家财政困难导致工业企业现代化难以落实。白俄罗斯是保留苏联时期福利制度最多的后苏联国家，以国有经济为主，多数居民依赖国有经济生存，习惯于高福利政策，而国有企业采取的行政命令管理模式导致劳动生产率较低，出现隐性失业问题和坐吃福利的寄生虫现象。卢卡申科总统在更换政府班子后公开表示不会对现有大政方针做出调整。2018 年 9 月卢卡申科总统拒绝了国际货币基金组织提出的作为贷款条件的限期市场化改革方案[③]。他表示反对大规模私有化和向公共服务事业增税，主要是担心国有资产流失和引起社会动荡，继而动摇政权基础。

白俄罗斯的经济与俄罗斯和欧亚经济联盟的联系密切。白俄罗斯在国防安全、能源、投资、市场、财政等方面严重依赖俄罗斯。尽管近年

---

① Основные социально - экономические показатели по Республике Беларусь в январе - июле 2018 г. http：//www. belstat. gov. by/ofitsialnaya - statistika/makroekonomika - i - okruzhayushchaya - sreda/osnovnye - pokazateli/osnovnye - sotsialno - ekonomicheskie - pokazateli - respubliki - belarus - v - yanvare - fevrale - 2016 - g/2018/09/06.

② http：//www. minfin. gov. by/2018/9/10.

③ Беларусь отказалась от реформ, которые предлагал МВФ для получения кредита, 09. 09. 2018, https：//www. nv - online. info/2018/09/09/belarus - otkazalas - ot - reform - kotorye - predlagal - mvf - dlya - polucheniya - kredita. html/2018/9/20.

来对俄依赖不断弱化，但依赖程度仍然很高。白俄罗斯所需原油基本上依靠从俄罗斯进口，白俄罗斯通过转售部分原油和出售原油产品赚取可观利润。俄罗斯是白俄罗斯最大的投资和贸易伙伴，俄对白投资约占白吸引外资的三分之一，双方贸易额约占白外贸总额一半。2017 年对俄出口额占白俄罗斯出口额 44.1%，从俄罗斯进口额占白俄罗斯进口额 57.2%①。白俄罗斯对欧亚经济联盟的依赖也比其他成员国要多一些。2017 年白俄罗斯与欧亚经济联盟成员国的贸易额在本国外贸总额中占 52.7%，其中，哈萨克斯坦占 22.4%，俄罗斯占 8.9%②。

当前，由于俄罗斯受到西方制裁，不愿意如从前那样对白俄罗斯让渡过多的利益，反而对白俄罗斯提出更多的要求，导致俄白关系中存在的问题再次暴露出来：俄罗斯与西方在东欧地区的地缘政治博弈和军事较量没有减弱的态势，白俄罗斯的外部环境十分严峻；白俄罗斯对于克里米亚和乌克兰东部问题立场与俄罗斯存在差异，随着俄罗斯与西方在黑海和波罗的海地区军事对峙的加强，白俄罗斯多边平衡外交的空间越来越小，陷入地缘政治冲突的危险不断增大；白俄罗斯拒绝俄罗斯在本国设立空军基地；俄罗斯对白俄罗斯财政补贴不断下降，占白 GDP 比例从 2006 年的 27% 下降到 2017 年的 5%；俄罗斯对白俄罗斯农产品进入本国市场进行限制；俄罗斯称白俄罗斯拖欠能源费，不愿意以优惠价格出售给白能源；白俄罗斯不满意俄罗斯派驻本国的大使人选，最终不得已接受；俄罗斯自 2017 年 2 月起在俄白边境部分地区设立检查站③。俄白关系不稳定必然对白俄罗斯经济以及中白工业园

---

① http：//www. belstat. gov. by/ofitsialnaya – statistika/makroekonomika – i – okruzhayushchaya – sreda/vneshnyaya – torgovlya_ 2/dannye – o – vneshnei – torgovle – respubliki – belarus – p_ 2/raspredelenie – eksporta – tovarov – po – stranam – osnovnym – torgovym – partneram/2018/10/10.

② Тезисы выступления Первого заместителя Министра экономики Крутого Д. Н. на Международной конференции《Евразийский экономический союз：стратегия дальнейшего развития》, Минск, БГУ, 15 августа 2018.

③ Есть ли граница между Россией и Белоруссией? 2 мая 2017, http：//fb. ru/article/311264/est – li – granitsa – mejdu – rossiey – i – belorussiey/2018/9/21.

产生影响。

三、中白工业园的发展前景

如何建设好中白工业园？怎么样才能实现中白工业园的优质发展？首先，工业园的建设需要各方支持。中白工业园看似一个经济合作项目，实际上是个巨大的综合性工程，是中白全面战略伙伴关系的重要支撑，是“一带一路”建设的标杆项目，也是构建“人类命运共同体”的重要示范。它牵扯的面儿很广，包括政治互信、经济互利、安全互助、人文互通，离开了哪一点都不行。中白友好关系是中白工业园的重要政治基础，为工业园发展提供了必要保障。双方在现有“铁哥们”关系的基础上可以发展更加紧密的政治合作关系。过去三年得益于各方的努力，工业园的建设成效显著。目前工业园处于建设初期，遇到的困难相对比较多，需要政府、企业、媒体、研究机构等各行各业为工业园的发展提供支持。政府要为中白工业园项目做好引导和服务工作，在资金、政策、服务等方面给予尽可能大的支持。

其次，中白工业园的发展很大程度上取决于白俄罗斯经济的稳定和投资环境的改善。白俄罗斯经济发展需要外部助力，对外资、技术，建立先进的生产基地、市场保持高度的诉求。鉴于中国对白投资不大，白俄罗斯强烈呼吁中国加大对白援助和投资。与此同时，白俄罗斯对于中国市场抱有相当高的期待，希望继续扩大本国商品对华出口。中国可以给予白俄罗斯农产品更多市场份额，但白商品在中国国内面临激烈的市场竞争，要获得消费者的青睐，白方需要在推广、销售和服务等方面做出更多努力。由于白俄罗斯政治和经济体制将保持延续性，其投资环境短期内不大可能发生剧烈变化。中白经贸合作中遇到的制度性障碍和技术性问题需要经过耐心细致的沟通工作以及自上而下的途径才能逐步得到解决。从俄白关系以及白俄罗斯与欧亚经济联盟的关系可以看出，中白合资企业以及中白工业园的发展更多需要依靠企业自身，以及加快中国与欧亚经济联盟及欧盟关于贸易便利化和投资便利化的谈判进程，指望白俄罗斯政府为中白合资企业以及中白工业园的居民企业进入周边市场创造便利条件不现实。中白工业园作为中白最大经贸合作项目以及“一带一路”标志性项目，在前期基础设施建设和招商引资领域已取得阶段性成果，但解决市场、资金等领域问题的难度不小，双方政府需要加强协调，共同推进。此外，政府还需要与企业加强沟通，了解企业的困难，为企业做好服务。

最后，中白工业园的发展离不开人才的培养和良好的人文环境。因此有必要加强中白人文合作。人文合作不仅有利于夯实中白关系的社会基础，在白俄罗斯看来还具有扩大白俄罗斯影响、促进经济利益和维护国家安全的重要意义。2019 年是中白教育年。白俄罗斯积极推进在本国建立面向东欧乃至欧洲的中国中心或者中文教学基地，在中国建立更多的白俄罗斯语言教学基地和白俄罗斯文化中心。白俄罗斯驻华大使鲁德建议中国在白俄罗斯设立高校或者中国高校的分支机构。如果能够得到中国政府的支持，白俄罗斯可以吸引来自周边国家的青年，通过发展留学教育促进经济发展。与此同时，教育合作还可以为中白工业园提供相应的人才储备，实现教学（人才培养）与实践（人才使用）的良性运转。

美国与中亚国家关系：基于水外交的分析

◎肖　斌

在美国发展与中亚国家关系中，水外交发挥了非常积极的作用。通过与中亚国家在咸海流域治理和智慧水项目上的合作，美国已参与到中亚地区水资源治理的议程中来，并在议程中发挥着越来越大的作用。不仅如此，通过对中亚国家的水外交，特朗普政府加强了美国在中亚的影响力（在2018年加强了与哈萨克斯坦和乌兹别克斯坦的伙伴关系），并弥补了美国政府对中亚外交的不足。

2018年2月26日，美国负责中亚南亚事务的助理国务卿爱丽丝·威尔斯在接受美国之音驻乌兹别克斯坦记者伊玛诺娃采访时提到，美国寻求与乌兹别克斯坦在水资源方面合作。美国与中亚国家开展水资源合作，源自于其“水外交”。由于水资源属于战略性资源，即对国家发展有长期性且不可或缺性的资源，因此水外交是政治色彩比较浓厚的概念。从国际政治经济学的视角来看，水外交主要是指发达国家及欧盟与

肖斌，政治学博士，国务院发展研究中心欧亚社会发展研究所研究员。

独立后中亚国家在水资源治理上开展合作①。水外交衍生于环境外交②，环境外交则来自于国家对全球生态危机的政治反应，但是环境外交并不能去国家利益，国家可以通过环境外交在一定程度上维护自己在全球的利益，提高国家形象，输出符合自己利益的价值观。在美国学者眼中，水外交的目的就是通过开展水外交活动，预防重点地区和区域的水冲突，保持对美国国家利益重要的某些国家的稳定，符合美国国家战略的需要；利用“水”议题，可以“潜移默化”地介入其他国家的内部事务中去，实现影响他国内政外交的目的；对外开展水事务活动，有助于美国建立水领域的“世界领导权”③。中亚地区水资源分配问题曾一度成为国家间冲突的直接诱因，美国通过水外交可以直接介入中亚地区事务，并影响中亚国家政治，这是除军事手段外，美国进入这个地缘政治“真空”最直接的地区性工具（对整个中亚地区有直接影响）。在进一步讨论美国对中亚水外交前，我们需要先了解一下中亚地区水资源问题现状。

一、中亚地区水资源问题现状

受地理和气候影响，地处亚洲内陆的中亚五国（哈萨克斯坦、吉尔吉斯斯坦、塔吉克斯坦、土库曼斯坦和乌兹别克斯坦）都需要足够的水资源支持本国社会经济的发展。为此，中亚国家十分重视水资源治理，

---

① Water Diplomacy; http://waterdiplomacy.org/. Magdy A. Hefny; Water Diplomacy: A Tool for Enhancing Water Peace and Sustainability in the Arab Region; http://www.unesco.org/new/fileadmin/MULTIMEDIA/FIELD/Cairo/Water%20Diplomacy%20in%20Action%20Strategy%20Doc%203%20Rev%202%20Final%20and%20Action%20Plan%5B1%5D.pdf. 最晚访问时间：2018年12月6日。

② Environmental Diplomacy; https://www.aicgs.org/site/wp-content/uploads/2011/11/environmentaldiplomacy.pdf. 最晚访问时间：2018年12月6日。

③ Global Water Security; https://www.dni.gov/files/documents/Special%20Report_ICA%20Global%20Water%20Security.pdf. 最晚访问时间：2018年12月6日。

并积极与发达国家展开合作。但是，中亚地区面临的水资源问题依然严重，主要表现为咸海水域面积大幅减少、治理体制缺失、人口增多等。

自东向西流入咸海的阿姆河和锡尔河是中亚国家灌溉、电力、民用水最主要的来源。然而，自20世纪60年代以来，阿姆河和锡尔河水资源的过度使用，已使中下游地区水资源出现严重短缺，其中最突出的表现是咸海水域面积大幅度减少。1960年咸海面积为67000平方公里，是世界第四大内陆水体，而现在已不是单一水体，分割成多个水体，并持续萎缩。

中亚国家独立前，中亚水资源管理体制相对顺畅。独立后，苏联时期统一管理的水、电体制也随之分离而各自独立，加上计划经济向市场经济转型和推行农业私有化等，中亚国家水资源出现了供应不足的问题。例如，独立前整个中亚地区有800万公顷灌溉土地，其中包括用水量较大的棉花，中亚国家农业从以集体农庄为单位转为以家庭为单位，苏联时期的管理已不适用于这种新变化。再加之水资源管理不善、分配不公、供水不稳定等使水问题愈演愈烈。除上述原因，全球气候变化和人口增加，进一步加剧了解决中亚水资源问题的压力。根据设立在乌兹别克斯坦的中亚国家间水资源协调委员会科学信息中心统计，1960年咸海流域的总引水量是60.6亿立方米，1994年则增加到116.3亿立方米，流域人口增加了将近2倍。早在1991年10月10日，中亚国家就开始就水资源问题展开谈判。1992年2月18日，中亚国家在阿拉木图签署了“关于共同管理、使用和保护跨国水资源协定”，根据该协定成立了中亚国家间水资源协调委员会。但是，从咸海问题来看，中亚国家间水资源协调委员会的作用十分有限。“咸海灾难”在21世纪初引起了全世界的关注，这也是促使国际社会与中亚国家开展国际合作的直接驱动力。

与水资源发达地区相比，中亚水资源系统相对明确，从中亚地区河流系统可以看出，中亚水资源联系最紧密的国家是乌兹别克斯坦、塔吉克斯坦和吉尔吉斯斯坦，哈萨克斯坦等国联系并不十分紧密。水系统密集区也主要分布在乌兹别克斯坦、塔吉克斯坦和吉尔吉斯斯坦3国。水资源问题出现于独立后的中亚国家中，阿姆河和锡尔河流域存在着塔吉克斯坦和乌兹别克斯坦、土库曼斯坦和乌兹别克斯坦、吉尔吉斯斯坦和塔吉克斯坦等水资源分配的矛盾[①]。中亚国家水资源问题引发了国家间关系的恶化，发生地区性高烈度冲突的可能性曾一度高涨。为此，发达国家介入了中亚地区水资源问题，其中美国、日本、欧盟的表现最为典型。

二、美国对中亚水外交的目标及实践

美国国务院中亚南亚事务局负责对中亚的水外交，具体实施机构是美国国际开发署。美国国际开发署拥有超过270亿美元的预算，是世界上最大的官方援助机构，占美国所有对外援助的一半以上。美国国际开发署对中亚水外交分为技术援助和财政援助两种，技术援助包括技术咨询、培训、奖学金等。技术援助由美国国际开发署签约或采购，并为受援者提供实物援助，所需的专业技术人员来自受援国其他中亚国家或美国的专家。财政援助，通常被称为“政府对政府”或“G2G”援助，是向中亚国家政府提供资金支持，或者向中亚国家本土及国际非政府组织提供财政援助。为了提高援助能力，美国国际开发署雇用了很多人员。根据美国国际开发署2016年6月对国会的报告，其人员总数为10235人，包括“海外特派团”（7176人）和华盛顿特区总部（3059

① 参见邓铭江等“中亚各国在咸海流域水资源问题上的冲突与合作”，载《冰川冻土》2011年12月第33卷，第6期。

人)[①]。

美国国际开发署在中亚的水外交主要由咸海盆地气候适应与减缓计划（以下简称咸海计划）和“智慧水域”项目组成。

咸海计划，是世界银行在中亚发起针对气候变化的可持续发展项目，因美是该计划的实际主导国，它又成为美实施中亚水外交的综合平台。咸海计划的具体功能包括：推动中亚国家间进行气候变化对话和信息交流；提高中亚国家农民、政府机构及其他利益相关者对气候变化认识及应对能力；支持中亚国家应对气候变化方面的投资，鼓励中亚国家在应对气候变化方面相互学习及经验推广。截至 2018 年 6 月，美国在咸海计划下已与中亚国家签署了多个贷款协议，其中乌兹别克斯坦获得 1400 万美元贷款，项目期为 25 年，宽限期为 5 年；塔吉克斯坦获得了 900 万美元贷款，项目期为 38 年，宽限期为 6 年[②]。咸海流域之所以重要，是因为中亚国家人口大都分布在流域内的河流两岸及支流地区。根据联合国粮农组织公布的信息，20 世纪 60 年代咸海流域人口为 1500 万，2006 年则已接近 4600 万。截至 2018 年 9 月，“拯救咸海国际基金”创始国的总人口已经达到 7130 多万[③]，大约有 85% ~90% 的人都居住在咸海流域。

“智慧水域”项目，是美国针对中亚五国和阿富汗的多年期计划，旨在上述国家建立一支能共享水资源及实现其经济价值最大化的管理团队。具体措施是利用中亚当地非政府组织——中亚区域环境中心作为介入平台，通过短期专业培训和硕士课程教育，在中亚国家培养新一代水

---

① United States Agency for International Development；https：//en. wikipedia. org/wiki/United_ States_ Agency_ for_ International_ Development. 最晚访问时间：2018 年 12 月 6 日。

② Climate Adaptation and Mitigation Program for Aral Sea Basin CAMP4ASB；http：//documents. worldbank. org/curated/en/629271513703475211/Disclosable – Version – of – the – ISR – Climate – Adaptation – and – Mitigation – Program – for – Aral – Sea – Basin – CAMP4ASB – P151363 – Sequence – No – 04. 最晚访问时间：2018 年 12 月 6 日。

③ 肖斌：“‘拯救咸海国际基金’面临的挑战及其发展前景”，载《世界知识》2018 年第 21 期，第 42 ~43 页。

资源管理人员，提高利益相关者水资源利用的能力；支持流域机构以实现可持续的水资源管理为目标，改进既有水资源利用或开发规划；促进水资源管理者间的协作、人与人之间的互动信任。在美国国际开发署、乌兹别克斯坦农业和水资源部、中亚区域环境中心的合作下，新5年期的“智慧水域”项目于2017年4月17日在塔什干启动。在项目启动后一年多的时间里，“智慧水域”项目几乎成了中亚地区水资源治理领域最活跃的国际合作项目。在培训方面，“智慧水域”项目于2018年6月4～20日资助塔什干灌溉和农业机械化工程师范学院为哈萨克—德国大学学生开设了“水资源管理的课程”，14位来自哈萨克斯坦、吉尔吉斯斯坦和塔吉克斯坦的学生参加了这次培训。在互动交流方面，“智慧水域”项目资助“中亚环境论坛”（2018年），邀请来自中亚国家政府、国际组织、外交使团代表和环保专家等参加，促进中亚及相关国家在水资源利用上达成共识。在改进水资源规划方面，“智慧水域”项目资助塔吉克斯坦地区农业规划，并提供相关设备提高规划能力；美国国际开发署资助土库曼斯坦召开跨部门工作组（ISWG）会议。根据中亚区域环境中心统计，自2001年至2017年美国国际开发署的资助占中亚区域环境中心资金来源的11%①。

除咸海计划和“智慧水域”项目外，美国对中亚国家水外交还涉及公共事业领域。例如，自2009年以来美国国际开发署在塔吉克斯坦建造和修复了76个饮用水系统，使24.2万塔吉克人获得了安全饮用水；建立了56个水治理协会，提高了供水能力，使20多万人受益；向塔吉克斯坦气象部门提供信息和援建气象站，提高了塔吉克斯坦对水资源的调峰能力。可以说，水外交已是美国中亚政策一项重要内容，在一定程度上为美国中亚外交创造了良好的社会环境。

---

① CAREC annual report 2017；http：//carececo. org/CAREC% 20annual% 20report% 202017. pdf. 最晚访问时间：2018年12月6日。

三、美国中亚水外交的效果

从中亚国家积极合作的态度可以看出，美国对中亚水外交是成功的。中亚国家不仅接受美国的援助，而且接受美国技术和培训。根据咸海计划和智慧水项目的实施效果，美国对中亚水外交在以下几个方面取得了非常显著的效果。

一是美国已成功介入中亚水资源治理议程中。随着全球气候变化以及中亚国家人口和经济发展，水资源治理必将成为中亚国家普遍关注的地区性问题。美国参与中亚国家水资源治理，在跨国性议题上已逐渐掌握了主动权，间接削弱了俄罗斯在这个问题上的主导权。在美国国务院公布的《推动哈萨克斯坦国家整合报告》（2018 年 8 月）中提到，美国鼓励哈萨克斯坦利用自己的经济影响力在地区关键性问题上发挥领导作用，诸如水和能源资源。同时明确提出，美国驻哈萨克斯坦使馆的职责之一就是通过紧密伙伴关系提高哈萨克斯坦健康、食品和水安全，预防疾病和保护环境①。根据哈萨克斯坦媒体几年前的报道，在哈萨克斯坦 450 亿美元的投资中，有 1/3 是来自美国的，有 400 家美国公司已在哈萨克斯坦注册，其中 300 家公司从事能源业务②。在哈萨克斯坦总统访问美国期间，美哈计划对哈萨克斯坦的环境进行评估，计划加强技术合作减少自然灾害③。

---

① Integrated Country Strategy – Kazakhstan；https：//www. state. gov/documents/organization/285255. pdf. 最晚访问时间：2018 年 12 月 6 日。

② Қазақстанның АҚШ – пен карым –қатынасы；https：//massaget. kz/okushyilarga/uy_ tapsyirmasyi/25147/. 最晚访问时间：2018 年 12 月 6 日。

③ 17 қаңтар 2018. Қазақстан және АҚШ：XXI ғасырдағы кеңейтілген стратегиялық әріптестік；http：//www. mfa. kz/kz/islamabad/content – view/17 – anvara – 2018 – kazahstan – i – soedinennye – staty – rassirennoe – strategiceskoe – partnerstvo – v – hhi – veke. 最晚访问时间：2018 年 12 月 6 日。

二是提高了美国在中亚国家的影响力。欧盟2017年的抽样调查显示，哈萨克斯坦有50%的被调查者对美国有好感，吉尔吉斯斯坦这一数字为30%[①]。在哈萨克斯坦（2018年1月）和乌兹别克斯坦（2018年5月）总统访问美国后，哈萨克斯坦和乌兹别克斯坦对美国的好感明显上升。在中亚国家中，哈萨克斯坦、乌兹别克斯坦和吉尔吉斯斯坦是对美国好感率较高的国家。与2017年相比，2018年在美国留学的乌兹别克斯坦留学生增加了12.9%[②]。在乌兹别克斯坦总统米尔季约耶夫访问美国期间，乌兹别克斯坦与美国签署了第一份5年期的《军事技术合作协议》。

三是弥补了特朗普政府中亚外交的不足。自特朗普就任美国总统以来，美国不仅没有出台新的中亚政策，对中亚外交也不如奥巴马政府活跃。但是，通过水外交，特朗普政府保持了与中亚国家的联系，特朗普政府中亚外交赢得了很多机会和空间。仅仅3年，美国的C5+1机制就成为中亚国家重要的多边对话机制之一，在该机制下中亚国家能够就地区性问题相互协商，这对于解决诸如地区性水问题有极大的推动作用。

尽管总体效果非常积极，我们也看到美国中亚水外交存在的潜在问题，其中最直接的就是俄罗斯学者对美国中亚外交的看法非常负面，认为美国与俄罗斯争夺在中亚水资源上的话语权。例如，乌兹别克斯坦“中央欧亚”项目曾在2014年组织了关于“美国中亚政策和水治理讨论会”，会上俄罗斯学者的看法非常负面。俄罗斯高等经济学院的维塔利·特列亚科夫认为，中亚水资源问题会越来越严重，美国会利用这个问题。但是只有俄罗斯能够在水资源冲突上发挥作用，美国人只可能让

---

① Marlene Laruelle and Eric McGlinchey; Renewing EU and US Soft Power in Central Asia; https://eucentralasia.eu/2017/10/renewing-eu-and-us-soft-power-in-central-asia-3/. 最晚访问时间：2018年12月6日。

② Количество иностранных студентов в Соединенных Штатах превысило миллион; https://uz.usembassy.gov/ru/number-of-international-students-in-united-states-tops-one-million-ru/. 最晚访问时间：2018年12月6日。

这个地区的水资源问题变得更糟。俄罗斯外交分析研究所顾问指出，水冲突的解决方案应由区域内大国解决，在外部力量的干涉下会恶化。后苏联空间信息分析中心副总干事提出，第三次世界大战将是水资源战争，对于中亚来说，水资源问题尤其严重。在水资源冲突上，区域外大国的介入只会增加矛盾。与俄罗斯非常负面地看待美国中亚水外交相比，中亚国家学者态度很不一致。吉尔吉斯斯坦学者持模棱两可的态度，表面上支持俄罗斯的立场，但并不拒绝美国提供的帮助。哈萨克斯坦、塔吉克斯坦和乌兹别克斯坦学者在美国中亚水外交上持积极合作的态度[①]。在美俄关系处于“冰点”时期，俄罗斯对美国中亚水外交虽然非常抵触，但因自身实力和出于改善俄美关系的需要，没有选择针锋相对的政策。

总的来看，虽然还不能够评价美国中亚水外交的实际效果，但从中亚国家积极合作的态度来看，美国中亚水外交总体上是成功的，但是随着美国中亚水外交的不断深入发展，它可能会遇到来自俄罗斯的阻力。对于中国而言，需要借鉴美国与中亚国家在水资源治理上的经验，发挥自己既是相邻大国，又是跨界国际河流相关国的作用，积极开展与中亚国家在水资源以及环境保护方面的合作，为共建可持续发展的“丝绸之路经济带”打下良好的合作基础。

---

① Владимир Парамонов; Политика США и водные ресурсы Центральной Азии; http://www.ceasia.ru/index.php/2010-07-02-17-37-44/686-2013-10-31-09-47-36.html. 最晚访问时间：2018 年 12 月 6 日。

“欧洲化”的顺与逆

——2018年中东欧国家政治形势述评

◎高　歌

2018年，中东欧国家的政治形势表现出对“欧洲化”的顺与逆两种相反的趋向。一方面，选举基本平稳进行，表明政治体制在“欧洲化”框架内运转正常；马其顿和塞尔维亚顺应“欧洲化”的发展方向，为加入欧盟，按欧盟要求尝试解决马其顿国名和塞尔维亚与科索沃关系正常化问题。另一方面，波兰和匈牙利继续逆“欧洲化”发展，在国内政治上背离欧盟的基本价值观，并因此与欧盟发生冲突，显示出逆“欧洲化”的迹象，但它们还不大可能完全放弃“欧洲化”道路。联系到近年来欧美民粹主义力量的上升，这些国家将走向何处，恐怕不全是它们自己的事情，而与欧洲乃至世界政治的发展息息相关。

中东欧国家的“欧洲化”是指中东欧国家在内部体制上与西欧国家趋同，在对外关系上与西欧国家融为一体。由于欧盟包括了多数西欧国家，是西欧国家的核心组织，在大多情况下，“欧洲化”可等同于“欧盟化”。以此考察2018年中东欧国家的政治形势，可看到顺与逆两种相反的趋向。

高歌，国务院发展研究中心欧亚社会发展研究所研究员。

一、选举基本平稳进行，政治体制在“欧洲化”框架内正常运转

实行多党制和议会制是“欧洲化”的一项重要内容。多党制和议会制正常运转的关键在于选举，特别是议会选举的平稳进行。

2018 年，匈牙利、斯洛文尼亚和拉脱维亚举行了议会选举，捷克和黑山举行了总统选举，波黑举行了全国大选。

1 月 11 日，匈牙利总统阿戴尔·亚诺什宣布匈牙利将于 4 月 8 日举行国民议会选举。4 月 8 日，选举如期举行。青年民主主义者联盟—匈牙利公民联盟和基督教民主人民党（下文简称青民盟—基民党）竞选联盟大获全胜，在国会 199 席中获 133 席，超过 2/3 多数，远超排名第二的尤比克，后者仅得 26 席[①]。5 月 7 日，总统阿戴尔授权青民盟—基民党竞选联盟候选人欧尔班·维克多组建政府。5 月 8 日，新一届国会成立，青民盟创建者之一克韦尔·拉斯洛作为唯一候选人，继 2010 年和 2014 年后再次当选国会主席。总统阿戴尔在国会成立大会上提议国会选举欧尔班为政府总理。5 月 10 日，国会选举欧尔班为总理。5 月 18 日，政府部长宣誓就职，匈牙利新一届政府正式成立。新政府由 14 名成员组成，除总理外，还有外交与对外经济部长、内务部长和司法部长留任原职。

3 月 14 日，因斯洛文尼亚最高法院判定 2017 年 9 月举行的在科佩尔与迪瓦查之间修建铁路的公投结果无效，总理米罗·采拉尔宣布辞职，并于 3 月 15 日向国民议会议长米兰·布尔格莱兹递交辞呈。4 月 14 日，在国会未能推举出新总理后，总统博鲁特·帕霍尔宣布解散国

① 参见 http：//www. valasztas. hu/dyn/pv18/szavossz/hu/l22. html。

会，在6月3日提前举行国会选举。在6月3日的选举中，斯洛文尼亚民主党名列第一，在国会90席中获25席；马里安·沙雷茨清单党首次进入国会便获得13席，成为国会第二大党；上届执政党社会民主人士党和现代中间党各获10席，另一个执政党斯洛文尼亚退休者民主党仅获5席[①]。6月22日，新一届国会举行首次会议并选举新斯洛文尼亚党领导人马泰·托宁为议长。因没有政党获得半数以上席位且席位分布分散，组阁十分困难。在斯洛文尼亚民主党组阁失败后，马里安·沙雷茨清单得以与社会民主人士党、现代中间党、阿伦卡·布拉图舍克党和斯洛文尼亚退休者民主党达成联盟协议，并得到左翼党的支持。8月17日，国会投票确认马里安·沙雷茨清单领导人马里安·沙雷茨为总理。8月23日，托宁辞去议长职务，国会经投票表决，任命社会民主人士党领袖德扬·日丹为议长。9月14日，新政府获国会投票通过，宣誓就职。

10月6日，拉脱维亚举行议会选举。“和谐”社会民主党位居第一，在议会100席中占据23席；“国家属于谁”和新保守党各得16席；发展运动获13席；上届执政党民族联盟、绿色农民联盟和团结党各分别获得13席、11席和8席[②]。11月6日，上届议会议长、来自民族联盟的伊娜拉·穆尔涅采当选连任。

捷克总统选举在2018年1月举行。在1月12日和13日的第一轮投票中，现任总统米洛什·泽曼和捷克科学院前院长伊日·德拉霍什分别以38.56%和26.60%的得票率列前两位。在1月26日和27日的第二轮投票中，泽曼获得51.36%的选票，以微弱优势战胜德拉霍什，后者的得票率为48.63%[③]。3月8日，泽曼宣誓就职。

黑山总统选举在4月举行。在4月15日的第一轮投票中，执政党

---

① 参见 http://volitve.gov.si/dz2018/#/rezultati。

② 参见 http://sv2018.cvk.lv/pub/ElectionResults。

③ 参见 http://sv2018.cvk.lv/pub/ElectionResults。

社会主义者民主党主席米洛·久卡诺维奇以 53.90% 的得票率胜出，当选总统[①]。5 月 20 日，久卡诺维奇宣誓就职。

10 月 7 日，波黑举行大选，选举产生波黑国家主席团和代表院、两个实体——塞族共和国和波黑联邦的议会和总统以及波黑联邦 10 个州议会。来自民主行动党的波什尼亚克族人舍菲克·扎费罗维奇、来自民主阵线的克罗地亚族人泽利科·科姆希奇和来自独立社会民主联盟的塞尔维亚族人米洛拉德·多迪克分别以 36.61%、52.64% 和 53.88% 的选票当选主席团成员。在代表院选举中，以民主行动党、波黑克罗地亚民主共同体为主的竞选联盟和波黑社会民主党的得票率和席位数在波黑联邦位居前三，以独立社会民主联盟、塞尔维亚民主党为主的竞选联盟和民主进步党的得票率和席位数在塞族共和国位居前三。在塞族共和国，独立社会民主联盟以 31.87% 的得票率和 28 个席位在议会选举中名列第一[②]，独立社会民主联盟候选人热莉卡·茨维亚诺维奇以 46.97% 的得票率在总统选举中胜出。在波黑联邦，民主行动党以 25.24% 的得票率和 27 个席位在议会选举中名列第一[③]，总统将由议会推选产生。11 月 20 日，新一届主席团成员宣誓就职。

波黑主席团选举引发争议，克罗地亚族选民质疑科姆希奇之所以能够战胜波黑克罗地亚民主共同体候选人德拉甘·乔维奇，是因为波什尼亚克族选民的帮助。克罗地亚族选民进而要求建立自己的实体或选区。莫斯塔尔市还爆发了抗议活动。

匈牙利国会选举引发更大规模的抗议。2018 年 4 月 14 日，来自全国各地的 10 多万人在首都布达佩斯举行反政府示威，要求重新统计选票。4 月 21 日，布达佩斯再次爆发大规模反政府示威游行，超过 10 万人走上街头，一些反对党领导人也参与其中，示威者质疑选举的真实

---

① 参见 http：//dik. co. me/wp－content/uploads/2018/04/konacni－za－objavu. pdf。

② 参见 http：//www. izbori. ba/Rezultati_ izbora？ resId＝25&langId＝4#/6/0/0/0/0。

③ 参见 http：//www. izbori. ba/Rezultati_ izbora？ resId＝25&langId＝4#/4/0/0/0/0。

性，要求更换欧尔班政府、制定新的选举法和新闻自由。在此前后，佩奇、德布勒森等匈牙利城市和伦敦、柏林、都柏林、里斯本等一些国家首都也爆发了规模不等的示威活动，声援布达佩斯，反对欧尔班和青民盟。5月8日国会成立当天，布达佩斯示威不断，参加者呼吁反对党和民众团结起来，反对欧尔班。

除此之外，其余各类选举均平稳进行。即便在波黑和匈牙利，抗议活动也是和平的，没有改变选举结果，更没有造成社会动荡。这表明上述国家的政治体制在“欧洲化”框架内运转正常。

二、马其顿和塞尔维亚顺应“欧洲化”发展方向，尝试解决遗留问题

马其顿和塞尔维亚顺应“欧洲化”的发展方向，为加入欧盟，按欧盟要求尝试解决某些遗留问题。

2017年12月起，马其顿和希腊在联合国斡旋下就马其顿国名问题加紧谈判。2018年6月17日，马其顿总理佐兰·扎耶夫和希腊总理阿莱克西斯·齐普拉斯在两国交界的普雷斯帕湖希腊一侧签署协议，将马其顿国名更改为“北马其顿共和国”。协议的签署得到以马其顿社会民主联盟为首的执政联盟的支持，却遭到反对党马其顿内部革命组织民族统一民主党和该党成员、马其顿总统格奥尔基·伊万诺夫的反对。协议签署当晚，马其顿首都斯科普里发生抗议活动，抗议者谴责协议的签署，并与警察发生冲突。不过，执政联盟凭借其议会多数，于6月20日推动议会批准了该协议。因伊万诺夫总统拒绝签署，协议被退回议会。7月5日，议会再次表决通过协议。虽然宪法规定“议会经对法律

的重新审议并由代表总数的多数票通过后，共和国总统有义务签署颁布”[①]，但没有规定总统签署颁布法律的最后期限，伊万诺夫总统据此拖延签署。在定于 9 月 30 日举行的更改国名协议公投前，扎耶夫积极动员选民投票，伊万诺夫则呼吁选民抵制公投。10 月 1 日，马其顿国家选举委员会宣布，根据已统计的 98.61% 的选票，虽然 91.48% 的投票者赞同更改国名协议，但只有 36.87% 的选民参加了投票，未达到宪法规定的 50% 的投票率，公投无效[②]。扎耶夫指出，鉴于绝大多数投票者支持更改国名协议，他将推动议会启动修宪程序，否则将在 11 月提前进行议会选举。10 月 19 日，马其顿议会投票通过政府启动修宪进程的动议。11 月 2 日，马其顿政府向议会提交了 4 项宪法修正案草案。整个修宪工作将于 2018 年底或至迟 2019 年 1 月完成。

2018 年 7 月底以来，塞尔维亚和科索沃领导人开始越来越多地谈论领土互换或边界调整的可能性。8 月底，塞尔维亚总统亚历山大·武契奇和科索沃“总统”哈希姆·萨奇宣布将考虑把改变边界作为关系正常化的一部分。塞尔维亚前进党及其最大的执政伙伴塞尔维亚社会党支持重新划分科索沃与塞尔维亚的边界，反对党则把承认科索沃和边界的任何改变称为“叛国”，但它们太过弱小，无法构成对武契奇和前进党的挑战。多数塞尔维亚媒体对边界改变进行了积极报道并把它描述为武契奇的成功。塞尔维亚民众意见分歧，部分人认为这是塞尔维亚与科索沃达成最终协议，从而为入盟铺平道路的机会，部分人则警告这将鼓励其他边界的调整，从而在更广阔的地区产生消极后果[③]。虽然由于科索沃和塞尔维亚内部的激烈反对以及极为复杂的国际环境，通过改变边界实

① 参见姜士林等主编：《世界宪法全书》，青岛出版社 1997 年版，第 1029 页。

② 参见 Sinisa Jakov Marusic, Low Turnout Dents ‘Yes’ Victory in Macedonia Referendum, http://www.balkaninsight.com/en/article/vast-support-for-name-deal-at-macedonia-s-low-turnout-referendum-10-01-2018。

③ 参见 Country Report Serbia, October 2018, http://www.eiu.com/FileHandler.ashx?issue_id=2017203985&mode=pdf。

现关系正常化的尝试在短期内不可能实现，尽管塞尔维亚与科索沃的关系依然紧张，但这毕竟是塞尔维亚为入盟所做的努力。

三、波兰和匈牙利继续逆“欧洲化”发展

波兰和匈牙利继续逆“欧洲化”发展，违背欧盟价值观，并因此与欧盟发生冲突。

2018 年 9 月，继 2017 年 12 月欧盟委员会以波兰司法改革严重违反法治原则为由，建议欧盟理事会启动《欧洲联盟条约》第七条[①]后，欧洲议会经 2/3 多数表决，要求欧盟理事会对严重违背欧盟基本价值观的匈牙利发起《欧洲联盟条约》第七条规定的程序。

波兰政府批评欧盟的立场不公正，对波兰实施双重标准，继续推进司法改革。2018 年 7 月，最高法院法修正案生效，最高法院法官的退休年龄从 70 岁降到 65 岁，致使最高法院 72 名现任法官中的 27 名，包括首席法官玛尔戈泽塔·格尔斯多夫被迫退休，尽管格尔斯多夫受宪法保证的 6 年任期尚未届满。修正案允许法官们向总统申请延长任期，但没有规定明确的批准或拒绝的标准，也没有给予他们上诉的权利。就在修正案生效前一天，欧盟委员会对波兰发起违规调查程序，但没有阻止修正案的生效。修正案的生效引发民众示威，示威者反对政府控制法院，要求司法独立。8 月，最高法院要求欧洲法院就降低在职法官的退休年

---

① 《欧洲联盟条约》第七条规定：经 1/3 成员国，或欧洲议会或委员会的合理动议，理事会可在得到欧洲议会同意后，以其 4/5 成员的多数采取行动，认定存在某一成员国严重违反尊重人类尊严、自由、民主、平等、法治，以及尊重人权（包括少数群体的权利）的价值观的显著风险；经 1/3 成员国或委员会提出动议，在邀请当事成员国提出意见后，欧洲理事会可在获得欧洲议会同意后以一致方式采取行动，认定该国存在着严重和持续违反上述价值观的情形，并可按照特定多数原则采取行动，中止该成员国的理事会成员的投票权。参见程卫东、李靖堃译：《欧洲联盟基础条约——经〈里斯本条约〉修订》，社会科学文献出版社 2010 年版，第 33、34 ~ 35 页。

龄是否符合欧盟法律进行裁定，并在欧洲法院作出裁定前暂停实施修正案，被迫退休的法官继续留任。10月，在欧洲法院作出裁定前，27名新法官宣誓就职。其后，欧洲法院发布临时裁定，命令波兰恢复被强制退休的最高法院法官的职务，直到其就波兰最高法院改革是否威胁司法独立作出终审判决。

匈牙利政府指责欧洲议会表决没有把弃权票计算在内，实际上并未达到2/3多数，并准备上诉欧洲法院，驳回欧洲议会的决议。事实上，欧洲议会表决前后，匈牙利背离“欧洲化”的做法没有改变，这最明显地体现在其反难民/移民政策上。匈牙利青民盟为首的执政联盟不仅与波兰、捷克、斯洛伐克等国一道拒绝欧盟提出的安置难民的强制配额制，更是把反难民/移民政策作为争取连任的关键抓手，甚至一项基本国策。

首先，执政联盟在竞选中大打反移民牌。2018年2月，总理、青民盟主席欧尔班在年度国情咨文中提到移民问题，强调边境保护比欧盟按照配额强制分摊移民重要，匈牙利通过修建边境围墙、修改边界法，成功保卫了其南部边界，“对我们来说，匈牙利优先”①。3月，欧尔班在匈牙利自由战争革命纪念日发表演说，表示在即将进行的国会选举中，匈牙利人必须与想要大规模移民进入自己国家的外部力量作斗争。在竞选讲话中，欧尔班更是多次谈及移民的危害，进行反移民宣传，指出，这次选举事关匈牙利是否会变成移民国家，匈牙利将要决定是把移民放进来还是保卫匈牙利，是把辛苦挣来的钱花在孩子和老人身上，还是花在移民身上②。

其次，执政联盟推动国会通过“阻止索罗斯”法案、宪法第七次修

---

① 参见“匈牙利总理就移民问题强调‘匈牙利优先’”，http://www.xinhuanet.com/world/2018-02/19/c_1122428792.htm。

② 参见“匈牙利执政联盟在国会选举中获得压倒性胜利”，http://www.xinhuanet.com/world/2018-04/09/c_1122654559.htm。

正案和有关征收移民特别税的税收法案。匈牙利政府一直指责匈牙利出生的犹太裔美国金融大亨乔治·索罗斯煽动移民潮和资助非政府组织向非法移民提供支持。2017 年，国会通过高等教育法修正草案和提高外国资助非政府组织透明度的法律，对索罗斯创立的中欧大学和开放社会基金会加以限制。2018 年 2 月，匈牙利政府向国会提交“阻止索罗斯”法案。6 月，国会通过“阻止索罗斯”法案和宪法第七次修正案。“阻止索罗斯”法案涉及包括刑法的 9 项法律的修改。根据修改后的刑法，凡是组织非法移民来匈牙利并鼓励规避匈牙利法律的人将受到惩罚，凡为此类犯罪活动提供资金或者经常进行非法移民组织活动的人可被判处为期一年的监禁。宪法修正案规定：国家的基本职责是保护国家的宪法特征和基督教文化；没有国会的同意，不可以把移民安置到匈牙利①。接着，匈牙利政府向国会递交税法草案，建议向帮助和组织难民/移民的组织征收移民特别税。7 月，国会通过税收法案。8 月，移民特别税生效。

再次，匈牙利政府退出联合国《安全、有序和正常移民全球契约》的制订进程。2018 年 2 月，匈牙利政府认为联合国准备发布的有关移民问题的契约草案支持移民，与索罗斯的论调如出一辙，威胁要退出谈判。3 月，匈牙利政府向联合国大会主席提交关于针对联合国移民计划的 12 点提案，并与联合国人权委员会激烈论战。4 月，匈牙利政府指责联合国人权委员会在移民问题上施加压力，呼吁其不要干涉国会选举。7 月，除美国外的联合国 192 个会员国就《安全、有序和正常移民全球契约》最终文本达成一致，拟在 12 月摩洛哥举行的联合国政府间大会上正式通过。匈牙利政府宣布退出其制订进程，不参加 12 月的大会，并表示如联合国大会就这一文件作出决定，将投反对票。

① 参见“匈牙利国会通过‘阻止索罗斯’法案”，http://www.xinhuanet.com/2018-06/21/c_1123015562.htm。

此外，虽然 2018 年 6 月匈牙利宪法法院因欧盟委员会在 2017 年发起对匈牙利的违规调查程序而搁置了对高等教育法修正草案和提高外国资助非政府组织透明度的法律的审批，但随着“阻止索罗斯”法案的酝酿、起草和通过，开放社会基金会和中欧大学依然举步维艰。2018 年 5 月，开放社会基金会决定关闭布达佩斯办公室，将业务转至德国柏林。10 月，中欧大学董事长兼校长宣布，如 12 月 1 日前匈牙利政府不能与美国纽约州签署确保中欧大学在布达佩斯继续运行的协定，将从 2019 年起把大学的许多业务迁往维也纳，这在布达佩斯引发声援中欧大学的示威。11 月底，欧洲议会通过报告，批评匈牙利对中欧大学的打压。12 月初，因匈牙利政府与美国纽约州的协定未能达成，中欧大学宣布将于 2019 年 9 月在维也纳启动招生计划。还应注意的是，10 月，新《集会法》生效，反对党派抗议其严重限制集会的权利。

综观 2018 年中东欧国家政治形势，可以得出如下结论：第一，虽然波黑大选和匈牙利国会选举引发争议，但总的来看，中东欧国家选举基本能够顺利进行，表明政治体制在“欧洲化”框架内运转正常。第二，马其顿和塞尔维亚对“欧洲化”道路的顺应更多地是为了实现以入盟为标志的对外关系的“欧洲化”而尝试解决某些遗留问题，这些问题在某种意义上可被视作国内政治问题，或至少与国内政治联系密切。第三，波兰和匈牙利的逆“欧洲化”发展则更多地表现在国内政治上违背欧盟价值观并因此导致与欧盟的争议。第四，如果说中东欧国家在剧变后不约而同走上“欧洲化”道路，他们的发展只存在速度的不同，没有方向的差异，那么，约 30 年后，匈牙利和波兰却显示出逆“欧洲化”的迹象，尽管就目前来看，它们不大可能完全放弃“欧洲化”道路。联系到近年来欧美民粹主义力量的上升，这些国家将走向何处，恐怕不全是它们自己的事情，而与欧洲乃至世界政治的发展息息相关。

美国在中东欧国家的军事存在及其影响

◎ 朱晓中

2014 年底乌克兰危机爆发后，特别是克里米亚归属发生重大变化之后，中东欧地区的部分国家对本国的安全问题“忧心忡忡”，请求北约，特别是请求美国在本国领土驻军。以美国为首的北约对这些中东欧国家的安全担忧给予了积极的回应。以美国为首的北约在中东欧地区部署新的军事力量在一定程度上有助于化解有关中东欧国家的安全担忧，但同时也对北约—俄罗斯关系、中东欧有关国家与俄罗斯关系产生了消极影响。

2014 年乌克兰危机爆发后，特别是克里米亚归属发生重大变化之后，与俄罗斯接壤的波兰、爱沙尼亚和拉脱维亚等国对本国的安全问题“忧心忡忡”，这些国家认为，俄罗斯依然是对本国安全的重大威胁。由于自身军力有限，亟须北约军力共同协防。而要求以美国为首的北约的军队在本国长期驻扎更成为波兰和波罗的海三国国防的首选。

2018 年，波兰总统在访问美国时甚至提出，波兰愿意出资 20 亿美元建立美国在波兰的军事基地“特朗普堡”。

朱晓中，国务院发展研究中心欧亚社会发展研究所研究员。

一、“欧洲再担保倡议”及美国在中东欧的军事部署

针对部分欧洲国家，尤其是北约东部国家的安全担忧，美国总统奥巴马在 2014 年 6 月 3 日访问波兰期间宣布了“欧洲再担保倡议”（European Reassurance Initiative）。据此，美国及其北约成员国盟国增加在中东欧的军事存在。欧洲再担保倡议的其他目标还包括：探索在中东欧预存装备、改善中东欧国家的增援基础设施。已经存储在德国的装备，加上轮换部队从美国带来的装备已经构成了装甲战斗旅所需 2/3 的装备。所有装备应该在 2016 年夏天到位。计划中的基础设施改善包括当地的军用机场、训练范围和空中通道中心，以及罗马尼亚的港口等。

为了顺利执行“欧洲再担保倡议”，美国在财政上和军事上（与北约一道）进行了充分准备，并逐步实施。在财政上，2014 年 12 月，美国国会批准了 2015 财年为“欧洲再担保倡议”拨款 9. 85 亿美元，2016 财年为 7. 893 亿美元[①]，而 2017 财年的预算将增加 4 倍，达到创纪录的 34 亿美元，以便在中欧常驻一个装甲旅，增加演习数量，以及预先储存战斗装备。

在军事部署方面，美国是第一个在中东欧部署地面部队的国家，而且是北约中唯一一个维持不断轮调驻军的北约成员国[②]。2015 年 4 月底，美国在波兰和波罗的海三国部署小型分遣队（150 人左右的部队），同时，驻扎在意大利的第 173 空降旅的 4 个联队与波兰和波罗的海三国的军队进行共同训练和演习。这一军事部署标志着“大西洋决心行动”

---

① S. Beardsley, “U. S. Spending $1 Billion to Reassure European Allies,” *Stars and Stripes*, 17 April 2015, http://www. stripes. com/news/us - spending - 1 - billion - to - reassure - european - allies - 1. 340795.

② 2015 年 3 月，美军将其轮调部署扩大到了保加利亚和罗马尼亚。

的开始[1]。

同年6月，美国国防部长阿什顿·卡特宣布，鉴于乌克兰危机后欧洲安全形势的恶化，美国决定在中欧预存250辆装甲车辆、1750辆轮式战车及其相关设备。这是北约东扩之后首次在其新成员国（波罗的海三国、波兰、罗马尼亚和保加利亚）储存这类装备。美国的这一举动显示出美国对加强中东欧盟国安全的长期承诺，同时也是向俄罗斯传递北约“强大和平衡的立场”的信号。为加强北约，特别是美国的抵御能力，美国决定进一步援助盟国。

2016年3月30日，美国欧洲司令部司令布里德洛夫上将发表声明说，五角大楼计划于2017年初增派装甲旅，使美军派驻欧洲的兵力增加到3个全额战斗旅，以应对“具有侵略性的俄罗斯”。这是冷战结束后，美军首次进行如此规模的部署。美国此举是以行动证明了总统奥巴马于2014年9月在爱沙尼亚首都塔林做出的保证，即美国将加大对波罗的海国家的军事支援，因为“塔林（爱沙尼亚首都）、里加（拉脱维亚首都）及维尔纽斯（立陶宛首都）和柏林、巴黎及伦敦一样，都需要重点保护”[2]。

2016年7月，北约华沙峰会决定加大北约在中东欧地区的军事存在，在波兰、立陶宛、爱沙尼亚和拉脱维亚共部署4个营的部队，由美国、德国、英国和加拿大分别承担驻军的领导责任。

2017年1月7日，美军第一批“大西洋决心行动”250人的部队到达波兰。他们进驻波兰西部卢布斯卡境内的扎甘军事基地，开始第一次

---

① “大西洋决心行动”是美国提出的“欧洲再担保”倡议下的包括诸多空军、海军和地面部队的部署和行动，旨在给北约盟国以再担保，抵御俄罗斯的安全威胁。有关美国在“大西洋决心行动”框架下部署、训练和其他军事活动的情况，可参阅：“Operation Atlantic Resolve”，United States European Command，http：//www. eucom. mil/operation – atlantic – resolve。

② David Jackson，Obama pledges to defend Baltic allies against Russia，*USA TODAY*，September 3，2014；http：//www. usatoday. com/story/news/2014/09/03/obama – estonia – russia – baltic – states – ukraine/15009581/.

为期 9 个月的驻防。波兰国防部长称这是波兰梦想了几十年才完成的事情，称美军的进驻让波兰不再孤军面对东方侵略者。多国部队士兵将从当年 4 月开始进驻波兰的军事基地，以增加美军的威慑和应对潜在危机能力，从而保障欧洲盟友的安全。

在空军力量方面，包括由美国 12 架 A—10 地面攻击机、10 架国民卫队的 F—15 战斗机构成所谓“战区安全包”。原本根据“欧洲再担保倡议”财政约束撤出在英国部署的 F—15 战斗机的计划推迟到 2016 年底执行。驻扎在英国的几架 B—2 和 B—52 战略轰炸机几次起飞参加演习。

2017 年 12 月，美国国务院批准向罗马尼亚出口爱国者导弹防御系统，价值 39 亿美元。作为北约的东部“前线”成员国，波兰认为自己受到俄罗斯的威胁最大，因此十分希望美国的军事装备和军队进驻波兰。早在第一批美国军人进入波兰之前，波兰即花费巨资引进美制军火。2017 年 11 月 17 日，美国防部方面确认将向波兰出售价值 105 亿的爱国者导弹防御系统①。2018 年 3 月 28 日，波兰同美国签署协议，购买美国爱国者导弹防御系统，价值 50 亿美元②。波兰国防部网站 2018 年 10 月 19 日发布的公告称，波兰要求购买美国的 M142 高机动性火箭炮系统（HIMARS），以应对波兰认为不断增加的安全威胁。同年 11 月 30 日，美国国务院批准向波兰出售 20 门该型号火炮③。

在军事部署的同时，以美国为首的北约在中东欧地区不断进行军

---

① 此次拟议的销售包括四套雷达系统，四套控制站系统，16 个发射基站以及 208 枚“爱国者 3 型”（PAC－3）导弹。不过由于该笔订单涉及美国国家安全的核心利益与美国先进技术，最终还将等待美国国会的审核通过。

② Lidia Kelly，Poland signs nearly ＄5 billion deal for US Patriot missile system facing Russia，Reuter，18 March，2018；https：//www. businessinsider. com/r－poland－united－states－sign－475－billion－deal－on－patriot－missiles－2018－3.

③ U. S. State Department Approves Sale of New Artillery Rocket System to Poland，REUTERS，Nov. 30，2018，https：//www. usnews. com/news/world/articles/2018－11－30/us－state－department－approves－sale－of－new－artillery－rocket－system－to－poland.

演。进入2017年，北约在中东欧地区进行军演的频次以月为单位，有时甚至是几个演习同时进行。演习地主要在立陶宛、爱沙尼亚、拉脱维亚和波兰。6月3日，名为“马刀打击”的多国军演在拉脱维亚拉开帷幕，2017年开始部署在该国境内的北约多国作战营首次参与演习。“马刀打击”多国军演与另一场代号为“夏季盾牌XV”的多国军演同时在拉脱维亚举行，两场军演共有来自拉脱维亚、美国、英国和德国等12个国家的3000多名军人参加。这之后，北约将军演扩展到了罗马尼亚、匈牙利和保加利亚。7月11～20日，来自22个北约成员国及伙伴国的约2.5万名军人参加在保加利亚、罗马尼亚和匈牙利3国境内举行的北约“军刀卫士2017”多国军事演习。进入2018年，北约军演的规模进一步扩大。6月3～15日，以美国为首的多国部队在波兰和波罗的海三国进行“马刀打击—2018”军演，19个国家（北约成员国和伙伴国）的15000人参加。10月25日至11月7日举行“三叉戟接点—2018”军演，这是冷战结束以来北约规模最大的联合军演，29个成员国以及芬兰、瑞典两个伙伴国参与演习。演习区域主要在挪威中部和东部以及大西洋北部和波罗的海地区。北约称，演习是针对波罗的海地区未来可能的冲突进行预演，意在检验某一成员国遭受攻击后，北约盟军的集体反应，同时提升训练、战备水平以及战略增援能力，展示北约作为一个稳固的防御联盟所体现出的军事力量。在东南欧战略方向，自10月8日起，为期12天的“晴朗天空—2018”多国空军军演在乌克兰展开，8个北约成员国和乌克兰共700人参演。演习有着鲜明的“教学性”特点，特别是波兰、罗马尼亚首次同乌克兰合练，意在帮助乌军同北约作战标准对接，消除其融入北约作战体系的障碍，继而提升北约军力在中东欧的辐射度。

此外，美国在2018财年还计划投资2.14亿美元新建和整修北约部分成员国及伙伴国的空军基地。其中波罗的海三国各1个、斯洛伐克2

个、罗马尼亚1个，匈牙利1个①。

目前，美国对中东欧国家的军事合作具有小空间和高影响力的特点，主要援助方式为轮调驻扎、联合军事训练和演习，以便美国和中东欧国家军队可进行更强有力的合作，增加美国部队的反应能力，为北约的“高度战备联合特遣部队”提供高端支持能力，在发生紧急状况时可在2~7天内部署军事力量。

二、美国和北约轮调驻防的基本条件和可能性

虽然美国和北约的上述军事部署和行动产生了积极的影响，但并未减轻中东欧国家的安全担忧。在中东欧国家中，对俄罗斯的军事威胁表现出特别担心的国家包括波兰、波罗的海三国和罗马尼亚。它们都公开强调，北约应超越目前基于“战备行动计划”和“欧洲再担保倡议”框架的措施，应有更长期的战略准备。这些国家在北约威尔士首脑会晤之前特别呼吁北约应在中东欧地区长期驻军。

2018年9月18日，波兰总统杜达在与美国总统特朗普进行会晤时再次提议，希望在美军现有3000人的规模上，向波兰投入更多的兵力。为此，波兰准备投资20亿美元建设美军基地。波兰总统称，新建设的军事基地可以取名为“特朗普堡”，这样波兰人就会永远记住特朗普。在波兰总统赴美之前，2018年6月18日，美国参议院要求国防部在2019年3月1日之前向参议院国防委员会提交美国在波兰长期驻军的评估报告。

中东欧国家希望北约长期驻军的主要理由之一是，真正的长期驻军是要向俄罗斯传递强烈的政治信号，北约对这一地区没有二等安全保

---

① Shawn Snow, US plans ＄200 million buildup of European air bases flanking Russia, December 17, 2017; https://www.airforcetimes.com/flashpoints/2017/12/17/us-plans-200-million-buildup-of-european-air-bases-flanking-russia/.

证，北约不是一个有两个层级的联盟。虽然美国和北约官员都强调，只要必要，持续不断的轮调就将继续，但地处中东欧地区东部和北部的北约成员国担心，这些部署到头来只是临时性的驻扎。

北约东翼国家要求北约军事力量长期驻扎也是军事考虑。它与这样的事实有关：一是美国和北约在中东欧地区的抵御态势计划完全依赖于发生冲突时的增援机制，在和平时期的抵御存在十分有限。中东欧国家担心，一旦发生战争，俄罗斯可以快速碾碎中东欧的防御，在北约增援部队达到之前占领中东欧国家的部分领土。

二是北约拥有29个成员国，在重大问题上决策时间漫长，这会使形势变得更加复杂。虽然北约已经将在政治一致达成之前动员“高度战备联合特遣部队”的权限交给了欧洲盟军最高司令，缩短了成员国首脑会晤批准之后再进行军事部署的时间，但依然存在成员国之间相互扯皮的风险。而长期驻扎靠前部署战斗部队可以几种方式解决这些问题。这种部署可以成为俄罗斯进攻的“绊脚石”，对美国和北约部队的攻击可以大大缩短北约的决策进程，降低俄罗斯快速胜利的希望，增加美国和北约进一步介入的机会，即使靠前部署的美国和北约部队在敌对一开始处于“越位”。

三是长期驻扎会使有关国家拥有比目前轮换制更多的军队。虽然波兰没有提出特定的军队数量，但波罗的海三国每个国家都要求北约在本国长期驻扎一个营，由北约成员国轮换。这些部队将由旅建制（约3000～5000人）组成。增加的部队规模可以成为北约安全承诺的一个标志。同时，中东欧国家也希望这些部队会对本国的国防产生明显的积极影响，以便至少降低敌方进攻的速度，为增援部队的到来赢得时间。拉脱维亚国防部长亚尼斯·萨尔茨就此评论说，“这种做法在军事上足以基本化解（俄罗斯）所谓的时空优势”。

中东欧国家欢迎北约成员国军队长期驻扎主要是希望美国军队永久性驻扎。对中东欧国家而言，美国军队永久性驻扎具有几方面优势：第一，如果美国作为防御理论构成强大的拒止力量，就自然将中东欧国家的利益和美国的利益联系在一起了。第二，美国军队比绝大多数北约欧洲盟国的军队具有更多的作战经验。作为北约的政治领导人，美国比其他成员国更愿意承担这种行动，很可能推动其他国家追随美国。第三，就军事能力而言，美国最有可能在中东欧部署更多部队。

虽然美国向中东欧国家提供再担保和发挥拒止作用旨在维持北约和双边关系的信誉，但美国不希望长期单独行动，而是希望以此振兴和补充欧洲的防务。因此，美国的某些行动具有象征性，更长期的介入在一定程度上有赖于北约欧洲成员国的行动。美国官员多次强调，北约成员国的军费应该提高到占 GDP 的 2% 以上，这一要求在北约威尔士首脑会晤上被再次提及。近年来，北约欧洲成员国的防务支出未增反减，从平均占 GDP 的 1.5% 下降到 1.4%①。虽然 2015 年北约欧洲 18 个成员国表示要增加其国防预算，但许多国家的增加十分有限。目前，美国承担了北约预算的 73%②。美国期待欧洲成员国能够在中东欧地区参与拒止和再担保行动。北约的高度战备联合特遣部队受到美国的赞扬，但它更期待在长期驻军方面出现更平衡的局面。近年来，美国国防授权法呼吁美国当局探索在东欧扩大美国地面部队战斗旅规模的可能性，同时它又强调，北约欧洲成员国也应相应地增加在这一地区的军事存在。

当然，美国军事介入欧洲，特别是介入中东欧将受其可资利用资源的制约。财政约束是关键因素。削减财政预算已经导致美国驻欧洲军事力量大幅缩减。2012 年以来，已经有 13000 名美国军人（包括 4 个旅级战斗部队中的两个）从欧洲撤回。虽然 2015 年 1 月宣布的最新一轮美国在欧洲基地的关闭和调整对美国部队数量的影响不大，美国在欧洲维

① 如果按现行价格计算，北约欧洲成员国的国防开支依然在占 GDP 的 1.5% 的水平上。

② Jean – Christophe Chazalette，Why should the US continue to supply 73% of NATO funds? Shouldn' t Germany step in and spend more? https：//www. quora. com/Why – should – the – US – continue – to – supply – 73 – of – NATO – funds – Shouldnt – Germany – step – in – and – spend – more.

持67000人战斗部队，但美国士兵的总体数量计划在2017年从49万减少到45万。

另一个影响因素是，其他地区对美国军事存在的需求。虽然美军各大洲之间的资产交换不多（亚洲并不需要太多从中东撤出的陆军，而更多需要海军和空军，欧洲对陆军的需求较多），但各地区之间存在争夺军费的状况。乌克兰危机给美国军方提供了增加额外经费的强有力的证据。但眼下，美国军事力量的结构依然受限。因此，将美国在西欧的作战部队永久性地移动到中东欧会对欧洲指挥部的灵活性产生消极影响。驻扎在德国和意大利交通枢纽附近的军事力量负责的范围不仅包括欧洲，也包括北非。将军事力量进一步向东部署有可能影响对其他地区做出反应的能力。

三、美国在中东欧的军事存在对中国与中东欧合作的影响

虽然美国—中东欧的关系日渐增强，但美国保持与发展同中东欧国家关系过程中必须回答的一个问题是，美国的这种联系是基于长期战略利益还是短期目标。如果是长期的战略利益，美国必须衡量每个国家的政治发展，寻找同中东欧国家更多的共同利益，避免在重大安全问题上出现分歧。

如果美国视中东欧国家为可靠的长期伙伴，应该对中东欧国家保持相对稳定的政策，减少中东欧国家的“被边缘化”感，否则仍会出现类似2003年伊拉克战争之后，2009年美国突然宣布与俄罗斯关系“重启”和在没有事先磋商的情况下“突然”改变在中东欧国家部署导弹防御系统之后导致中东欧国家的不满和担忧。这很可能会导致中东欧国家对今后的跨大西洋关系表现出玩世不恭，甚至出现法国式的反美情绪。这当然不符合美国的利益。

美国在中东欧国家长期驻军是一项极富挑战性的工作，涉及一系列

复杂问题。美国虽然认识到需要阻吓俄罗斯，但依然担心此举会加剧同俄罗斯的紧张关系。实际上，美国在长期驻军问题上的立场部分地取决于俄罗斯未来行动的轨迹。另外，财政约束、世界其他地区（亚太地区）需要美国介入的程度，以及美国本土部队被重新部署到欧洲可能产生的政治复杂性都制约着美国在中东欧地区的行动。

以美国为首的北约在中东欧地区部署重兵不仅会对北约—俄罗斯关系，尤其是美—俄关系产生消极影响。在一定程度上，它也会对中国未来在中东欧地区开展“16 + 1”和更大规模的“一带一路”建设产生影响。

一方面，美国通过政治和军事援助，以及能源合作，大大提升了中东欧国家政治家和国民对美国的认知，树立起较好的形象，深化了美国与中东欧国家的关系，并使这些国家在政治、经济和社会文化方面进一步向美国的价值观看齐，配合了美国在这一地区的地缘政治战略。同时，美国也进一步涉足某些中东欧国家的国内政治生活。这在罗马尼亚表现尤其明显。

另一方面，2018 年以来，中美关系急转直下，可以预料，未来美国将在多个地区和领域同中国进行交锋与博弈。虽然美国在中东欧地区的军事存在主要针对俄罗斯，但如果中美摩擦升级，加之中国和欧美国家存在的制度差异以及美欧国家由此对中国产生的防范心理，不排除在美国的压力下中东欧某些国家减少甚至婉拒与中国合作的可能性。因此，中国应密切关注欧洲地缘政治的变化和影响，关注美国和中东欧国家的各领域合作状况，在与中东欧国家合作过程中应尽量避谈建立战略关系，也应尽量不在被美国视为“核心利益”的地区和领域提出同中东欧国家进行合作的意向，以免同美国发生正面交锋，或遭遇来自美国对合作的敌意甚至阻挠。因此，在推进与中东欧国家合作中，中国应审时度势、趋利避害、理性合作，最大限度地维护国家利益。当然，这也是对中国外交政策和外交艺术的重大考验。

西巴尔干国家入盟路途遥远

◎ 马细谱

最近两年，欧盟开始重视西巴尔干国家的入盟愿望。但是，由于欧盟面临严重的体制和信任危机，又由于西巴国家自身政治经济问题和巴尔干地区错综复杂的国家和民族关系以及外部势力在该地区的争夺，在可以预见的未来它们还很难满足欧盟的要求，实现融入欧洲一体化的愿景。西巴国家的入盟道路仍相当遥远。

一、2017 年：西巴尔干国家加入欧盟提速

从 21 世纪初起，巴尔干地区的稳定、安全与发展成为欧盟关注的焦点。2000 年 11 月欧盟委员会与巴尔干国家领导人在萨格勒布会晤时，提出了一个模糊的不怎么科学的“西巴尔干”（以下简称西巴）概念，但被巴尔干地区多数学者所接受。西巴是指波黑、黑山、塞尔维亚、阿尔巴尼亚和马其顿 5 国以及科索沃。

2003 年 6 月，欧盟在萨洛尼卡会议上强调巴尔干是欧洲的一部分，巴尔干国家的前景在于同欧洲一体化。从此，西巴国家开始融入欧洲一

马细谱，国务院发展研究中心欧亚社会发展研究所研究员。

体化进程。但是，一路走来，十几年过去了，西巴国家的入盟道路仍然遥远，希望渺茫。

2013 年克罗地亚入盟之后，欧盟对西巴国家入盟提出了许多更加苛刻的条件，尤其不让这些国家捆绑式加入。这些条件明显有别于中欧国家入盟，也有别于保加利亚、罗马尼亚和克罗地亚的入盟。欧盟特别要求西巴国家要处理好同邻国的关系，解决悬而未决的领土争端和主权问题，以及解决好内部问题、少数民族问题和难民返回家园问题，等等。

西巴国家继续争取加入欧盟，欧盟领导人也表态确认加强相互关系的重要性。2017 年 3 月，欧盟委员会副主席、外交与安全政策高级代表莫盖里尼访问西巴国家和科索沃，分别会见各国领导人，指出西巴是欧洲重要组成部分，号召西巴国家不断推进改革，加强地区合作和睦邻友好。她还强调，吸收西巴国家加入欧盟是这一代欧盟政治家需要完成的使命。

在这年 3 月举行的欧盟春季峰会上，欧盟明确表态其吸纳西巴国家入盟的政策没有改变，再次给西巴国家吃颗定心丸。3 月 16 日，西巴国家的总理们受到鼓舞，立即在萨拉热窝召开峰会，欧盟负责邻国政策和扩大事务的专员约翰内斯·哈恩以及意大利外长阿尔法诺马上赶来与会。哈恩表示欧盟的大门永远向西巴国家敞开，并鼓励各国按照欧盟标准深化改革，争取早日入盟。会后发表的共同声明称，西巴国家要继续推进改革和加强合作，建立西巴共同市场，以求尽快入盟。西巴国家的总理们向欧盟传递了“共同声音”和“坚定意志”。

于是，2017 年 7 月 12 日，欧盟—西巴国家领导人峰会在意大利的里雅斯特举行。这次除西巴国家和科索沃的领导人外，特别增加了奥地利、克罗地亚、斯洛文尼亚、德国、法国、英国、意大利以及欧盟和欧洲金融机构的领导人。这是德国倡导的“柏林进程”2014 年启动以来的第四次峰会，会议的重点是进一步推进巴尔干地区一体化、签署交通共同体条约和建立区域经济区。最终，巴尔干6国领导人与欧盟领导人达成了7个项目协议，总投资为5亿欧元。

2017年9月13日，欧盟委员会主席容克在年度《盟情咨文》中强调欧盟不会在2019年之前吸纳任何西巴国家，但扩大政策不会改变。显然，这是老生常谈，没有任何值得注意的措施和决断。这在一定程度上是对西巴国家的入盟热情浇了一盆凉水，引起这些渴望入盟国家的强烈不满。

于是，在2017年12月18日，莫盖里尼召集西巴国家总理和科索沃“总理”到布鲁塞尔，与他们举行“工作晚餐”，商讨2018年如何推进西巴国家的入盟步伐。双方“各自表述”立场之后，就看2018年了。西巴国家的入盟仍然只是在许愿和承诺的不对称关系中艰难前行，走到哪里算哪里。

2017年，西巴尔干国家入盟进展有限，只有塞尔维亚分别在2月和6月开启了两个章节的谈判，2月完成了一个章节的谈判①。不过，8月马其顿与保加利亚签署友好条约被欧盟称为“对整个地区的鼓舞”。

西巴国家一直把入盟作为外交政策的优先方向，中东欧成员国尽管与欧盟屡起争议，但从未言及脱离欧盟，并且一贯支持欧盟扩大和西巴国家入盟。它们只是要在欧盟内部尽可能多地维护自身的安全、主权和平等，争取自身利益的最大化。不过，也正是由于维护自身利益的需要，某些中东欧成员国有可能在某个时候在某个或某几个西巴国家入盟道路上设置障碍。例如，2017年8月克罗地亚大幅度提高来自非欧盟国家的水果和蔬菜的进口税，使西巴国家深受其害。它们向欧盟委员会发出联名信，指责克罗地亚的举动违反它们与欧盟的《稳定与联系协议》。虽然克罗地亚随即放弃增税，但这一事件表明，某些中东欧成员国对西巴国家入盟持消极态度。

① 塞尔维亚自2014年1月开始入盟谈判以来，共开启35个章节中的10章，完成了两章。

总的说来，欧盟的中东欧成员国是支持西巴国家入盟的。保加利亚也把推动欧盟接纳西巴国家作为其 2018 年担任欧盟轮值主席国的首要目标之一。鉴此，绝大多数西巴国家把希望寄托在保加利亚担任轮值主席国身上。

二、2018 年：《索非亚宣言》昭示西巴国家入盟愿景

2018 年 2 月，欧盟负责邻国政策和扩大事务的专员哈恩向欧洲议会会议提交了一份题为《欧盟扩大西巴尔干国家战略的希望前景》，专门谈到扩大西巴国家入盟的前景问题。他说，布鲁塞尔将西巴国家的入盟分为三四种类型：塞尔维亚、黑山是统一欧洲东扩的第一梯队，已经开始了与欧盟的谈判，大约 7 年之后，即 2025 年左右这两国有希望入盟；阿尔巴尼亚和马其顿是第二梯队，它们有望于 2019 年开启入盟谈判；而波黑尚未开始与欧盟谈判，它的入盟迷雾重重。有人说波黑入盟难，因为《代顿协议》存在缺陷，有人说塞族共和国离心离德，也有人说波黑本身条件不够。至于科索沃，它的入盟前景谁也无法做出承诺。重要的是，欧盟经过几年的迟疑后，重新重视西巴国家的入盟问题。与其说是欧盟的意识形态或价值观需要，不如说是欧盟的地缘政治需要。西欧的媒体评介说，欧洲没有理由拒绝西巴国家加入欧洲一体化进程，因为俄罗斯和土耳其对该地区虎视眈眈。同样，最近几年中国对该地区的投资也在迅猛增长。希腊、塞尔维亚，甚至马其顿以及整个巴尔干地区都包括在中国的“一带一路”倡议里面。另外，沙特阿拉伯在积极支持波黑和科索沃的激进穆斯林，帮助修建众多的清真寺。所以，欧盟要设法把巴尔干地区拉到自己一边，防止其他地缘政治势力的染指。

2018 年上半年，保加利亚利用担任欧盟轮值主席国的机会，竭力说服欧盟委员会及其领导人将西巴国家的入盟问题提上议事日程。保加

利亚曾经也是巴尔干地区转轨较为后进的国家之一，它现身说法，想帮助巴尔干地区尚未入盟的国家加速改革，尽快创造条件入盟。为此，它给欧盟委员会做了大量工作，将这个议题列入会议议程，并确定5月17日在索非亚召开欧盟—西巴尔干国家领导人会议。

索非亚会议前夕，塞尔维亚、罗马尼亚、塞浦路斯和西班牙4国在4月初表示不参加索非亚会议，因为科索沃参会。后在保加利亚的竭力游说下，它们表示有条件地参加会议。

会议期间，西巴国家领导人是满怀期望，盼望欧盟领导人能理解它们的入盟愿望，肯定它们为此付出的努力，并给予它们满意的答复。然而，结果却令人大失所望。欧盟领导人在会上重申，加入欧盟是西巴国家的前景，“西巴是欧洲一体化的一部分”，但这不是近期的目标，而是在西巴国家必须进行切实的、行之有效的改革之后。他们向西巴国家提出了具体的严格要求，但没有承诺具体的入盟时间。欧盟以此稳住西巴国家，从而削弱俄罗斯、中国和土耳其在巴尔干地区的影响，说明这是欧盟的地盘。

从欧盟领导人和西欧大国领导人在会上的发言看，西巴国家的入盟是个“肥皂泡”，仅仅是良好的愿望。法国总统马克龙说，最近15年来的情况表明，欧盟扩大一次就削弱一次。入盟有一些规则，但这些规则没有被遵守，还在一心想扩大。吸收那些没有做好入盟准备的国家，欧盟的指挥会越来越弱。德国总理默克尔则说，大家都认为，6个西巴国家距离成为欧盟正式成员国的标准还相差遥远，它们的法制体系很不健全，贪污腐败，有组织犯罪猖獗。该地区国家之间还存在诸多争论不休的问题。所以，今天不谈“扩大”，只说西巴国家的“欧洲前景”。欧盟委员会原先承诺的西巴国家到2025年可以入盟“是不现实的”①。

---

① Анастас Добрев, Ингерацията на Западните Балкани——амбулатна търговия с илюзии, Glasove. com Novini 22. 05. 2018.

荷兰也反对确定西巴国家的入盟日期，提议欧盟委员会的文件回避“成员国”“扩大”“加入”这类词汇，而是用“稳定”“欧洲愿景”来替代。

于是，保加利亚作为会议主办方不得不改变口气，对巴尔干邻国不再使用“入盟”一词，而是强调西巴国家要加强基础设施、通信和互联网的互联互通。本着这种精神，索非亚会议通过了《索非亚宣言》，重申欧盟支持西巴国家入盟愿景。为了缓和科索沃参会引发的紧张气氛和外交风波，宣言采取了只由出席会议者签名，而不署明他们所代表的国家。这样，那些不承认科索沃的国家才会签署文件。保加利亚作为会议组织者一再声明，这次会议是联络大家，不是一次讨论欧盟扩大的会，千万别抱“不切实际的幻想”①。欧盟官员曾表示，如果保加利亚能够推动巴尔干地区远离冲突，而向解决问题走近一步，那将是保加利亚外交政策的历史性贡献。

《索非亚宣言》说，欧盟欢迎西巴国家共同遵循欧洲价值观和原则，共同建设强大、稳定和统一的欧洲，重申明确支持西巴国家的入盟愿景。宣言强调，欧盟决心加强对西巴尔干地区政治、经济和社会改革的支持，欢迎西巴国家致力于民主与法治，特别是打击腐败和有组织犯罪，支持西巴国家继续加强睦邻友好关系和地区稳定。宣言还说，欧盟和西巴国家面临诸多共同安全挑战，只有一起努力，才能有效应对这些挑战。欧盟欢迎西巴国家对欧盟共同外交和安全政策作出贡献，强调双方在阻止非法移民潮方面的合作将继续下去。

《索非亚宣言》同样没有对西巴国家的入盟问题作出任何具体的决定，只有一些空泛的官样文章。也就是说，索非亚会议及其宣言并没有在西巴入盟问题上取得突破性进展。参会的西巴国家领导人满怀希望而

① Гергана Станчева, Между амбициите и реалността: какво искаше и какво направи България като европредседател, www. dnevnik. bg, 11. 07. 2018.

来，扫兴而归。与会国同意下一届欧盟—西巴国家领导人会议将于2020年在克罗地亚举行。

这是15年来欧盟领导人第一次正式与西巴国家领导人一起讨论西巴国家的入盟问题。实际上，这是德国提出的“柏林进程”的继续。应该说，索非亚会议取得了一定成绩，一个重要表现是希腊齐普拉斯总理和马其顿扎埃夫总理表示要联手解决马其顿的国名问题；会后欧盟确定了马其顿和阿尔巴尼亚的入盟谈判日期（2019年6月）。

应该说，保加利亚借担任欧盟轮值主席国的机会，把西巴入盟问题摆在各项工作的首位，并为此付出了艰辛的努力，受到了西巴国家的欢迎。保加利亚政府及其领导人游说各方，克服种种阻力，终于让西巴各国领导人和欧盟有关领导人以及部分成员国领导人来到索非亚，并发表了《索非亚宣言》。这是任何一个其他欧盟轮值主席国没有做也很难做到的事。但是，由于保加利亚是个小国，又是被欧盟边缘化的国家，且入盟十年来还存在诸多经济、社会和其他问题，生活水平不高，自身的榜样作用不够，它很难为解决巴尔干问题和欧盟的问题取得预期的效果。或者说，西巴国家的入盟问题和欧盟的扩大问题不是通过外交礼节式的握手和拥抱就能解决的问题，尤其是欧盟方面不希望在现阶段过多谈论西巴国家的入盟问题，

索非亚会议一个多月之后，即2018年7月9～10日，欧盟和西巴国家领导人又在英国伦敦聚会，落实“柏林进程”。为了进一步安抚西巴国家，会议特邀奥地利、克罗地亚、法国、德国、意大利和斯洛文尼亚的领导人前来助阵。保加利亚作为西巴国家与欧盟领导人会议的主办方和波兰作为下次“柏林进程”会议的主办方也参加了会议。欧洲中央银行、欧洲复兴和开发银行及地区合作委员会的代表也应邀出席会议。

召开伦敦会议的目的，是为了提高巴尔干地区经济的稳定性，改善经贸环境；加强地区安全，更好应对共同威胁；促进政治合作，解决双

边争议；努力克服前南斯拉夫解体后冲突的遗留问题[①]。英国方面表示，希望看到“西巴尔干国家稳定与繁荣”。英国脱欧后也愿意继续参与该地区的稳定。一些持批评态度的分析人士指出，英国马上就要脱欧了，还让它来召开这次会议，这本身就是个笑话。欧盟做出了种种姿态，但都没有实质性结果。

欧盟领导人再次表态，西巴国家必须进行最高司法改革，否则将失去 2025 年加入欧盟的机会。欧盟负责邻国政策和扩大事务的专员哈恩在伦敦会议上说：“所有这些国家都对最高司法问题持抵触情绪，但这是欧盟的强制性要求。”哈恩还指出，反对腐败、进行媒体改革和司法系统独立，是欧盟对成员国的硬性要求，现在欧盟领导对西巴国家的状况已经不能容忍。吸收阿尔巴尼亚、塞尔维亚、马其顿、黑山和科索沃入盟，将有利于地区的稳定，但也可能给欧盟带来不稳定。

2018 年 8 月下旬，西巴国家的总理们在阿尔巴尼亚的都拉斯举行会晤。由于没有欧盟领导和西欧大国参加，会议没有发表声明，成果有限。

三、欧盟为什么不愿意确定西巴国家的入盟日期

欧盟扩大到今天，已经不是原来的“富人俱乐部”，成了身患疲劳症的“慢性病人”。自马耳他、塞浦路斯加入欧共体后，特别是 2004 年和 2007 年的疯狂东扩之后，欧盟已经不再是一个单一的共同市场，而是各种经济和利益的混合体。由于各成员国的利益不同，便产生了经济的和其他的矛盾，甚至发生利益冲突。如果冲突得不到控制，继续发展

---

① В Лондон лидери от Западните Балкани ще търсят начини да ускорят евроинтеграцията *Дневник*, 10 юли 2018.

下去，会导致这个人为的共同体或早或迟地崩溃。欧盟迅速东扩后使许多老成员国的人民感到失望，对东扩的成绩表示质疑，甚至有一半以上的欧盟公民反对继续吸收新成员国。

众所周知，在经济上和政治上没有永久的朋友，也没有永久的敌人，只有永久的利益。这是大家公认的道理。那么，现在的欧盟何去何从，是继续开放扩大范围还是闭关自守，先整肃内部？说得更直白点，欧盟要不要吸收西巴国家入盟？西巴国家在经济、金融、社会和法制等方面比现在欧盟成员国中最落后的保加利亚和罗马尼亚还要贫穷、还要落后。吸收它们入盟，意味着进一步将矛盾和贫困以及更多的问题带进现在的欧盟。西巴国家内部和它们之间存在尖锐的政治、经济、民族、领土、宗教和其他冲突，这不仅是最近几十年形成的，有的是世纪之争。最近20多年来，国际社会和巴尔干国家为解决这些冲突做出了努力，但收效甚微，因为矛盾根深蒂固。正常人都很难设想，欧盟现在会把新的利益冲突、新的离心力引进欧盟委员会。

欧盟领导人心里很清楚，他们再也不能降低哥本哈根的标准，只看政治表现，而置经济要求于不顾。西巴国家的生产总值近960亿欧元，只相当于斯洛伐克一国的水平，其总人口也没有罗马尼亚多。西巴国家人口少，却问题多。欧盟东扩后只得到了政治上和地缘政治上的好处，经济上已经一蹶不振，对继续扩大不得不小心谨慎。2014年欧盟在东扩乌克兰问题上输得一败涂地，“东部伙伴关系”也土崩瓦解，如果再在西巴国家入盟问题上轻率犯错，欧盟的南部边界失守，美国恐怕也不答应。

最近两三年来，欧盟确实已自顾不暇，哪里还顾得上扩大呢！英国脱欧已使欧盟处于危机之中。越来越多的欧盟成员国对布鲁塞尔的官僚机构和办事拖拉不满。2015年开始的难民危机使欧盟内部的抗议浪潮此伏彼起，使部分国家的民族主义思潮泛滥，离心力加剧，反体制政党在全欧洲雨后春笋般涌现。还有，伊朗问题和美国发动的贸易战，也把西巴国家的入盟问题推到了次要的位置。

欧盟认为，西巴国家还没有做好入盟的准备。这些国家没有摆脱历史的包袱，没有解决彼此之间的边界问题，甚至还没有相互承认为主权独立国家，如塞尔维亚与科索沃。

欧盟现行机制解决不了各种利益问题，那未来的欧盟怎么办？在一体化进程中，欧盟各国无法实现一种发展速度。欧盟成员国中有发达国家和不发达国家，有富国和穷国，有具有竞争力的国家和没有竞争力的国家，有老成员国和新成员国。它们不可能以一种速度实现一体化。于是，欧盟中形成了各种经济的、金融的、地区的组织，以缓解欧盟内部的矛盾和分歧。这些组织有欧元区、银行联盟、申根协议、对保加利亚和罗马尼亚的监督机制，等等。

欧盟当务之急不是扩员，而是改革。今后几年它必须进行重大的改革，以克服各种尖锐的矛盾。目前，欧盟领导人和西欧大国的领导人已发表政策性讲话，强调改革的必要性。2019 年是欧洲议会的选举年，需要从根本上改变欧洲议会的政治形象。所以，未来欧盟到底是个什么模样的组织，现在还很难说。但是，可以肯定的是，欧盟在英国脱欧和欧洲议会选举之后，不可能还是今天这个样子，也不会是十年前的模样。

现在，有的学者认为，未来的欧盟可能有三种不同的形态：一是欧盟内部结构中将出现两种或者多种发展速度，即由西欧和斯堪的纳维亚最发达的八九个国家形成精锐集团，带动欧洲一体化；二是其他几个中等发达的成员国组成第二集团，在自己可能的比较慢的速度和小范围内促进一体化进程；三是几个最落后的东欧成员国按照自己的速度参与一体化。它们代表第三种速度①。原东欧小国正在被边缘化，远离欧元区

① Иван Ангелов, Готова ли е България за еврозоната? – вестник *Дума*, www. duma. bg, 09. 07. 2018.

和申根区。德国是欧盟的核心，主宰欧盟的决策层。它利用希腊主权债务危机获得了1000亿欧元以上的利益，租借了希腊14个机场，为期40年，控制了希腊的比雷埃夫斯港口和萨洛尼卡港口以及大量旅游设施。德国积极鼓动欧盟修建“北溪—2”天然气项目，以满足自己来自俄罗斯的天然气需求和成为整个欧洲的能源中心，却反对保加利亚等国恢复“南溪”天然气项目。中东欧国家越来越看到，同一个欧盟，对有的人是“亲娘”，而对另一些人却是“后娘”。

在西欧国家看来，西巴国家就是“落后”“混乱”的代名词，它们甚至感到害怕，因为从马其顿到波黑再到塞尔维亚和科索沃，这都是些贫穷的地区，问题成堆的棘手的地区。与此同时，西巴地区又是当今美国、欧盟、俄罗斯、土耳其等国进行地缘政治较量的“大舞台”，进行你死我活的争夺。所以，欧盟往往把西巴国家入盟难的责任推到西巴国家身上。

四、西巴国家入盟各有各的问题

西巴国家一直把入盟作为各自国家外交政策的优先方向，它们入盟将使欧盟进一步扩大。但与之前入盟的中东欧国家相比，西巴国家是受困于自身政治经济问题和巴尔干地区错综复杂的国家，更难以满足欧盟的要求。

西巴国家的主要问题有：司法体制改革不到位，同有组织犯罪斗争不力，政权高层腐败严重等。此外，还存在长期以来没有解决的问题：雅典与斯科普里关于马其顿国名的争论，阿尔巴尼亚人对政府当局的抗议活动不断，波黑的种族分裂和冲突时有发生，伊斯兰教的宗教冲突在巴尔干地区日益崛起，社会不公导致该地区的人口大量外流到欧洲其他国家。如最近10年有44万阿尔巴尼亚人进入意大利打工谋生，科索沃每年约有 4 万 ~5 万人离开家园，波黑的情况也是这样①。

巴尔干地区还有许多历史的和突发性的事件，受到多方面的外来制约和压力。20 多年来，巴尔干地区仍然是一个热点地区。任何一个火星都可能引燃大火。所以，国际分析人士指出，巴尔干地区尽管有美国撑起的北约这把保护伞，但并不太平，还有可能成为爆发冲突甚至战争的策源地。根据德国哈登贝格国际冲突研究所的研究，在巴尔干地区仍然存在 18 种冲突，如斯洛文尼亚与克罗地亚关于皮拉湾海洋线和圣格拉山分界线的争议；克罗地亚与塞尔维亚关于多瑙河沙雷格拉德和布科瓦尔等岛屿的争议；波黑塞族共和国是否并入塞尔维亚的争议；波黑的克罗地亚人（占波黑总人口的 14%）要求并入克罗地亚共和国；科索沃北部自我宣布组成的塞尔维亚共同体要求并入塞尔维亚；塞尔维亚南部的阿尔巴尼亚人要求并入科索沃；黑山的塞尔维亚人（约占黑山总人口的一半）要求并入塞尔维亚；克罗地亚与黑山关于蒂瓦特海湾半岛的争议，等等②。

由此看来，西巴国家要在可以预见的未来入盟困难很大。现在入盟候选国有阿尔巴尼亚、马其顿、塞尔维亚和黑山。后两个国家已经开始了入盟谈判，波黑还没有获得候选国地位，科索沃则排在最后。目前，西巴国家入盟的困难除了腐败和司法问题外，还有上面提到的边界问题。塞尔维亚与科索沃因为 20 年前那场战争，存在尖锐的冲突，也有边界问题；黑山与塞尔维亚、黑山与科索沃有边界问题；马其顿与希腊没有边界问题，但存在马其顿国名之争。

欧盟深感对西巴复杂的事态发展难以预测，例如，他们不知道塞尔维亚与科索沃的关系会如何发展，马其顿国名问题会出现何种结局，希腊群众和未来政府对北马其顿持反对态度，同样，马其顿斯拉夫人一直

---

① Зорница Илиева, Милост за Балканите, *Ново Време*, Бр. 5 – 6, 2018, с. 170.

② Дмитрий Добров, Ще има ли нова война на Балканите, в – к*Дума*, 05 Април 2017.

反对修宪更改国名，反对出卖马其顿。保加利亚在马其顿独立后承认它为主权独立国家，但认为历史上马其顿是保加利亚种族和边界的一部分。塞尔维亚与马其顿是一种特殊关系，它对北马其顿的名称也有不同看法。西方对巴尔干地区的这些争议的历史并不了解，只是强调施压解决问题，却没有从根本上解决问题。

关于西巴国家入盟，现在巴尔干半岛上广泛流传一则笑话：入盟乐观主义者说，当阿尔巴尼亚担任欧盟轮值主席国的时候，土耳其就会入盟；悲观主义者说，只有当土耳其担任欧盟轮值主席国的时候，阿尔巴尼亚才会入盟。言下之意，它们永远入不了盟[①]。

这一混乱局面，使人们想起了20世纪90年代初南斯拉夫联邦解体时的情景。当时，正是美国和欧盟挑起各方相互对立，又用武力迫使各方“媾和”就范，在巴尔干建立了多元种族多元文化国家的计划失败，致使民族问题依然突出。于是，今天，西方的政客们又在策划再次改变巴尔干现状，重绘巴尔干政治地图。

这一切，都使西巴国家入盟雪上加霜。随着美国和俄罗斯争夺巴尔干博弈的加剧，西巴国家入盟的前景变得更加暗淡。

---

① Европа е изправена пред потенциална криза на Балканите и трябва да действа，www. mediapool. bg，03. 07. 2018.

国际势力在巴尔干的博弈及中国在该地区影响力的增强

◎ 曲　宁

巴尔干地处欧亚大陆的战略要冲区，是一个多文明交汇、多宗教信仰、多民族国家、多矛盾纷争、多势力博弈的地区。目前，这里的一切则与涉足该地区的四大传统国际力量密切相关，即美国、欧盟、俄罗斯和土耳其。四股力量的博弈尤其在西巴尔干地区多年来一直呈现胶着之势，他们怀揣各自在地缘政治中的利益诉求在西巴尔干的舞台上进行角逐。近年来，中国以“16+1”合作机制与“一带一路”倡议为引擎，在巴尔干地区的影响力也在悄然提升。中国在巴尔干的回归被多方瞩目。

一、美国与它的平衡政策

四股力量中我们首先要剖析的必然是美国，在20世纪90年代，美国确立了巴尔干的新秩序。2008年科索沃单方面宣布“独立”之后，美国逐渐把巴尔干的主导权交给欧盟。随后，美在全球推行亚太再平衡

曲宁，中国国际广播电台阿尔巴尼亚语部主任，副译审。

战略，在巴尔干地区实行战略收缩，不再愿意在该地区继续投入过多的资金和力量，更不想深陷“火药桶”之中。但是随着这一战略的实施，美国在巴尔干地区的影响力、号召力也随之下降，巴尔干地区对美的信从率也在减弱，甚至连唯美马首是瞻、最亲美靠美的阿尔巴尼亚和科索沃，也出现了反美思潮。但是，出于地缘政治、安全和经济利益，也为了抵制俄罗斯重返巴尔干及其影响力的强力提升，美国绝不会退出巴尔干地区，而是继续通过北约保持美在该地区的存在，尤其是军事存在，抓住北约这个指挥棒，在需要的时刻发挥关键作用。

在特朗普上台伊始，巴尔干地区各国心态各异，反应不一。有的国家希望特朗普能延续奥巴马政府的既往政策与做法；也有一些国家希望美国能改善与俄罗斯的关系，以缓和巴尔干地区的紧张局势。多数国家对特朗普上台表示担忧并深感不确定性，盼望美国继续充当它们的“保护神”。但分析人士一般认为，特朗普入主白宫执政，由美国安排的巴尔干地区秩序和基本格局不会发生巨大改变；因为巴尔干地区毕竟不是，也不会成为美国的外交重点。美国希望巴尔干成为一个稳定的地区，这是美国在这一地区外交政策的基本特点。美国在本地区总的战略目标依然是将这一地区所有国家纳入欧洲—大西洋架构。自 2016 年以来美国的诸多举动也证明了这一点，它确实在该地区按部就班延续着自己以往的政策。

延续政策之一：北约东扩吸收新成员，形成示范效应与压力。标志性事件就是 2017 年 6 月 5 日黑山以低标准（该国没有自己的战斗机）正式加入北约，成为北约第 29 个成员国，这也是北约 7 年以来的再次东扩。而随着黑山的加入，北约将填补它在巴尔干地区的缺口，获得了在亚得里亚海的有利地理位置及可以停靠大型军舰和潜艇的亚得里亚海深水港，进一步挤压俄罗斯在巴尔干地区的战略利益和传统影响力。

黑山的加入犹如向各方喊话，说明北约扩容没有结束，仍将继续下去，这对马其顿、波黑等尚未入约的巴尔干国家或对不愿入约的塞尔维亚来说，都是一个诱惑，也就是说，不排除有朝一日，所有巴尔干国家都可以入约，不会被孤立。这一点在 2018 年已经初露端倪。2018 年 6 月，马其顿和希腊签署了有关马其顿国名更改问题的协议，以结束两国在这一问题上长达 20 多年的纠纷。根据协议，马其顿国名将更改为“北马其顿共和国”，以此换来了希腊不再阻碍马其顿加入欧盟和北约。此举马上换来北约秘书长延斯·斯托尔滕贝格的表态。他说，“马其顿的更名协议‘具有历史意义’，为该国加入北约提供了历史性机遇”，“我期望、我也希望北约国家元首和政府能够同意启动马其顿的准入谈判”。果然，在同年 6 月 28 日举行的欧盟峰会上，马其顿的入盟进程成为议题之一，并且获得了“广泛支持”。

2018 年 12 月北约为波黑开了一次绿灯，北约成员国外长们在布鲁塞尔会议上邀请波黑提交首个旨在与北约标准接轨的年度改革方案。北约秘书长斯托尔滕贝格说：“我们准备接受波黑递交首个年度国家方案。这包括切实可行的举措，涵盖政治、经济和国防改革，它们将帮助波黑为加入北约做好准备。”虽然此举并不意味着波黑将很快加入北约，但是斯托尔滕贝格抛出了这样一句话：“如果他们准备好，我们就准备好了。”①

延续政策之二：将塞尔维亚作为巴尔干地区稳定的基石，极力拉拢塞尔维亚参与北约伙伴关系活动。与西巴尔干其他国家不同，塞尔维亚一直坚持军事中立，宣称“入盟不入约”。然而，塞尔维亚也承认北约在地区安全体系内，特别是在保护科索沃塞族居民的安全方面所发挥的作用。塞尔维亚不入约，不等于不与其进行合作。而美国则一直在拉拢其加入北约，包括各个层面进行接触，鼓励塞与科索沃关系正常化等，而塞一边说着与俄罗斯站在同一队，一边又动作频繁，包括塞尔维亚政

① 参考消息网 2018 年 12 月 7 日消息，http://www.cankaoxiaoxi.com/world/20181207/2363526.shtml，“美媒：北约为波黑‘入盟’开绿灯波黑尚未明确是否接受”。

府与北约保障供给局签署协议，塞议会批准了有关授予北约代表外交豁免权以及在塞尔维亚境内提供后勤支持的文件等等。甚至同意，因“人道主义原因”接收两名关塔那摩囚犯。塞外交部甚至称，塞此举为的是跟美国建立友好关系，此种举动近年来时有发生，既可以理解这是塞的灵活外交，又可看到塞在测量自己与美关系的红线。

延续政策之三：将科索沃作为美国树立的“民主建国”样板，大力扶持。科索沃是美国树立的“民主建国”的样板，因此，美国政府千方百计维持科索沃“国家”的生存。2016 年，美国副总统拜登和国务卿助理纽兰均走访了普里什蒂纳，并承诺：如果科索沃保持社会安定，坚持走欧洲道路，美国将提供 22 亿美元的援助。但值得注意的是，科索沃反对党对美国官员的建议不屑一顾，政治危机依旧。可以说，美国在科索沃的掌控力因科内部各政治派别的顽固以及角力正在受到影响。这也迫使美国适时调整对科的策略，以牢牢抓住战争得来的这颗棋子。根据俄罗斯科学院院士彼得·伊斯肯德罗夫的分析，科索沃所在的优势地理位置是美国部署导弹防御系统的“确定位置”。美国在科索沃的“邦德斯蒂尔”军事基地是它迄今在欧洲的最大基地。作为回报，科索沃自 2015 年以来多次以各种理由，提出将“保安力量”提升为军队，违背了科索沃对国际社会的承诺。2018 年 12 月 6 日，针对科索沃谋求建立军队一事，北约秘书长斯托尔滕贝格强调，科索沃建立军队的计划“不合时宜”，并“违背许多北约盟国的建议”。但华盛顿方面立即表达了与北约的不同意见，美国驻科索沃大使菲利普·科斯内特告诉科索沃国家广播电视台 RTK 称，美国完全支持科索沃建立军队。他说：“我们认为科索沃安全部队向科索沃武装力量的演变是一个积极的步骤，科索沃作为一个主权独立国家拥有自己的防御能力是很自然的。”据他透露，美国甚至已经投入资金为科索沃安全部队提供培训，以帮助科索沃安全部队完成角色转变。在美国的明确支持下，2018 年 12 月 14 日，在科索沃普里什蒂纳举行的议会会议上批准组建一支军队。科索沃总统在 12

月 16 日也再次表示，将科索沃安全部队转变为军队的决定是“不可逆转的”[①]。通过此举，美国提升了自己在科索沃的形象，再次巩固了自己的影响力。

延续政策之四：认为“阿尔巴尼亚是美国在巴尔干的关键性盟友”，支持北约新成员国在北约南翼战略中发挥作用。阿尔巴尼亚和克罗地亚是 2009 年一起入约的新成员，亲美、厌俄是阿尔巴尼亚的特点。美国《国家利益》杂志载文强调，“阿尔巴尼亚是美国在巴尔干的关键性盟友，必须对其提供帮助。美国在巴尔干，特别是在阿尔巴尼亚的存在，应该是稳固的、长期的和持续不断的，要制定长期战略”。2015 年美国承诺，美国将加强科索沃和阿尔巴尼亚在本地区的作用。为了响应美国的要求，阿尔巴尼亚也采取了很多措施。比如在 2016 年，阿尔巴尼亚仿照美国联邦调查局组建了国家调查局，建立了北约反恐中心，并应美国要求，继 2006 年接收五名关塔那摩监狱的“东突”囚犯之后，又接受了原美军驻伊拉克营地的近 3000 名伊朗“异见分子”。美国哥伦比亚大学教授大卫·菲利普在 2016 年 12 月曾向媒体透露，考虑到俄罗斯的危险性以及土耳其作为北约盟友的不牢靠性，他已报告当选总统特朗普，要求他要更为重视阿尔巴尼亚、科索沃这些美国可靠盟友的作用，同时建议扩建阿尔巴尼亚莱什区的“佳德尔”空军机场（原由中国援建），将其提升为北约空军的重要军事基地，以满足北约“新目标”的需要，即北约在中东的军事行动，或保护北约成员国。

不过，美国在阿尔巴尼亚的一些作为，也引起阿社会政治精英和舆论界的反感。不少政界人士公开谴责美国的作为触犯了阿主权，把阿当成了美国的“垃圾堆”。这也一直是阿尔巴尼亚一种奇特的现象，历届领导人都在明里暗里打着国家利益的旗号，极力搞好与美国关系，但是

---

① 环球网 2018 年 12 月 4 日消息，http：//mil. huanqiu. com/world/2018 - 12/13713828. html，科索沃宣布将于 12 月 14 日建军。

社会精英阶层对此却不买账。

阿尔巴尼亚领导层曾经主动请求华盛顿增加美国在阿尔巴尼亚的军事存在。2018 年 4 月底，阿尔巴尼亚国防部长奥尔塔克·扎迟卡对华盛顿进行了正式访问，要求美国在阿境内建立美军事基地。阿国防部副部长贝特洛·考奇说："阿尔巴尼亚已经再次表明，我们加入北约不是充数的。美国是我们国家利益的首要战略合作伙伴，当然在安全领域也是如此。"考奇透露，美国更有兴趣的是在阿建立一个海军基地，但美方至今没有在这个问题上做出正式回应①。

延续政策之五：操纵选民民意协助欧盟影响各国内政，处理马其顿政治危机。为了协助欧盟解决马其顿危机，美国政府曾委派时任国务卿助理纽兰走访斯科普里，并派外交官与欧盟官员一起参与斡旋。巴尔干舆论指出，"外国"利益集团和"外国"情报机构正在利用马其顿国内反对派和非政府组织，为推翻马其顿政府而大搞阴谋，暗指美国前国务卿奥尔布莱特的公司和北约前将军克拉克的公司在介入科索沃事务之后，又作为美国和北约的利益代言人在西巴尔干地区牟取经济利益。此外，在马其顿危机的背后还有索罗斯基金会的支持和美国中央情报局的身影。媒体揭露，由索罗斯基金会资助的 70 多个非政府组织在马其顿全国各地发动抗议反政府游行，制造马其顿不稳定。而索罗斯本人则亲自出面"澄清"，争辩说他"没有参与搞垮马其顿的企图"。

无论是马其顿政治危机，还是西巴尔干地区小国内政的动荡都不仅闪现着美国的身影，更折射出美国与俄罗斯在巴尔干地区的博弈。俄罗斯方面则抓紧一切机会，对美国在该地区的行为进行攻击。比如在马其顿危机中，俄明确支持马其顿执政党，俄外长拉夫罗夫多次公开谴责美国和其他西方国家在马其顿搞"颜色革命"，旨在推翻马其顿政权。

---

① 王洪起："美国如何维持在巴尔干地区的影响力"，《世界知识》2017 年第 7 期。

二、欧盟及其安全黑洞理论和“柏林进程”

欧盟从美国手中接管对巴尔干事务的主导权既是不得已而为之，也是其不可推卸的责任。因为在自己的地盘上，欧盟一方面要面对美国，身后还要防着俄罗斯、土耳其甚至其他国家，这让欧盟非常敏感，不愿意后院起火，对其家长的位置造成威胁。欧盟一再声明，西巴尔干作为欧洲的一部分，是“未来的欧洲”，西巴尔干国家尽管尚未达到加入欧盟的标准，但融入欧盟既是这些国家的战略目标，同时也是欧盟的承诺。为此，德国总理默克尔从2014年开始，正式启动资助西巴尔干国家尽快达标加入欧盟的“柏林进程”。但是，由于众所周知的原因——金融危机和欧债危机、英国脱欧、移民（难民）危机等，欧盟本身自顾不暇，对巴尔干国家的利益许诺难以兑现，长久的期待让各国身患“入盟疲劳症”。欧盟的凝聚力，对巴尔干的主导力、管控力、吸引力均呈下降趋势。巴尔干国家对欧盟的“期待率”明显降低。但是欧盟并不想放手，也不能放手。2018年7月初在伦敦举行的欧盟—西巴尔干峰会是2014年默克尔倡议启动5年期“柏林进程”的最后一次年度峰会，不出所料，此次伦敦峰会上确认了波兰将担任2019年峰会东道国，这意味着“柏林进程”将开启新的周期。

“柏林进程”的提出，本身就是排他性的，因为它的基础是，巴尔干是欧洲的巴尔干，也就是说，不是俄罗斯的，不是中国的，也不是土耳其的。西巴尔干地区属于欧盟的后院，与欧盟利益攸关。首先是政治利益，西巴尔干纳入欧洲一体化框架，将进一步挤压俄罗斯的战略空间，冲击其他国际势力在该地区的影响；其次是经济利益，西巴尔干纳入欧洲统一大市场，将进一步扩大欧盟的辐射力；再次是安全利益，由于长期战乱，西巴尔干一直被视为“安全黑洞”，很容易成为恐怖主义的温床，欧盟担忧其成为国际恐怖主义进入欧洲的通道。

三、俄罗斯及其“软实力”与“软战争”

俄罗斯把巴尔干斯拉夫国家作为政治斗争中的财富，目的在于让它们在本地区发挥主导作用，用以平衡或阻止本地区与欧洲—大西洋相融合。故此，普京一直视巴尔干为战略利益地区，向巴尔干一些国家提供投资，参与私有化，帮助发展经济，保持贸易存在，并成为它们的重要贸易伙伴，使巴尔干成为欧洲能源系统中发挥重要作用的枢纽地区。

对俄罗斯来说，巴尔干也是和其本国传统利益攸关的地区。特别是自乌克兰危机发生以来，俄罗斯把西巴尔干地区视为其防御北约的第二道防线，同时试图填补由于美国的地区战略收缩及欧盟的“自顾不暇”而可能在巴尔干造成的“真空”。特别是在美国推行亚太再平衡和在巴尔干地区的收缩战略后，趁欧盟“焦头烂额”之机，俄罗斯审时度势，强势重返巴尔干。它利用能源、军事等优势，特别是巧用“软实力”，采取多种手段和措施，在巴尔干的影响力明显提升并迅速扩大，令巴尔干地区亲美亲欧的国家领导集团及社会政治精英感到震惊与不安。甚至有媒体称俄罗斯正在巴尔干发动“静悄悄的反革命”。

在黑山加入北约带来锥心之痛后，俄罗斯更加注重与巴尔干的联系，推行“积极的巴尔干外交”。特别是通过“软实力”，对与其有历史、文化联系的国家，如塞尔维亚、保加利亚、黑山、波黑塞族共和国、马其顿等国强化关系，同时也努力争取克罗地亚和斯洛文尼亚的政治支持，重新巩固与希腊的关系，推动“俄罗斯的巴尔干议程”，即包括改变与其交恶的政权；打破政治平衡，强化亲俄势力，以恢复其在该地区大国地位的最终目标。俄罗斯在西巴尔干提升影响力，必然加剧与老对手美国的博弈，失去黑山的俄罗斯将塞尔维亚作为其在巴尔干地区的战略支点，强化在塞尔维亚的存在，特别是军事存在。尤其是加强能源和经济领域的合作，并提出了建立塞俄自由贸易区以及塞加入欧亚经济联盟的设想。

除了亮出“软实力”，俄罗斯也从未停止它的“软战争”。比如，截至目前，在阿尔巴尼亚全国各地一共成立了 12 个阿俄友好协会。但是，没人相信在阿尔巴尼亚这个明确倾向于美国的国家，俄罗斯能获得什么支持。应该说，来自欧美各方面的宣传让俄罗斯已成为该地区所有国家的梦魇。俄罗斯认为西巴尔干地区具有特殊的地缘政治重要性，从来没有掩饰想在这里增加影响力的愿望。但在该地区反俄势力仍然居大多数，这些国家将俄罗斯的威胁看作真实的、可能的。加上俄罗斯又在不断地向其在西方巴尔干的盟友塞尔维亚运送各种装备，这让其他西巴尔干国家倍感头疼。据悉，已有超过 10 架米—29 战斗机和先进的多功能系统被运抵塞尔维亚并且进行装配。因此，与塞尔维亚关系一直交恶的克罗地亚正在急着向以色列购买战机。在这一军备竞赛中，马其顿、保加利亚、罗马尼亚等，都参与了进来。类似的情况甚至也出现在希腊和土耳其。不难看出，到了这个时候，西巴尔干国家显然都没有把宝完全压在北约身上，对北约在该地区所提供的军事装备和军事基地的防御能力并不完全相信。

四、土耳其和它的亲情外交

由埃尔多安领导的土耳其，近年来通过地缘优势，尤其利用宗教因素，在巴尔干穆斯林地区大搞“亲情外交”，推行新奥斯曼主义，并试图重写过去500 年对巴尔干地区的历史。然而，巴尔干各国对土耳其当局要求修改历史教材的做法以及埃尔多安关于“科索沃就是土耳其”等一些口无遮拦的说法早有不满。

2016年7月土耳其发生未遂政变后，巴尔干地区被埃尔多安定为居伦运动分子活动的“重灾区”，在国内大力进行整肃、清洗运动的同时，还要求巴尔干国家关闭由土耳其援建的学校和其他文化设施，甚至要求有关国家逮捕“歪曲报道土耳其未遂政变”的当地新闻记者，包括要求阿尔巴尼亚驱逐居伦运动教师并关闭其机构，但是阿政府一直没有正面回应。土耳其在处理居伦事件上的做法虽然备受争议，并使其在巴尔干地区的“亲和力”大大降低，但是，它在经济、宗教、文化领域对本地区的投资势头不减。

必须承认，土耳其和埃尔多安总统在这些国家越来越受到重视。包括在阿尔巴尼亚这个美国影响力比任何地方都大的国家，也时常会有某些最高领导人表现出对埃尔多安的好感。2018年初这一度是阿媒体热衷于讨论的事情，引起美国当局的高度关注。纽约哥伦比亚大学“和平与人权建设”项目主任大卫·飞利浦曾表示，艾迪·拉玛（阿尔巴尼亚总理）与塔伊普·埃尔多安有着密切的联系，这不符合阿尔巴尼亚的利益。事实上，居伦在阿尔巴尼亚的声誉确实在持续下降，大多数人认为这是阿尔巴尼亚为了发展和加强与土耳其国家关系而故意为之的。土耳其和阿尔巴尼亚一样，都是北约的成员国，同时，土耳其也是阿尔巴尼亚的一个安全保障，尤其是在与希腊的关系上。阿尔巴尼亚人喜欢土耳其，因为它是2008年第一个承认科索沃独立的国家。

五、中国再次回归巴尔干

历史上，中国曾与巴尔干地区国家保持着政治上友好并以经贸合作和文化交流为主的合作关系，在经贸往来中同这些国家具有很大的互补性。目前，这一地区不但是世界亚热点地区，也是我国与欧盟发展关系的次区域平台。从 2012 年中国提出的“16 + 1”合作机制到 2013 年“一带一路”合作倡议，中国在巴尔干的回归为多方瞩目。

德国之声电台曾发表文章《中国在巴尔干半岛创造先例》称，中国发现了巴尔干——这个发现并非从昨天才开始。这个大国正通过它的投资创造事实。文章称，中国已经悄无声息地成为东南欧的一个重要投资国。居住在雅典的德国经济学家延斯·巴斯蒂安受欧洲复兴开发银行的委托，收集了中国公司在巴尔干地区的经济承诺的详情。巴斯蒂安在他的研究报告中强调了中国在该地区经济影响力的迅速增长，他还研究了这一影响力的政治维度。

德国之声的评论文章其实是欧盟对中国“16 + 1”合作机制以及“一带一路”倡议在巴尔干延伸的复杂心理缩影。中国的这两个机制与包括西巴尔干在内的中东欧国家对接是符合双方利益需求的。但正是这种“契合”引起了德国、法国等欧盟国家的战略焦虑。

近些年，欧洲经济竞争力下滑，尤其在投资方面。与之相比，中国对欧洲的投资却在猛增，对有些欧洲国家的投资甚至是倍增。这让一些欧盟国家在心理上感觉很不适。因为一直以来，欧洲都是对外投资大国，可现在他们的企业却在被一个发展中国家——中国开始并购，这种角色的转换它们还无法接受。种种因素导致欧洲对外来投资的保护主义和保守主义情绪在上升，对中国投资的动机有很多怀疑和忧虑。

但是，中国在这一地区的回归已经不可阻挡。2016 年 6 月，国家主席习近平对塞尔维亚成功进行国事访问，两国元首共同签署了《中华人民共和国和塞尔维亚共和国关于建立全面战略伙伴关系的联合声明》，塞尔维亚成为我国在中东欧地区的首个全面战略伙伴，双边关系发展迈入历史新时期。这一标志性访问，是对中国在巴尔干地区投资发展战略思路的正面肯定与对各方审视的直接回应。

其实，中国在该地区从来没有主动谋求地缘政治利益，这一点是除了欧盟外，巴尔干多数国家所公认的。而且中国所倡导的项目特别是“一带一路”欧洲布局中的“中欧海陆快线”，作为匈塞铁路的延伸，将贯穿马其顿南北。它的建成将有力提升马其顿及其他沿线国家互联互通，拉动这些国家的经济发展，并且有助于深化中国与沿线国家的互利合作，对中欧关系发展，战略意义重大。

不过，无论是对中国处处遏制的美国，还是自身疲弱的欧盟都不会在意中国能给地区国家带来什么“共赢”，对巴尔干，尤其是西巴尔干地区严格掌控才是最重要的，这个意图在索非亚西巴尔干峰会上一览无余。

2018 年 5 月 17 日，主题为“欧盟与西巴尔干”的峰会在保加利亚的索非亚举行，峰会的主要议题是“密切欧盟与 6 个西巴尔干国家之间的合作”。会议期间，除了讨论欧盟与西巴尔干问题，还谈到了以下几个方面的地区相关事宜：①应对共同的安全挑战；②与伊朗核问题协议；③与美国的贸易问题。

值得注意的是，在索非亚峰会期间，西巴尔干国家甚至被欧盟警告，要积极采取措施，防止俄罗斯、土耳其和中国可能给这些国家带来的风险。峰会召开前夕，欧洲理事会主席甚至到访了所有西巴尔干国家，他在新闻发布会上强调，与北京相比，这些西巴尔干国家应该更紧密地与布鲁塞尔联系在一起。在峰会期间，第一次发生了几乎所有的知名世界新闻机构都将中国列为与俄罗斯和土耳其同一范畴的外来干预力量，并且强调欧盟—西巴尔干首脑会议是一个“努力回击俄罗斯、土耳其和中国等国家对该地区的政治、军事以及经济方面不断增强的影响的会议”。即便这个话题并不在正式的议程之内，但是仍然以各种渠道和方式，向外界透露出了这样的信息[①]。

① https：//www. reporter. al/birn - publikon - raportin - mbi - sfidat - per - drejtesine - tranzicionale/BIRN publikonraportinmbisfidatpërdrejtësinëtranzicionale.

一些外交家和政治分析家甚至认为，通过“16+1”合作，中国的目标是吸引更多的参与国加入自己的行列，继而使它们在经济上有所依赖。与这些分析者相比，来自欧洲领导层的担忧似乎更为严重。他们认为中国打算将其政治制度带入欧洲，认为“16+1”合作的目的是分裂欧洲。基于这种论调，匈牙利和波兰因为与中国的密切关系而受到了批评。在某种程度上，捷克也在被质疑，塞尔维亚自不必说，已经被认为是中国的全天候堡垒了。

有一种观点认为，中国在欧洲和西巴尔干地区的投资缺乏信息和透明度。为了让西巴尔干看到可能的利益，更为了制衡中国在巴尔干有可能参与的对公共设施投资，欧盟不断游说与警告巴尔干国家。此间舆论认为，无论巴尔干国家持什么态度，最终中国在该地区的发展在很大程度上还是取决于与德国、法国等强大的欧盟国家之间的关系如何[①]。

归根到底，让欧盟有些忧心忡忡的无非是它自以为的中国经济扩张性的增长让其地缘政治影响力也在上升。中国即将或者已经成为巴尔干地缘政治的一个因素，对于这一点，我们也毋庸回避，因为这不取决于主观，完全是一个自然的过程。随着“16+1”合作与“一带一路”倡议的本土化延伸，这一现实已经不可避免。中国已经进入欧洲投资市场，但是欧洲毫无准备。布鲁塞尔欧盟安全研究会的米歇尔·巴尼耶在2018年5月14日这样表达，“如果没有办法和方式来克服双方相互承认的缺失和经济制度形式的各方面差异，那么将可能会严重影响双方未来关系的发展的”。

巴尔干地区的复杂性是由内到外，又由外到内的。巴尔干是我们走出去的一部分，我们的利益，我们的善意要真正落地必须正视这一地区

① A VIEW ON CHINESE COMPANIES ENDEAVOR IN THE WESTERN BALKANS – DEC. 2018 by ArdianHackaj, Director of Research Cooperation and Development Institute, Tirana.

体量小、裂变概率高、内部多纷争、外部多管控的特点与风险；做好“一带一路”以及“16+1”合作的入乡随俗，因地制宜，摒弃“大”的思想，将我们的战略与地区内各个国家对接，与各个民族利益的不同诉求对接，不搞一对多，而是扎实进行“一对一”的对接，就有可能切中诉求，规避风险。这样，努力加强和发展双边关系，多个小的“一对一”就能组成我们的“大视野”，实现我们的“大战略”。

波兰与欧盟之争的由来、发展和前景

◎ 苗华寿

波兰与欧盟关系的发展确实是人们当前比较关心的问题之一。本文试图通过对波兰与欧盟关系的由来和发展作一粗略的介绍和分析，并提出波兰不会是下一个脱欧对象国的结论。因为波兰是入盟后最大的受益者，无论谁上台执政，都绝不会轻易离开欧盟。在战略上欧盟对波兰仍有需要，也绝不会轻易地驱波。然而，波兰现在是由得到民众支持的民粹主义的法律与正义党执政，因此今后波欧之间的矛盾和争吵仍会继续下去，但相互之间都会妥协让步，不会走向决裂。

波兰自 2004 年 5 月 1 日加入欧盟至今已经历 14 个春秋。对波兰来说，这是受惠于欧盟的 14 年，也是与欧盟吵吵闹闹的 14 年。特别是近几年来，对波兰与欧盟关系的发展现状众说纷纭，有的甚至认为，波兰将是英国之后下一个脱欧的国家。波兰与欧盟的关系到底是怎么一回事，的确是人们当前关心的问题。

苗华寿，国务院发展研究中心欧亚社会发展研究所研究员。

一、波欧纷争的由来

如果将波欧冲突爆发的原因完全归结于波兰内部政党斗争和卡钦斯基的疑欧主义，那是很不全面的。波兰与西欧发达国家在经济发展水平以及在欧盟中的地位有很大的不同，这些不同之处使得波兰很自然地会对欧盟的一些政策产生不同意见，并根据自身情况提出自己的诉求。然而这些诉求却很难得到握有欧盟领导权的西欧国家的积极回应，反之，欧盟的一些要求也不能轻易地在波兰顺利贯彻执行。于是，波兰与欧盟之间的积怨越来越多。

经济上，在欧盟内部，波兰基础较薄弱，但增长相对较快，而西欧各国经济基础好，却增长乏力，在欧盟内部的产业链中仍处于优势地位。这就使得原材料和劳动力成本相对较低的波兰事实上受到西欧发达经济体剥削。另外，在欧盟内部，尤其是作为欧盟领头羊的德、法等发达国家并不愿意带动其他发展水平较差的欧盟国家“后富”起来。面对这种情况，波兰对欧盟的经济政策存在不满也就不足为奇了。加之，欧盟在最近的预算分配中还计划在未来几年进一步削减分配给波兰等国的凝聚基金和农业补贴，对波兰来说，相当重要的农产品出口将面临成本上升、利润减少的情况。这无疑将使得波欧冲突更加复杂化。

在政治和防务上，欧盟一方面强迫波兰接纳一定数额的难民，另一方面也难以在对俄关系问题上为波兰提供强大的安全保障。经济上的不平等和波欧领导人之间的不良关系相互作用，使得波兰与欧盟之间的矛盾日渐加深，最终因欧盟对波兰司法改革的指责而全面爆发。总的说来，波兰正在进行的“改革”确实对波兰的代议制民主制度造成了一定程度的破坏，从而影响了波兰和欧盟关系的发展，但波欧关系紧张的根源可能并不止于此。

2004 年 5 月 1 日，波兰正式成为欧洲联盟的新成员国。入盟后，中左派的波兰政府逐渐适应了欧盟成员国这一身份，对欧盟诸多事务持正面态度并积极参与其中，波兰在欧盟内部的地位也有较为明显的提升。但 2005 年极右翼政党法律与正义党上台执政后，开始推行民族主义的外交政策，这一时期的波欧关系发展龃龉不断。2007 年图斯克就任波兰总理后，以灵活务实的态度开始修复与欧盟的裂痕，带领波兰“再次回归欧洲”。凭借担任欧盟轮值主席国这一机会，科莫罗夫斯基政府积极有为，恢复了久未举行的“魏玛三角”[①] 会见，使波兰正式成为法、德之外的又一架“马车”。但在 2015 年 10 月，法律与正义党再次执政，新政府上台后采取一系列叫板欧盟的措施，显示出“疑欧主义”在波兰政坛的再次复苏，并引发欧盟国家的强烈担忧。通过对入盟后波兰历届政府对欧政策的分析可以发现，极右翼政党对欧洲一体化持怀疑态度，而中左和中右翼政党则更倾向于引导波兰融入欧盟，特别是近两三年来，法律与正义党执掌的波兰与欧盟争吵不休，从拒绝难民到修改危害隐私和自由的法律条文，再到执意砍伐比亚沃韦扎森林，波兰愈发肆无忌惮地与欧盟对峙。因此，左右翼政党更迭导致波兰对欧政策缺乏连续性，以及波兰缺乏对欧洲一体化进程的认同感，成为影响波欧关系发展的重要因素。

二、波欧冲突的发展

2004 年，波兰等几个中东欧国家加入欧盟，使得欧盟成员国一下比原来增加了近三分之二。当时的欧盟正处于极其风光的时刻。然而，十几年后的今天，欧盟成员国扩大了，却面临英国的脱欧之痛，又碰到

---

① 刘华新：“‘魏玛三角’重现活力”，人民网（国际论坛），2011 年 2 月 10 日。

与波兰之烦。当前波欧关系的波折造成波兰脱欧的可能性虽然很小，但对欧盟的内部团结和欧盟引以为自豪的价值观造成的负面影响却是难以避免的。下面几个方面的问题比较全面地反映了波欧冲突的实际情况。

1. 入盟之前的纠结

波兰早在入盟的谈判过程中就已显露出与欧盟不少矛盾①，但经过旷日持久的谈判，最终波兰还是如愿地于 2004 年 5 月 1 日加入了欧盟。当时波兰之所以能够如愿参加欧盟是因为双方在一些重要问题上都作了相当大的让步。这完全是因为波兰的体量大，波兰无论是领土面积还是人口数量都是其他 9 国难以比拟的。没有波兰的加入，就不能体现欧盟第一次东扩的真正意义，因此，欧盟只能相对地降低了入盟门槛接受波兰入盟，这也助长了波兰入盟后的各个时期不断地力争自己在欧盟中地位和利益。

2. 对伊拉克战争的看法和地位之争

波兰入盟前与欧盟的一次较大摩擦表现在对待美国发动的对伊拉克战争的态度上。围绕伊拉克战争所引起的欧美冲突，给当时的中东欧各欧盟准成员国的外交政策带来巨大的冲击和震动。在德、法等国与美国的分歧中，中东欧国家，特别是波兰，明显地站在美国的立场上，成为美国的忠实联盟伙伴，与德、法等国的反战立场大相径庭。时任法国总统希拉克在 2003 年 2 月就曾对这些中东欧国家大发雷霆，说中东欧人应该“闭嘴”，不应该支持美国的对伊拉克政策，并表示为此将不惜否定这些中东欧国家的入盟要求。由此还引发了大西洋两岸关于“老欧洲”与“新欧洲”的激烈争吵，使人着实为当时的欧盟东扩进程捏了把汗。然而，最终这些中东欧国家在美国的帮助下还是先后如愿“按期

---

① 孔田平：“波兰的欧盟政策与入盟谈判战略”，《欧洲研究》，2004 年第 4 期。

转正”，波兰也在这次交锋中“拔得头筹”。

3. 在欧盟制宪上的分歧

入盟后，波欧之间的最大冲突是 2007 年 10 月 19 日结束的困扰欧盟多年的制宪危机①。莱·卡钦斯基正式接任总统后于 2006 年 1 月 10 日接见驻波外交使团时说，进一步融入欧盟是波兰外交的基石，波兰将致力于同欧盟所有成员国发展最佳关系。但实际情况并非如此：在《欧盟宪法条约》批准上，波兰当局显然与前左翼政府有着不同的理解。莱·卡钦斯基总统 2006 年 7 月 7 日在会见《欧盟宪法条约》的起草者之一、法国前总统德斯坦后举行的新闻发布会上说，他对《欧盟宪法条约》的名称本身并无异议，但其内容应符合欧盟当前的实际情况。他还说，该条约至少有几个问题需要重新考虑，如组建欧盟外交部，他对成立这一机构持特别怀疑的态度。他明确指出，波兰议会没有必要现在就将该条约提交议会批准，因为它肯定会遭到否决。这意味着《欧盟宪法条约》在近期内无法在波兰通过。

但在会议的最后一刻，波兰与意大利以及奥地利、捷克和保加利亚等国一起作出了让步，同与会各国达成了妥协。当然，它们的要求也得到一定程度的满足，从而通过了欧盟新条约，结束了欧盟长达 6 年的制宪进程。另外，波兰等国又必须遵循欧盟的运行模式。加入欧盟后，波兰如不对欧盟的相关政策进行相应调整以适应欧盟规则，其受到损失和威胁的不仅是它本身，而且也会影响到整个欧盟的发展。

4. 拒绝接受欧盟的难民分配方案

波兰首次与欧盟出现公开冲突，是 2015 年的难民潮和欧盟的应对措施。波兰对叙利亚等国汹涌而至的难民潮心存恐慌，一直强硬拒绝接

① 周威：“欧盟宪法条约的制定及其前景”，《山西省政法管理干部学院学报》，2006 年第 2 期。

纳欧盟委员会于2015年9月通过的难民分配方案，并层层设置关卡，至今没有接收任何难民。欧盟委员会因此决定向欧洲法院对波兰提起诉讼。

欧盟成员国于2018年6月28日召开了为期两天的欧盟峰会。在这次峰会上，各国历经10个小时的艰难谈判终于就解决难民问题达成协议。为了限制非法移民入境欧盟、打击偷渡组织者并建立欧洲移民监控中心，欧盟将在内部设置难民“安全中心”，在境外建立难民“地区登陆平台”[①]。尽管欧盟28国就难民/移民问题达成了协议，但原则上持同意态度的维谢格拉德四国集团（波兰、斯洛伐克、捷克和匈牙利）对欧盟难民政策仍持批评立场。四国都在峰会前夕反对默克尔向难民“开放边界”的政策，并表达了将驱逐难民的强硬立场。

波兰总理莫拉维茨基在这次峰会后表示，在两年艰难对话与压力后，欧盟28国终于一致决定与波兰和维谢格拉德四国集团采取相同的立场。大家都向分摊移民说不，都同意反对强制安置难民配额的提议。

5. 环境保护上的冲突

环境问题是导致波兰和欧盟关系紧张的争议之一。落后的取暖系统、糟糕的交通状况和严重依赖煤炭的能源和经济结构是波兰空气质量在欧洲排名垫底的主要原因。总部设在英国伦敦的环保组织“地球顾客”认为，波兰执政的法律与正义党在治理空气污染上行动缓慢，导致波兰部分地区特别是南部地区空气污染严重，并向欧盟提起诉讼。欧盟最高法院最终裁定，波兰空气质量污染超标。

欧盟最高法院于2018年2月裁定波兰未能按照欧盟标准维持和改善空气质量。这一裁定有可能导致波兰在接下来的诉讼中面临巨额罚款。空气质量问题的争议只是波兰与欧盟之间政治角力的一个最新体

---

① 史天昊：“欧盟艰难达成难民协议分歧犹存”，国际在线，2018年7月5日。

现。波兰总理莫拉维茨基在法庭裁决后表示“抗击雾霾是政府的优先事项之一，但是我们在一年内无法做到”[①]。波兰副总理沃兹尼则宣布政府和地方政府将花费 2.2 亿美元帮助贫困家庭改善取暖条件，并宣布在污染最严重的 22 个城市开展试点，治理环境污染。波兰政府表态说，希望在 2027 年解决雾霾问题。

不久前，波兰还因为砍伐欧洲最古老的原始森林比亚沃韦扎而被欧盟裁定违法，并可能面临巨额罚款。波兰东北部比亚沃韦扎原始森林是欧洲地区仅存的原始森林，也是欧洲野牛和一些珍稀鸟类的栖息地，被列入世界自然遗产名录。2016 年 3 月，波兰时任环境部长舍什科接受了将砍伐限量提高三倍的计划。理由是，那里的树木遭受甲虫灾害容易折断从而威胁森林里采蘑菇人的安全。这也导致一些珍贵动物的栖息地和自然保护区的消失。欧盟委员会 2017 年 7 月将波兰政府告到欧洲法院，理由是波兰的砍伐行为破坏了森林生态环境。2017 年 11 月，欧洲法院警告波兰政府，如果不停止砍伐将对其处以每天 10 万欧元的罚款。

2017 年 12 月，波兰新任总理莫拉维茨基在议会表示，波兰政府将尊重欧洲法院在保护比亚沃韦扎森林一事上的决定[②]，并在新一届组阁中，任命了新的环境部长。2018 年 1 月 12 日，波兰新任环境部长科瓦尔切克表示，波兰将根据欧洲法院的建议停止对比亚沃韦扎森林的砍伐。但是不包括为了行人安全而进行的砍伐。

6. 波兰司法改革使矛盾急剧升级

法律与正义党上台执政后先后出台了极具争议性的波兰新媒体法和波兰宪法法院法，不仅引起国内民众不满，也受到欧盟的告诫和人权团体的谴责。欧洲议会于 2016 年 4 月 13 日就波兰政治形势形成决议并发

① 于洋：“波兰与欧盟再因雾霾起争执 政治角力的最新体现?”，环球网，2018 年 2 月 28 日。

② 时光：“波兰将尊重欧盟决定停止砍伐原始森林”，国际在线，2018 年 1 月 12 日。

表声明，公开对当时的波兰形势表示严重不安，并认为这一状况威胁到波兰的民主、人权和法制，而波兰当局则认为，波兰是民选政府，这是波兰的内政，欧盟不应干涉。按时任总理希德沃的说法，波兰并不是要孤立于欧盟，也不是要与其发生冲突，正如所有留在欧盟中的国家一样，波兰只是在捍卫自己的权利和立场。她还表示，波兰不希望现在接受这一政策，波兰希望有自己的发言权，希望一如既往地作为欧盟忠诚和坚定的成员，而不是使波兰与欧盟的关系进入困难的时期。

但真正导致波欧关系恶化是2017年7月，其导火线是波兰议会通过三项涉及司法改革的法案。这实际上是欧盟与波兰就波兰改革法案争论了两年多的延续。这一改革法案的通过，将意味着波兰议会可以自由决定最高法院的组成及法官的任意挑选，这与现行的波兰宪法存在严重冲突。迫于民众的压力，波兰总统杜达当时仅批准了“普通法院组织法”，而否决了其余两个，让议会进一步征求意见并进行修改①。波兰“普通法院组织法”中对男女法官实行不同的退休制，已经违反欧盟相关条约的性别平等原则，然而，问题是总统杜达又于2017年12月20日，再次下令签署此前经“修改”过的两项遭否决的法案②。这两项法案涉及最高法院及国家司法委员会，规定了波兰总统决定保留的个别法官以外，最高法院的其余法官将可以被强制“退休”。另外，波兰负责提名新法官的司法委员会也将被解散，司法部长未来将有权提名和开除波兰地方以及上诉法院法官。对此，国际特赦组织及赫尔辛基人权基金会表示，这些修正案的出台，使得波兰不再是一个民主法治国家。

欧盟在法案通过的当天便宣布，波兰国内司法改革已经违反《里斯本条约》第7条（该条约旨在确保28个成员国“尊重人的尊严，自由，

---

① 严翔：“波兰致新欧洲新危机？美媒：欧盟和东欧国家间分歧增大”，环球网，2017年7月31日。

② 林怡龄：“波兰司法改革引发众怒，即将被欧盟钉上‘耻辱柱’?”，时代财经APP，2017年12月22日。

民主，平等，法治和权利”)，必须启动程序对波兰施以处罚，包括剥夺波兰作为成员国在欧盟机构以及事务中的表决权等等，这也是首次有欧盟国家遭受此类“待遇”。

欧盟委员会第一副主席弗伦斯·蒂莫梅尔斯称，欧盟对波兰的做法感到心灰意冷，此举是别无选择。他表示，如果限制或结束分权，就会破坏法治，这将会影响整个欧盟的运作。其实，波兰总统杜达早在2016年底，在会见欧盟委员会主席时就表示，波兰将接受欧盟启动针对波兰是否违规的诉讼，波方会积极配合。这表明，波兰对欧盟事事都还留有一手，为妥协留有余地。

三、波兰与欧盟关系的发展前景

综上所述，波兰与欧盟之间的矛盾和冲突始终贯穿了波兰入盟后的整个过程，因为无论是左派或是右派执政，都是希望波兰能从欧盟获取最大的利益，尽管他们的具体做法不同。波欧之间的纷争，多数是发生在法律与正义党的执政期间，特别是在 2015 年 10 月法律与正义党重新执政之后。波兰方面来看，在许多问题上波方在处理与欧盟关系时都留有余地，并随时准备与欧盟达成妥协。这是因为波兰继续留在欧盟有广泛的社会基础。正如历任波兰总理反复强调的那样，波兰要继续留在欧盟内，因为波兰社会和波兰国家是亲美的，同时也是亲欧洲的，这也得到波兰现任总统的支持。波兰国内最近的民调结果显示，赞成留在欧盟内的波兰人占 75%①，而且 87% 的波兰人认为，波兰加入欧盟后是得益的。所以，留在欧盟内在波兰是有民众基础的。这从最近波兰总统杜达

① MICHAŁ BRONIATOWSKI：Trzy czwarte Polaków zagłosowałaby za pozostaniem w Unii，Źródło：Politico，17 paź，2018.

和总理莫拉维茨基的多次表态也可以看得出来，波兰随时准备在一系列冲突中向欧盟妥协和让步。

波兰是欧盟基金的最大受益者（在2014～2020年间波兰总计将从欧盟获得1101.4亿欧元）[①]。即使因英国脱欧，在2021～2027年期间欧盟不得不削减对波兰等中东欧国家的凝聚基金及农业基金的分配额，波兰每年仍将获得一批数目可观的基金资助。正如波现任总理莫拉维茨基讲的那样，我们希望波兰人能够充分享受欧盟支持发展的资金带来的好处，主要目标是让波兰人实现像西欧人一样的生活水平。

波兰与欧盟的经济贸易关系紧密。欧盟已成为波兰最大的贸易伙伴和引资来源。这种依赖决定着波兰必须要把发展与欧盟的关系置于其外交目标的首要位置。因此，可以肯定，波兰绝不会主动提出脱欧，也不会是下一个脱欧对象国。在战略上来说，欧盟对波兰仍有需要，也绝不会轻易地主动驱波，何况欧盟对波兰的各种诉讼要想在欧盟获得通过也并非那么容易，因为匈牙利已经公开表态反对欧盟的做法，并表示绝不会同意和实施对波兰的处罚。

总之，欧盟今后的发展与波兰的国家利益息息相关。但是，波兰既要加强与欧盟的团结和发展，又必须符合波兰的国家和民族利益，摩擦和矛盾是难免的。特别是，当前波兰执政的是法律与正义党，它的施政方针与左翼和中右翼截然不同，至今在波兰民众中的支持率还比较稳定，在很多与欧盟的利益冲突上仍然受到大多数波兰民众的理解和支持，继续执政的可能性还比较大。所以，今后相当时期内波兰与欧盟之间的摩擦会继续下去，有时甚至还会相当激烈，但关系不会破裂。

---

① 2014～2020年波兰获得欧盟基金数据，中国驻波兰经商参处，2016年1月12日。

波兰的“去俄化”政策分析

◎ 刘作奎　顾虹飞

苏联解体后，波兰逐渐开始推动“去俄化”进程。由于历史、地缘等原因，“恐俄”在波兰人心中仍然根深蒂固。这对波兰的外交政策产生了很大的影响。波兰主动融入北约和欧盟，并加大与西方国家军事合作力度，但如何维持与美、俄、欧盟之间关系问题仍然摆在眼前。本文以波俄关系为切入点，对波兰的“去俄化”政策进行分析。

据俄塔社 2018 年 9 月 10 日报道，波兰外交部让几乎所有毕业于莫斯科国际关系学院的波兰外交官辞去职务。波兰外交部长查普托维奇表示，101 名波兰大使中的 86 人已经或者将要被外交部解雇，这些人均毕业于莫斯科国际关系学院。此外，另有 111 名担任外交部主任或副主任的官员被替换①。对于波兰外长的决策，俄罗斯方面认为这是波内部政治斗争和波兰“恐俄化”的结果。莫斯科国际关系学院学者安德烈·卡赞采夫认为，波兰外交部的举动是和该国内部政治斗争息息相关的，波

刘作奎，国务院发展研究中心欧亚社会发展研究所研究员，中国社科院欧洲所中东欧研究室主任、研究员；顾虹飞，中国社科院欧洲所中东欧研究室博士后。

① “Czaputowicz：Zmieniliśmy kadrę kierownicz ą MSZ niemal w 100 proc.” https：//www. tvp. info/38924153/czaputowicz－zmienilismy－kadre－kierownicza－msz－niemal－w－100－proc，访问时间：2018 年 11 月 27 日。

兰的统治阶层利用反俄的言论来吸引民众，从而打压反对派[1]。“去俄化”是目前波兰在对俄关系方面采取的重要动作之一。“去俄化”既有一定的历史，又牵涉各种复杂的因素，在波兰国内外都引发了广泛反响。

一、“去俄化”政策的历史与现实

波兰在18世纪末曾三次遭到俄国、普鲁士和奥地利的瓜分而灭亡，波兰人民在19世纪曾举行多次民族起义以谋求国家独立，但都遭到俄国军队的残酷镇压。1918年波兰复国后，又爆发了争夺乌克兰和白俄罗斯的波俄战争。根据1939年8月23日的《苏德互不侵犯条约》及其秘密议定书，波兰又一次被瓜分[2]。历史文化的认同，政治和经济的原因，加之基于国家安全的考虑，使得波兰人对俄罗斯有一种特殊的“过敏症”。特别是在1989年东欧剧变后，以波兰为代表的中东欧国家将加入欧盟和北约作为其对外政策的主要任务。1991年2月15日，波兰、捷克斯洛伐克[3]和匈牙利三国于维谢格拉德发表声明，宣布在解散华沙条约和经互会后，在加入欧盟和北约问题上采取共同行动，作为“独立民主国家友好联盟的成员回归欧洲”。上述历史记忆和历史遗产成为波兰采取“去俄化”政策的重要历史背景。

“去俄化”和“去共产主义化”往往是两个紧密联系的词汇，但也有一定的区别。事实上，“去俄化”很大一部分是清除波兰在社会主义时期的历史遗存，也就是“去共产主义化”。与此同时，“去俄化”在现实领域还包括如何应对俄罗斯对波兰造成的地缘政治威胁。所谓的

---

① “波兰外交部‘大清洗’”，观察者网，https：//www. guancha. cn/internation/2018_ 09_ 12_ 471839. shtml？ s = wapzwyxgtjdt？ web，访问时间：2018年12月11日。

② 刘祖熙著：《波兰通史》，商务印书馆2006年版，第438～443页。

③ 现为捷克共和国、斯洛伐克共和国。

“去共产主义化”有以下几个方面的内容：①对现有官员等精英进行审查来确定他们是不是同“共产主义时期”的秘密部门合作过，并进行“清洗”；②向公众公开共产主义时期秘密部门文件，起诉在“共产主义时期”公开犯罪的官员；③清除“共产主义”雕像或纪念物等历史遗留的符号象征。

早在1990年代初期，波兰转型到资本主义体制后就开始了“去共产主义化”浪潮。1997年波兰宪法第13条和第256条规定[①]，禁止政党和相关组织宣扬纳粹主义、法西斯主义、共产主义以及宣传种族/民族仇恨的组织利用集权主义的办法和实践开展活动。纳粹主义、法西斯主义、共产主义和种族主义有意被波兰政府放在一起被提及。在这个时期，很多街道、公园和建筑物的名字都被更改，并代替以波兰历史上的领导人和基督教宗教领袖等的名字，比如教皇保罗二世和集权主义者毕苏斯基等。这些建筑物原名都是用来纪念波兰和国际工人运动/共产主义运动领导人以及纪念苏联红军。但在“去共产主义法”于2016年通过以前，波兰地方政府在相关方面进展缓慢，主要是行政成本较高以及地方居民的反对。

1998年12月，波兰议会通过立法，成立了国家记忆研究院，专门调查波兰在社会主义时期可能存在的内部“政治迫害”行为。该机构于2000年7月1日开始运作，在15年之内收集了大量档案，发表了近1800篇出版物，调查人员约谈了10万多名证人，讯问了508个被控犯罪的人员，形成了一系列档案记录和文件[②]。2005年，当时的法律与公正党要求对波兰宪政秩序进行彻底清查，并对政权职位进行更为彻底的清除前共产党员的活动，而且还重新审查了自1990年以来所有的国有企业私有化的重要事件。社会许多阶层都仍然深深感到与共产主义决裂

① Konstytucja Rzeczypospolitej Polskiej z dnia 2 kwietnia 1997 r，http：//www. sejm. gov. pl/prawo/konst/polski/kon1. htm，访问时间：2018年11月30日。

② 数据来源于 https：//ipn. gov. pl/en/about – the – ipn/2，Institute – of – National – Remembrance – Commission – for – the – Prosecution – of – Crimes – again. html，访问时间：2018年11月27日。

得不够彻底，这遗留下来的因素需要花费多年时间才能消除①。2016 年 4 月，波兰议会通过了“去共产主义法”②，给地方政府一年的时间清除代表“共产主义”的标志，法案的名字叫《禁止通过公共建筑及其结构或设施宣传共产主义或极权主义制度法》，禁止公开展示 1944 ~ 1989 年间在波兰用于纪念“共产主义”，包括个人、组织、事件或日期等象征“压迫、极权”等的标志，任何宣传行为被视为犯罪。2017 年 6 月 22 日，波兰议会又通过了一项法律修正案③，下令在一年时间里，推倒公共场合的所有象征、歌颂“共产主义及专制极权”的塑像和纪念碑。新修订的法律于 2018 年 10 月 21 日开始生效，涉及塑像、半身像、纪念碑、纪念柱、路堤、铭文题字、浮雕以及其他各种标志等（墓地，如苏联红军的墓地以及已登记具有建筑艺术价值的对象）。

二、波兰的“去俄化”与“恐俄”问题

波兰坚持“去俄化”有现实政治的考量，当然也与内心存在的根深蒂固的“恐俄”有一定的关系。今天的波兰是欧洲一个中等国家，处于大国的夹缝当中，其在历史上还曾多次沦为大国博弈的棋子和受害者。历史上俄波多次发生战争。17 世纪到 20 世纪之间，沙俄、苏联先后多次参与瓜分波兰或对波兰的命运做出有利于自己的安排。东欧剧变和苏联解体后，波兰对俄罗斯的恐惧没有消解。冷战结束后，在波兰方面，两国对以往的关系史有着不同解读，例如卡廷事件。此外，2004 年秋

---

① Lukowski, Jerzy, and Hubert Zawadzki. *A concise history of Poland*. Cambridge University Press, 2006。

② Dz. U. 2016 poz. 744, http://prawo.sejm.gov.pl/isap.nsf/DocDetails.xsp?id = wdu20160000744，访问时间：2018 年 11 月 27 日。

③ Dz. U. 2017 poz. 1389, http://prawo.sejm.gov.pl/isap.nsf/DocDetails.xsp?id = WDU20170001389，访问时间：2018 年 11 月 30 日。

天波兰涉足乌克兰的“颜色革命”，波兰对俄罗斯车臣政策的批评等许多原因导致两国关系持续紧张，双方对于大多数事件始终处于相互诋毁和争吵中。但就近期而言，尚未停歇的反导防御系统，也使得太多的不确定性发生在双边关系中，而这并不能保证波俄两国能够在一定时间内建立更好的关系。波兰对苏联的统治记忆犹在，因此巩固国家安全仍是国家的主要目标。

俄罗斯对格鲁吉亚、克里米亚事件的处理都让波兰感觉俄罗斯的威胁一直在身边。根据美国战略与国际研究中心于 1997 年的一份民意调查显示，波兰民众对于俄罗斯的安全威胁普遍认同，支持加入北约的比例将近 90%。此外在波兰，无论是政治精英抑或是一般民众都有高度的共识，即加强安全防护工作，加强同美国（北约）的安全合作，积极推动美国在波驻军常态化和机制化。在占主导地位的欧洲政治的众多问题中，北约东扩被视为最具政治敏锐性的问题之一。冷战结束初期，波兰对俄罗斯是否愿意给予波兰真正的独立感到不确定，因而亟须增加对安全的需求。1992 年 11 月 2 日，波兰国防委员会通过了《波兰安全政策要点》与《波兰共和国的安全政策和防御战略》两个文件①。文件指出，波兰视北约为欧洲稳定的关键因素，美国军事力量在欧洲的存在对欧洲的稳定与和平至关重要，波兰的战略目标是使自己在政治、经济和军事上融入西方体系。1999 年，波兰议会批准了波兰加入北约的条约，对于波兰来说，加入北约使其获得了最具效力的安全保证。加入北约后，波兰开始积极推动北约在东欧的安全防卫工作。1999 年的科索沃危机中，波兰面临着在加入北约后的巴尔干半岛危机的处理，美国在此事件中除了给予波兰的安全保证之外，也要求波兰日后更积极地参与北

① 原文载于 Założenia polskiej polityki bezpieczeństwa oraz Polityka bezpieczeństwa i strategia obronna Rzeczypospolitej Polskiej。

约的各项行动[①]。此外，波兰支持以美国为首的北约在本国部署反导防御系统以应对来自俄罗斯的威胁。

2005年5月，俄罗斯总统普京为苏联战时在东欧的行为声辩，这在波兰和波罗的海各国都产生了极坏的影响。一些评论家认为，这是克里姆林宫对于波兰（和立陶宛）在支持2004年乌克兰“橙色革命”的回应。2007年1月，美国计划在波兰建立反导防御系统，华沙表示，该系统能够保护波兰及其盟国免受来自外界的潜在打击。时任波兰国防部长西科斯基暗示愿意和“最重要的同盟”谈论此事，这导致波俄双边关系急转直下。2月19日，波兰政府原则上同意美国在波兰建立反导防御系统。5月23日，普京表示，“在波兰部署导弹是没有必要的，这除了将导致新的军备竞赛外，不会有别的结果”。俄罗斯军方更是多次威胁说，“如果波兰同意在本国部署导弹防御系统，俄罗斯的导弹将瞄准波兰”[②]。

2007年10月，在提前举行的波兰议会选举中，图斯克领导的公民纲领党战胜执政的法律与公正党，获得组阁权。图斯克政府上台后，在“重返欧洲”的同时，也希望改善同俄罗斯的关系。图斯克在议会发表就职演讲时表示其“希望改变同俄罗斯之间的关系，并进行对话”。但是在反导防御系统问题上，波俄两国依然未能达成协议。同年12月，波兰总理批驳俄罗斯军方总参谋长巴卢耶夫斯基发出的威胁，表示“没有将军可以影响波兰与美国对于反导防御系统问题的谈判”[③]。

2008年8月20日，波兰与美国达成正式协议，允许美国反导防御基地落户波兰。2016年，普京在访问希腊期间，针对美国在罗马尼亚和波兰部署反导防御系统发出严厉警告。普京再次表示，“同意部署导

---

① Pi ą tas, Czesław. Poland' s Military Contribution to Trans – Atlantic Security Policy. Military Technology 25. 8 (2001): 91 –97.

② Russia may target Poland, Czech Republic, https: //www. thehindu. com/todays – paper/tp – international/Russia – may – target – Poland – Czech – Republic/article14722960. ece，访问时间：2018年12月11日。

③ 《曲折的历程：中东欧卷》，东方出版社2017年版。

弹，罗马尼亚和波兰就会让自身成为俄罗斯的目标”。2017 年 4 月，波兰官方举行高规格仪式，欢迎美国和北约近千名军人进驻波兰。2018 年 9 月，波兰总统杜达访问美国时表示，波兰寻求美军驻扎，表示愿意耗资 20 亿美元，为美军建设永久性军事基地，寻求与美国缔结更紧密安全关系①。另一方面，由于历史原因，波兰的政策制定者始终感到俄罗斯是外部威胁。在 1999 年取得北约资格后，波兰仍希望欧盟在安全问题上帮助波兰。特别是在加入北约后，波兰在 2004 年顺利加入欧盟，加速了波兰在更大程度上接受欧盟在安全问题上的“保护伞”。

2018 年 3 月，包括波兰在内的中东欧 9 国领导人②和北约高级官员在罗马尼亚首都布加勒斯特举行会议，强调应通过共同行动加强北约东翼安全。本次会议由罗马尼亚总统约翰尼斯和波兰总统杜达共同主持。约翰尼斯在会后举行的新闻发布会上表示，参加会议的是北约东翼成员国和欧盟东部边境国家，会议主要讨论如何共同应对来自东部和南部的安全挑战。杜达表示，会议为将于 2019 年在波兰首都华沙举行的北约峰会决策作出重要贡献。会议通过的声明指出，中东欧 9 国将集结全力，以在必要时确保盟军强大、可信和可持续的军事存在。与会 9 国领导人一致同意，将共同应对来自东部的长期安全挑战和威胁。

三、“去俄化”政策：仍存在的争议

波兰对待本国社会主义历史的态度和实践最初于 1989 年由首个非共产党执政的总理马佐维耶茨基确立，他宣称波兰应该“划一条‘粗

---

① Safeguarding freedom, building prosperity through Poland – US Strategic Partnership, http://www.president.pl/en/news/art, 847, safeguarding – freedom – building – prosperity – through – poland – us – strategic – partnership.html，访问时间：2018 年 11 月 27 日。

② 还有罗马尼亚、保加利亚、捷克、爱沙尼亚、拉脱维亚、立陶宛、斯洛伐克和匈牙利。

线’用民主的未来与共产主义的过去切割”，并重新建构对国家发展的认知。马佐维耶茨基的意思是让共产党为他们的“时代错误”负责，新的团结工会领导的政府为未来负责，而在波兰语境中“粗线”意味着“宽恕共产党过去犯过的错误”。但坚持“去俄化”的人认为要避免“共产主义意识形态”在波兰死灰复燃，就必须采取行动。“去共产主义化”的代表人也是发起人之一的斯蒂芬·尼索洛夫斯基坚持把“去共产主义化”列入欧洲政治词汇中。他表示来自团结工会的人利用他们在议会的多数优势来惩罚前共产党员，确保前共产党高官没有机会再次在波兰执政。波兰必须加快惩治“共产主义时期罪犯”，因为在波兰，成百上千的人“被杀或遭到酷刑”。尼索洛夫斯基则表示，“粗线”政策是个巨大的错误，实践中变成了对共产党人的容忍，更严重的是与共产党悄悄地合作。

但也有波兰人士认为，用“去共产主义化”作为武器来反对政敌，过于极端和激进，曾经加入波兰统一工人党的伍洛茨梅尔兹·西莫泽维奇就持上述看法，普通百姓已经把过去的问题放到一边，以前的“镇压者和受害者”已经和解。基于这个原因，西莫泽维奇认为政治家们再搅动这个事情是不合适的。应该由历史学家而不是政治家们对这段历史做出评判。政治家们尽管有权发表看法，提出他们的观点，但最后一个得到授权来阐释明确定义和观点的人，应该是历史学家。针对像尼索洛夫斯基这样的政治家带头反对前共产党人，西莫泽维奇则担心波兰会产生更加尖锐和令人不愉快的争论。

稳定安全的外部环境仍然是目前波兰外交政策中的优先政策，在波兰加入北约和欧盟后，如何维持与美、俄、欧盟之间关系问题仍然摆在眼前。波兰导弹防御系统问题的布局，加之参与伊拉克战争及其在乌克兰问题上的亲西方立场，也引发了俄罗斯的关注。俄罗斯联邦议会议员弗朗茨·克林采维奇在欧盟观察网中的报道曾说，“俄罗斯不会与美国展开军备竞赛，俄罗斯自身可以通过核威慑力量与美保持在这一地区的力量平衡。如果美国在波兰建设永久军事基地，俄罗斯将把大量的高精度武器瞄准它”，他还说，“美国在波兰建军事基地可能成为一个特洛伊木马，从而增加华沙本身的风险”[①]。

在波兰的“恐俄”情绪中，政治和文化精英一直扮演着重要角色，他们中的不少人都怀有对俄罗斯（苏联）的敌意和仇恨，这主要还是因为俄罗斯在东欧的影响力依然强大。北约持续东扩的同时，与俄罗斯的良好互动有助于缓解波兰外部的不安全感，满足波兰的安全需求。对波兰来说，只有北约持续向东扩展，才能达成波兰理想的安全环境，并减轻波兰在东部地区的安全压力，以及安全困境下所带来的不安全感。波兰在乌克兰加入欧盟的问题中，发挥了极其重要的作用，毕竟在俄罗斯面前，波兰精英仍然经常会提及的是“历史上曾被多次侵略”“波兰民族的压迫者和征服者”等。而且波兰人一直在怀疑，尽管苏联已经解体，但俄罗斯政权的“去苏联化”还远未完成。作为一个延续数世纪的强国，俄罗斯从邻居那里收获的“成见”很多。俄罗斯毫不留情地追求扩张主义和帝国主义的形象已经深入波兰人的心中。英国作家安纳托利·列文评论说，“今天的恐俄症不是植根于不同的意识形态，而是民族憎恶……在这些关于‘敌’国仇恨的、精挑细选或是发明出来的历史‘事实’的结构中，它的文化、它的激进特性被抽离出环境，放入预先安排的知识结构中，以责难对方永恒不变的邪恶”[②]。在诽谤俄国的共同神话里，都说俄国独特的文化注定了它永远落后，它缺乏民主和市场经济的文化前提，它注定是反西方的。

① “NATO in Show of Strength Ahead of Warsaw Summit”，https：//euobserver. com/foreign/133725，访问时间：2018 年 12 月 6 日。

② “Reexamining Russian History：Disentangling Stalin from Russia' s past glory”，https：//nationalinterest. org/commentary/reexamining – russian – history –4081，访问时间：2018 年 12 月 11 日。

土耳其和美国：正在疏远的盟友

◎ 李少捷

美国严厉制裁土耳其，使其经济遭受沉重打击，财政发生危机，一蹶不振。在这场战斗中土耳其经济能恢复吗？埃尔多安向特朗普发出的选择新的盟友的威胁管用吗？美国会失去土耳其这个铁杆盟友吗？欧洲能在土美矛盾中发挥什么作用？这些问题令世人关注。

美国与土耳其之间存在什么矛盾

2018年1月，美国国务卿蒂勒森“闪电式”访问了土耳其，在会见埃尔多安时称，“土耳其是北约的重要盟友，也是我们在地区的重要伙伴”。两位领导人会晤了3个多小时，没有翻译（土耳其外交部长代替），没有摆放美国国旗（只有土耳其国旗），没有速记员，更没有媒体出席，完全不符合外交礼仪。美国国务院发言人通报说，“同土耳其进行了有益的会谈。显然，我们与安卡拉的紧张关系在增长，但是存在行动的空间”。土耳其方面向外界介绍说：“进行了积极的、富有成效的会见。讨论了土耳其期待的双边关系中的优先问题，如伊拉克、叙利亚

李少捷，国务院发展研究中心欧亚社会发展研究所副所长。

和地区进程等问题。”双方都在做官样文章，没有透露他们的分歧所在。

8月初，特朗普突然宣布提高自土耳其进口的金属关税，致使土耳其里拉大幅度贬值，原本紧张的两国关系犹如火上浇油。

土美之间暴露出来和存在的主要分歧，大致表现为六个方面的问题。

一是关于制裁伊朗问题。2018年5月美国判处土耳其公民和银行家梅赫梅特·哈坎·阿提拉32个月监禁，指责他绕开对伊朗制裁，参与非法黄金交易。而且，这个案件还涉及土耳其国家元首埃尔多安。

二是关于叙利亚库尔德人问题。美国利用和支持库尔德人的人民保护武装（YPG），把其称为反对“伊斯兰国”和恐怖组织的关键性伙伴，而土耳其则认为该武装力量是库尔工人党的叙利亚分支组织。2018年年初，土耳其提醒美国在叙利亚北部地区开展“橄榄枝”行动时可能与美军发生军事冲突。6月，美土商定，人民保护武装将放弃曼比季市，只在该市周围参加巡逻。

三是关于居伦、布伦森牧师与未遂军事政变问题。土耳其要求美国交出宗教领袖居伦，斥责他是2016年7月15日未遂军事政变的策划者。美国当局说，对于类似的指控需要大量的证据支持。居伦本人从一开始就坚决否认与政变有任何联系。而土耳其当局说，已经提供了几千页有关居伦的证据材料。与政变有关的另一问题，是土耳其抓捕和关押了美国牧师布伦森。此人被投入监牢一年半后被软禁在家。布伦森被指控与居伦同谋在土耳其搞恐怖主义，一旦罪名成立将判处35年徒刑。为此，美国则宣布土耳其的司法部长和内政部长在美国的财产被冻结，并被禁止进入美国。

四是土耳其购买美国F—35战机和俄罗斯S—400防空反导系统问题。2017年12月土耳其与俄罗斯签订了购买俄罗斯的地对空导弹系统的军售贷款协议，总额达25亿美元，引起美国不安。在美国看来，俄罗斯的导弹系统违背了北约的防御体系，因而拒绝将已经谈妥的价值35

亿美元的F—35战机交付给土耳其。

五是抓捕美国领事馆工作人员问题。2017年土耳其抓捕了美国驻土耳其阿达纳领事馆翻译和一名工作人员以及美国在伊斯坦布尔反毒品局的工作人员，指控他们与政变有牵连。事态进一步升级，导致2017年10月双方停止发放签证达两个月之久。

六是埃尔多安的保镖问题。埃尔多安总统访问美国时，他的保镖与当地的抗议群众发生冲突，造成11人受伤。美国司法部门起诉埃尔多安的保镖，使埃尔多安无比愤怒。

土耳其政府和埃尔多安总统谴责美国对土2016年7月15日未遂军事政变无动于衷，拒不交出政变幕后黑手居伦；指责美国武装叙利亚库尔德人武装组织，尤其是库尔德工人党；抗议美国制裁土内政部长和司法部长，不让他们进入美国。

埃尔多安总统说，我们几十年的老盟友美国目前的做法，只会损毁美国的利益和安全，如果美国不改变这种不友好的态度，将迫使土耳其寻找新的伙伴和盟友。美国历来有求于土耳其，如朝鲜战争、古巴导弹危机、“9·11”后阿富汗战争，却对土耳其的担忧历来不闻不问。

美国方面指责埃尔多安试图建立“一个人的独裁统治”，使土耳其民主倒退。当然，美国也担心土耳其脱离北约，倒向俄罗斯。它认为，土耳其一只眼睛盯住西方，另一只眼睛却盯着俄罗斯。

土美关系出现摩擦不是第一次。以往几次都以双方的妥协化解危机，但这次则是棋逢对手。特朗普说，“土耳其不是一个很好的朋友”；同时推行“美国优先”的强硬外交政策，一味蛮干，不讲策略。而埃尔多安刚刚上台，正在塑造与欧美国家不同的总统制，欲加强个人的权力，轻易不言妥协。

土美紧张关系升级危害土耳其经济

2018 年 8 月，美国特朗普总统突然宣布对土耳其输往美国的铝、钢分别征收 25% 和 50% 的关税。土耳其里拉应声崩盘，当即贬值 14%。8 月 10 日，1 美元 =6. 4915 里拉（贬 12%），11 日，1 美元 =6. 87 里拉。从年初以来，里拉贬值了近 40%。里拉贬值导致消费品价格飞涨：交通运输费涨 27. 13%，食品和非酒精饮料涨 19. 75%，通货膨胀率达到 15. 85%[①]。

美国还威胁要采取进一步的行动，如不允许土耳其公司进入美国市场，或者在国际金融机构阻止给土耳其贷款。土耳其宣布对美国 22 种商品增加征税，扬言寻找新的伙伴，对在“因吉利克”美军基地的服务人员采取相关措施。但土耳其如果敢迈出这一步，美国就会对土耳其采取军事行动。土耳其针对经济危机想采取政治手段，而美国针对政治危机想利用经济手段。

里拉狂跌，引起土耳其社会恐慌。土耳其银行有 1/3 的储备是外汇，欧洲最担心的是土耳其的银行崩溃。在土耳其银行的资本里，西班牙财政机构占 820 亿美元，法国占 380 亿美元，而美国、英国、德国和意大利也都各占 150 亿 ~200 亿美元。欧洲的银行和成千上万的公司在土耳其的银行和经济中有业务。土耳其从欧洲各大银行得到的贷款高达 2230 亿美元。所以，美国对土耳其的打击，也就是对欧洲的打击。这样会迫使欧盟处于新的艰难境地。

2018 年 8 月起，土耳其里拉不断贬值，不仅使其经济蒙受巨大损

① Dobromi Lazarov: *Why is Turkey' s economic problem getting worse*? Bulgaria, Speech Daily, 13 August 2018, second page.

失，而且引起市场投资商的恐慌。埃尔多安总统认为，国内形成的诸多困难和问题不是自己的政策造成的，而是外部的阴谋使问题复杂化。但西方认为，这是近几年土耳其经济政策的灾难性后果，也是埃尔多安试图建立“一个人的独裁统治”，使土耳其民主倒退的结果。还有人认为，这是西方对土耳其实行总统制的报复。2002 年正义与发展党上台执政，对经济进行了激进的改革，取得了公认的成绩。除了土耳其积极的经济政策外，还得益于良好的国际环境。当时的石油价格低廉。土耳其借机大量兴修基础设施和建筑。

为了迎接 2023 年土耳其共和国建立 100 周年，埃尔多安决定大兴土木，大搞基础设施，如修建机场、港口、道路和铁路，在伊斯坦布尔开挖造价 130 亿美元的新渠道。然而，近两三年情况发生了变化。土耳其 2016 年 7 月未遂军事政变后实行全国性戒严，后果极其严重。工业缺乏竞争力、生产萎缩、财政赤字扩大、外国投资减少，土耳其国内外债务达到 2500 亿美元，土耳其国内局势不稳定。戒严还使土耳其的国际形象受损，民主、法制遭到质疑。2017 年石油价格回升，外国直接投资减少，通货膨胀率出现两位数（15%），财政赤字高达 6%。2018 年公共债务将占 GDP 的 28%。土耳其私人公司欠外国的债务达到 2200 亿美元[①]。在这种国内和国际条件下，土耳其能向谁求援呢？向美国不可能，因为正是美国阻止国际货币基金组织和世界银行向土耳其贷款。土耳其感到重新需要欧洲和德国。

土耳其不是美国实行经济和贸易制裁的唯一国家，但土耳其却被压力打倒，出现了危机。土耳其国内外专家认为，第一个基本原因在于近年来土耳其经济过热。土耳其货币里拉贬值始于 2013 年，而到 2018 年年初里拉对美元贬值了 70%（从 4 年前的 3.79 里拉兑换 1 美元变成了

---

① Dobromi Lazarov：*Why is Turkey's economic problem getting worse*? Bulgaria，Speech Daily，13 August 2018，second page.

6.9 里拉兑换 1 美元）；对欧元贬值了 61%。第二个原因是 2018 年 6 月起埃尔多安推行总统制，使中央银行丧失了独立性。2018 年的通货膨胀高达 15%，甚至 24%。服装和鞋帽的价格上涨了 13%，食品价格（肉制品除外）上涨 3.2%。有 1.3 万名土耳其富翁愿意移居国外，他们的财富在严重缩水[①]。

土耳其是一个地区经济大国。GDP 总量为 8500 亿美元，居世界第 16 位，但仅占世界经济总量的 1%。土耳其政府的债务水平低于 30%，外债水平刚超过 50%。在欧洲国家看来，这都是可以接受的范围。但国际货币基金组织称，从土耳其当前的经济发展趋势看，不久它的外债要达到 80% 以上，这就是危险的情况。该组织还指出，2018 年土耳其财政需要 2000 亿美元（相当于 GDP 总量的 25%）才能弥补财政的不足，而到 2023 年需要 3000 亿美元。如果这些资金继续靠吸收外资来解决，那土耳其国家和私人的债务负担还会加重。土耳其银行系统 40% 的外汇是国外的贷款。里拉贬值导致土耳其难以偿还这些美元和欧元外债，付出的代价是昂贵的。

土耳其宣布将缩减开支，降低 2019 年的发展速度。土耳其财政部长、埃尔多安的女婿贝拉特·阿尔巴拉克宣布，到 2018 年年底将减少国家支出 56 亿美元，提高里拉的威信。他提出，2019 年经济增长预期为 3% ~4%，通货膨胀率将控制在一位数，财政赤字在 1.5% 左右。

土耳其为报复美国，抵制美制所有电器设备，并提高了自美国进口的汽车、酒类、烟草等 22 种商品关税。

2018 年 8 月 18 日，埃尔多安总统在正义与发展党第六次代表大会上宣布："土耳其决不会因为外部经济压力而改变自己的方针。""反对

---

① Zornica Ilyeva: *Ankara is in a state of anxiety*, Bulgaria, Speech Daily, 19 November 2018, second page.

土耳其的人过去没有、现在也不可能摧毁土耳其。”[1] 他还说，土耳其准备迎接挑战，他虽没有点名美国，但称是“我们的战略伙伴”通过经济、汇率、利率、投资和通货膨胀威胁土耳其。他在讲话中，没有忘记继续打击库尔德人，并发誓，要继续打击来自叙利亚和伊拉克的威胁，土耳其军队要继续留在这两国的库尔德人居住区域，防止库尔德武装力量变大变强。

土美关系有摩擦，但不会决裂

目前的土美关系令人担忧，但还没有达到不可救药的地步，没有到决裂的边缘，存在改善的余地和空间。

解决土美两国的紧张关系有两种方式：一是相互妥协，继续保持联系；二是彻底决裂，这将给土耳其的经济和美国的地区战略利益带来严重的后果。但是，有一点可以肯定的是，土美关系恐怕再难恢复到此前的水平。土美两国作为伙伴国已经是几十年的盟友，土耳其为了美国作出了一定的牺牲。双方都宣誓忠于盟友关系。最近几年，土耳其人权状况恶化，一系列国内政策受到美欧的批评；同时，在对外政策方面土耳其加强了与俄罗斯在叙利亚问题上的合作。土耳其还购买俄罗斯的武器，破坏了北约的集体防务规则。这一切使双边关系复杂化。

美国方面提出，改善关系的前提条件是：立即释放2016年7月逮捕的美国牧师布伦森，土耳其参加制裁伊朗，放弃购买俄罗斯的防空反导系统S—400，承认耶路撒冷为以色列首都，不再要求居伦回国，停止在塞浦路斯周围寻找天然气，等等。看来，美国的要求远远超出两国公开争论

---

① Erdogan：Turkey will not change its policy because of external economic pressure，Bulgaria，Mediapool. bg，19 August 2018.

的问题，有更加遥远的战略目标。土耳其一时肯定满足不了这些条件。

土耳其方面对美国支持叙利亚的库尔德武装力量极为不满。特朗普撕毁与伊朗的核协议，土耳其则不买账，因为土耳其将近一半的进口石油来自伊朗，认为对伊朗的制裁将损害土耳其的经济。

至于通过外交途径解决双方的矛盾，美国可以再忍耐一些，正在等待时机。外交解决还基于美国在中东地区需要找到推行美国民主、通往西方世界的一座桥梁。土耳其是温和的伊斯兰主义国家，习惯于扮演两面派角色。美国可以容忍土耳其不太忠诚，不是坚定的盟友，但要同意与美国进行交易。

为了摆脱困境，土耳其正在做下面三件事：①制定克服经济过热和稳定经济的纲领，重振经济。②需要寻找新的盟友、新的市场。③改善与欧洲国家的关系。

因此，土耳其肯定会加强与俄罗斯、中国、卡塔尔等国的政治和经贸联系。为了摆脱困境，土耳其确定首先需要加强与俄罗斯的政治和经贸联系。2017 年 12 月，俄罗斯与土耳其签订了 S—400 军售的贷款协议。据称，一年后这套防空反导系统就可以交付土耳其。2018 年 8 月 24 日，普京在会见到访的土耳其外交部长和国防部长时称，俄罗斯与土耳其的关系无论是在经济领域还是在解决外交问题方面正在深化。2018 年 11 月 19 日，俄罗斯总统普京对土耳其进行了访问，双方并未就叙利亚政府军与极端分子武装在伊德利卜地区的停火和进一步落实 S—400 防空反导系统协议取得完全一致。土耳其随着土美关系转暖和美国的施压，在军售问题上又一次产生动摇。

俄罗斯因为乌克兰和克里米亚问题受到美欧的制裁已经 4 年，经济相当困难，更多倾向于迫使土耳其在叙利亚问题上进行合作，不可能提供经济援助。土耳其与俄罗斯的关系由于各种利益交织在一起，错综复杂，矛盾重重。面对俄罗斯的时强时弱，土耳其不会轻易宣布退出北约。在土耳其东部地区有北约反导系统的中央雷达站，在伊兹密尔有北约陆军联合指挥部和美军基地。

中国正全力以赴应对美国挑动的贸易战，希望在“一带一路”的范围内加强与土耳其的双边合作和贸易关系，以及外交往来，使“一带一路”倡议在土耳其落地开花，使中土关系迈上一个新台阶。

卡塔尔面对以沙特为首的一些中东国家封锁，不会轻易挑战与美国的关系，但它的石油、美元对土耳其有巨大的吸引力。卡塔尔明确承诺向土耳其提供150亿美元的贷款和直接投资，还与土耳其签订了两国央行互换货币的协议。同时，两国还签订了贸易与经济伙伴协议，加强通信和财政领域的合作。2018年前7个月双方的贸易额已达到8亿美元，其中包括提供石油和天然气产品。土耳其在阿拉伯地区的最好朋友是卡塔尔。阿拉伯国家在目前的美土危机中不会支持土耳其。

由于土耳其具有独特的地缘政治和地缘战略价值，处于北约东南侧独一无二的地理位置，它仍是美国最重要的盟友和伙伴之一，美国和欧盟无论在安全方面还是经济方面都不会抛弃土耳其。土耳其反复强调，它需要欧洲，而欧洲更需要它。

所以，在同美国关系紧张的同时，土耳其与欧洲的关系有所缓和。2018年7月20日，荷兰恢复了与土耳其的外交关系，2017年荷兰曾因拒绝土耳其的部长们进入荷兰帮助埃尔多安竞选的宣传而断绝了关系。随后，德国宣布取消对土耳其的经济限制和放宽德国公民去土耳其旅游。9月28日，埃尔多安总统访问德国，寻求改善和加强与德国的关系。近年来土德两国关系发生了许多冲突，如土耳其借口未遂军事政变监禁德国记者，而德国议会则通过了一项决议，将20世纪初的亚美尼亚人在土耳其遭屠杀一事界定为“种族灭绝”行为，激起土耳其狂怒。还有，在对待库尔德武装问题上和土耳其在叙利亚的军事行动上也出现了深刻分歧。在德国有300多万土耳其人生活和工作，这足以说明德土关系的重要性。据报道，埃尔多安总统和默克尔总理并未就双方的分歧达成“共识”。

埃尔多安的土耳其总统制

◎ 李建军

土耳其总统埃尔多安在2018年6月的总统选举和议会选举中获胜，开始在土耳其实行独揽大权的总统制。他称这是克服土耳其社会矛盾和发展经济的重大举措，会揭开土耳其历史的新篇章。埃尔多安将如何使用手中的权力，土耳其的总统制将如何发展，其内政外交会怎样演变，受到世人的密切关注。

埃尔多安的如意算盘实现了

2018年6月25日，土耳其最高选举委员会根据99%以上选票统计公布了6月24日土耳其提前举行的总统选举和议会选举的结果：谋求继续连任的现任总统埃尔多安和他的正义与发展党（以下简称正发党）在双选中获胜，得票率为52.5%，在议会600个席位中获得293席；正发党因与民族行动党（在议会占有50个席位）联合组成“人民联盟”参加竞选，才在议会超过半数。

埃尔多安的主要竞选对手、共和人民党推荐的总统候选人穆哈雷

李建军，首都师范大学历史学院副教授。

姆·因杰得票率为30.8%，获得146席。

库尔德族人民民主党的得票率为11.2%，获得议会67个席位。该党领导人塞拉哈丁·德米尔塔什作为总统候选人在奥德林的监狱里参加了投票，但成功越过了10%的议会门槛。

以梅拉尔·阿克舍奈尔为首的右翼新党“好党”处于第四位，得票率为7.4%，没有资格成为议会党。但它因为与共和人民党组成竞选联盟，也进入了议会，并获得44个议席。

从各政党在议会所占议席的比例看，执政的正发党占据42.4%，共和人民党占据22.7%，库尔德族人民民主党占据11.4%，民族行动党占据11.2%，“好党”占据10.1%。这五个党是议会党。

这就是土耳其新一届议会的基本权力格局和政治力量的对比变化。在土耳其8100万居民中，有选民资格的居民约为5900万，全国的参选率达到87.4%。居民的选举积极性高涨，选举有效。

这次共有17个政党和组织登记参加选举。最大反对派政党候选人因杰和其他几个反对派政党领导人一致指责，称选举出现人为“操作”，计票存在“严重问题”，但他们不打算重新计票。

这次选举是在2016年7月未遂军事政变后土耳其处于戒严的状态下进行的。选举结果表明，埃尔多安获得了绝对多数有效票，使他在第一轮选举中便顺利胜出，重新当选为土耳其共和国总统。

在庆祝胜利的群众集会上，埃尔多安号召结束过去的分歧，保证给大家带来更多的民主。他说：“土耳其又一次经受了民主的考验，为全世界做出了榜样。我们的民主胜利了，人民的意愿胜利了，土耳其胜利了！”“我们的民族给了我担任总统和利用执法权的责任……从明天开始，我们将加倍努力工作，实现我们对我们国家做出的承诺；我们将更加坚决地打击恐怖主义团伙；努力改变国家在国际上的形象；土耳其将继续解放叙利亚土地，使难民安全地返回自己的家园。”①

埃尔多安强调说，土耳其从今天起进入了一个“新时代”。许多国家的领导人执政后都说自己（将或者已经）带领国家进入了“新时代”，这一点并不新鲜。但埃尔多安总统的“新时代”说白了就是一句话：从此土耳其由议会制共和国变成了总统制共和国。或者，更准确地说，埃尔多安从2014年的受议会牵制的总统变成了2018年天马行空的总统。如果说土耳其进入了“新时代”，那埃尔多安则是转换了“新角色”。用埃尔多安自己的话来说，土耳其必须实行总统制，这是为了更加合理地治理国家，为了更加坚决地处理国内的紧张局势，为了更加有效地解决国家的经济和安全问题。

但是，外界并不这么看待土耳其的总统制，质疑声不断。土耳其这次提前选举引起世界，特别是欧美国家的高度关注，因为它将对这个国家的未来走向产生深刻影响。埃尔多安获胜，意味着修改了74处的新宪法即刻生效，埃尔多安手中已有的和将要掌握的权力会无形地膨胀。

近几年来，埃尔多安已经铲除竞争对手，扫清前进道路上的种种障碍，明显加强了自己的阵地。通过这次选举，他将在总统制的口号下集立法、司法和执法三大权力于一身，成为土耳其历史上权力最大的国家元首。2017年4月他已经投石问路，顺利进行了修改宪法的全民公投。实际上最近4年土耳其完全在他的股掌之中，这次选举则是使他的一切行动披上合法的外衣。

埃尔多安的当选，得到了世界上大多数国家领导人的祝贺。7月9日埃尔多安总统就职时，有近50个国家的代表出席就职仪式，其中，波黑、格鲁吉亚、科索沃、马其顿、塞尔维亚等国派出了国家元首，但比原先预计的17个国家元首要少。

---

① *Ердоган превзе Турция*，www. duma. bg，26. Юни 2018.

总统制初露端倪

埃尔多安在获得这种新的权力后，开始放开手脚，大刀阔斧改变国家机构，将传统的议会制共和国改变为总统制共和国。他将有权任命最高法院15个法官中的12个，总理职务将被取消（现任总理被指定为议长），代之由总统任命一两位副总统负责政府事务。

2018年7月5日，总统选举和议会选举的结果还没有正式公布，埃尔多安也还没有正式宣誓就职，土耳其就迫不及待地颁布了一项法令，以协调现行法律与总统制新体制之间可能产生的各种问题。该法令称，因取消总理职务，要求将现在属于总理的机构和职权全部转移到总统。为此，需要变更1924年共和国成立以来到2017年的所有法律，总共涉及5000部法律法规。在还没有成立新机构、不能实行新体制的情况下，原政府的执行权仍有一定保留。

根据新宪法，总统将任免各部部长、一名或多名副总统、安全部门首脑和军队高级将领。总统有权干预国家预算，有权宣布戒严和解散议会（即自动导致议会提前进行选举）。

7月9日，埃尔多安宣誓就任总统。他在就职演说中强调，土耳其将与所有邻国建立相互信任和友爱的关系，在本地区，睦邻关系对维护和平和稳定至关重要①。

接着，总统颁布了第一道命令组织新政府。新一届政府的部门由过去的23个缩减为16个，其中就包括撤销了欧洲事务部。新增设政治、科学、保健、食品、教育等9个委员会。另有财政、人力资源、讯息和

① Ангел Петров，От днес Ердоган управлява Турция почти сам，но няма да му е лесно，*Дневник*，09.07.2018.

投资 4 个办公室直属总统领导。同日，埃尔多安开始任命新内阁成员、安全部门首脑和军队高级将领。前政府只留下内务、外交和司法三位部长，部长中有两位女性。埃尔多安的女婿被任命为财政和国库部长（上届政府担任能源和自然资源部长）。埃尔多安还增设了土耳其历史上的首位副总统一职，主管政府的工作。

这个总统一号令没有提到戒严问题。新总统上任后将在 10 个月内决定是否继续戒严状态。土耳其社会和反对派政党期盼早日取消戒严令。据土耳其官方的媒体透露，戒严以来，18632 人遭到解雇，其中包括 9000 名警察和 6000 名军人。司法部和教育部成百上千的工作人员失去了工作。而据土耳其非政府组织 Human Rights Joint Platform 的统计，至 2018 年 3 月 20 日总共解雇了 11 万多人，其中 8000 名军人、约 3.3 万名教育界人士、3.1 万名内务部工作人员，其中有 2.2 万人来自国家安全总局①。

从此，土耳其开始改变近百年的政治体制，共和国从议会制转变为总统制。国家元首将高度集权，政府成为没有总理的政府。

埃尔多安是自土耳其共和国国父穆斯塔法·凯末尔·阿塔图尔克以来最有权势的政治人物。支持者认为他对土耳其进行了现代化；批评者则认为，他试图建立“一个人的独裁统治”。

埃尔多安 1990 年曾任伊斯坦布尔市市长。1998 年，埃尔多安在公开演讲时朗诵了一首宗教激进主义禁诗，刚开始朗诵，就被警察拖走。当时他还高呼：“这首诗还没朗诵完呢!”他因“反世俗罪”被判处 4 个月监禁。2001 年，他创建正发党并任主席，2003 年 3 月出任土耳其政府总理。此后，他带领正发党连续赢得 2007 年、2011 年大选，并在 2014 年成为土耳其历史上的第一位直选总统。

最近 15 年来，埃尔多安坚持保守主义政策，一直在改变土耳其的

---

① 转引自 *Над 18000 държавни служители уволнени в Турция*，Дума，9. Юли 2018。

世俗制度，推行保守的伊斯兰价值观，严厉打击他的对手和批评他的媒体。埃尔多安一直在为将议会制彻底改为总统制的政治方向而努力。在2015 年的议会选举之后，他不顾国内外的反对，对总统职务赋予了更大的权力。他多次承诺，他不会保守处事，而将使用手中的所有宪法权力为土耳其服务。

2016 年 5 月 24 日，坚持新奥斯曼主义的前总理达武特奥卢退出政坛，以比纳利·耶尔德勒姆新总理为首的内阁绝大多数都是埃尔多安的效忠者和亲信。这为埃尔多安修改宪法，实行总统制，扩大总统的权力奠定了政治基础。或者说，这将使土耳其第二次世界大战以后的政治进入一个新的时代，即总统不再超越政党，而是也具有政党属性。

土耳其有识之士认为，土耳其的总统制将不同于美国或法国的总统制。例如，美国总统没有权利解散国会，而埃尔多安可以解散议会，举行新的议会选举；法国议会可以选举宪法法院的成员，而土耳其总统可以就最高司法机构作出决定，任命和解除司法系统官员，指定司法委员会的 6 名法官和检察官，议会只能选举 7 名法官和检察官。土耳其的总统制不可能超越党派和司法体系而存在。所以，从此土耳其的议会基本上不能发挥任何作用，因为总统通过发布命令治理国家。总统的权力没有哪个部门或个人能够监督。

这次选举起，议会的议员人数从 550 人增加到 600 人。议员年龄从 25 岁放宽至 18 岁。从此，议会选举和总统选举同时进行，将过去的每 4 年一次改为每 5 年一次。

人们猜测，现年 64 岁的埃尔多安已经担任过 12 年的总理和 4 年的总统，如果没有什么意外，他可以任职和连任到 2028 年。

止。欧盟明确表示，土耳其与欧盟的距离越来越远，土耳其加入欧盟的谈判已经进入“死胡同”。欧盟还认为，土耳其正在严重破坏人权和民主法制。美国支持叙利亚境内库尔德民兵，而土耳其认为他们是恐怖主义分子，土耳其还准备购买俄罗斯 S—400 型防空反导系统，遭到北约反对。土耳其同意俄罗斯在其境内修建核电站。土耳其与美国的关系到了破裂的边缘，土耳其的反美、反欧盟的情绪迅速上升。

土耳其总统的权力扩大了，但它面临的挑战依然严峻。埃尔多安总统说，他有三个目标：反对恐怖主义、发展经济和加强外交。但他指的恐怖主义是叙利亚境内的库尔德武装；他讲的外交是“改善与西方世界的关系”。通过这次选举，埃尔多安总统控制了国内 90% 的媒体，关闭了 200 多家媒体，反对派政党中的一些领导人和 700 多名新闻记者被投入监牢。土耳其的民主遭到威胁，反埃尔多安的势力时起时伏，不会停止。

西方媒体对土耳其总统选举的看法

英国、法国、美国等西方媒体，包括卫报、CNN、彭博社等从选举前就开始鼓动民众反埃尔多安，反土耳其，选举后亦如是。一些评级机构和财经杂志也加入挑拨的大军，预测土耳其的经济和社会前景黯淡，试图影响大选的社会基础和投票者的心态。综合选举前后的观点，西方媒体对土耳其总统选举和埃尔多安得势有以下看法。

首先，埃尔多安的当选不能归罪于选民。在土耳其，埃尔多安的竞争对手被监禁，反对他的媒体被压制，他的改革赋予他更高权力，他无可争辩地更受民众欢迎。在缺少自由民主的背景下，埃尔多安当选错误不在选民，而是说明土耳其没有成熟的民主，政党、媒体、学术机构等不能满足民众的需求，他们当然会转向听取他们声音的领导人。因此西方要做的不是谩骂，而是要树立民主的榜样。

其次，埃尔多安当选离不开当下的民粹主义。当前，欧洲面临两个民粹主义独裁者，一个是普京，另一个便是埃尔多安。与此呼应的情况是匈牙利、波兰、斯洛伐克、捷克、奥地利和塞尔维亚等国家都出现了强势领导人，有媒体评论铁幕再次降临。对于民众来说，西方年轻人的民主观念在急剧下降，30 岁以下的人认为民主为必需品的尚占不到一半比例。美国 21 世纪后出生的人中四分之一认为民主是经营国家的糟糕理念。在德国、西班牙、日本和美国，40% 的人愿意接受“不受议会或者选举干扰的强势领导人”①。因此埃尔多安在这种背景下成功当选便不足为奇，谩骂埃尔多安只会恶化这一趋势。

再次，推行总统制的埃尔多安对土耳其没有好处。埃尔多安大权独揽，推行专政，民主将不断受到压制。已经出现的是前文提到的竞争对手不仅仅是被噤声，而是被监禁，库尔德族人民民主党的领导人和国会议员就是在被监禁的情况下参与选举的；竞争对手的媒体被封锁，不能自由发表言论；少数派穆斯林得不到尊重，这些都加速了社会分裂；土耳其货币里拉兑美元不断贬值，2018 年以来已贬值 20% 以上，2001 年以来已贬值 40% 以上②，同时埃尔多安推行的系列大型基建项目让财政赤字不断增加，专家估计土耳其的通货膨胀率实际为 39.2%③，土耳其的经济不稳将加剧。

最后，埃尔多安赢得选举对西方极为不利。虽然土耳其是北约成员国，但媒体却认为埃尔多安不履行北约义务，不愿加深土耳其与欧盟和美国的关系。埃尔多安认为欧盟设置不合理的条件阻碍土耳其加入欧

① https://www.theguardian.com/commentisfree/2018/jun/25/blame-liberal-democracy-flaws-erdogan-win-turkis.

② 关于此比例，说法很多，由于 2018 年夏季波动比较大，有的认为已达 70%。

③ http://thehill.com/opinion/international/395873-erdogan-wins-turkey-and-the-west-both-lose?

正发党的执政地位并不牢固。

第四，共和人民党与“好党”联合参选也是成功的。共和人民党作为土耳其历史最悠久的第一大执政党和今日政坛上的第二大党，此次“借给”“好党”15个议席，以争取“好党”支持共和人民党领导人作为总统候选人参加竞选，也是明智之举。当然，“好党”领导人阿克舍奈尔同样是得利者。而且，共和人民党的主席科勒奇达洛格卢没有参与竞选总统，而是推举人气较高的因杰，同样取得了一定的效果。该党的得票率从2015年的25%增加到这次的30%以上。但是，“好党”是从民族行动党分裂出来的，且同情亲库尔德族的人民民主党，所以，共和人民党和“好党”都被政府当局指责为支持“恐怖主义组织”的政党。共和人民党要想向正发党分庭抗礼，还有许多党内外问题需要处理。

第五，亲库尔德族的人民民主党成为议会党将对正发党起到牵制作用。该党很可能与遭到法律禁止的库尔德工人党划清界线，在期待社会民主和自由主义倾向的选民中和库尔德族中进一步扩大自己的影响，这是值得人们注意的一个因素。

第六，2019年3月土耳其将举行地方选举。执政党和在野党都在紧锣密鼓，筹划如何投入地方选举。有的准备召开党代会，有的会撤换党的领导人。正义党志在利用地方选举，控制土耳其东南部库尔德人的政治堡垒。地方选举是这次总统和议会选举的延续，也是对土耳其民主的一次考验，值得研究与关注。